保険ERM戦略

リスク分散への挑戦

米山高生・酒井重人

はじめに

1. 本書の趣旨

　近年の国際金融システムの不安定性を含んだ展開のもとで、保険会社のERMの高度化が要請されている。本書を編纂しようとした意図は、規制および企業のステークホルダーから、ERMに対して各保険会社が個々独自の対応が迫られているという現状を踏まえ、単にERMの教科書にとどまらない実務的で生きた情報を提供することである。これまでに出版されてきたERMに関する教科書は少なくないが、どれもERMについて分析的に記述するものが多く、事業構造の特性にもとづくビジネスモデルを出発点として、具体的にERM経営をどのように構築するのかというダイナミックなイメージが伝わってこなかった。編者は従来の関連書に以上のような不満を抱いていた。

　ERM経営一般を論じながら、この不満を解消することは不可能に近い。保険事業をめぐるリスクはカネの面から評価しやすいため、事業会社のERMと比べて、統合リスクマネジメントを行いやすい。その意味では、保険ERMは、事業会社一般のERMと比較すれば、「経営そのものとしてのERM」やERMの手法の高度な発展において先んじている面があるものと思われる。編者は、本書を編むにあたって、保険ERMの構築がどのような道筋をたどっておこなわれ、どの方向にむかっていくのかということを明らかにするように意識した。

　本書の目的をあらためて述べれば、こうすればERM経営を構築できるという方法論を論ずることではなく、個別保険会社が保険という事業構造の特性と自社の契約ポートフォリオの特徴等を踏まえて、何を守るべきかを確認し、資本とリスクと収益の関係において最適な意思決定にいたるべく、いかなる努力をおこなってきたかという道筋を示すことである。その上で、今後どのような方向に進むべきかが明らかになる。

　いかなるERMも事業構造の特質を踏まえたビジネスモデルから始まるべきであり、企業が何を守って何を捨てるのかということから出発する。したがってERM経営は、企業の数だけ存在するものであり、典型的なERM経営というものが存在するわけではない。またそれを形式だけ導入しても意味がない。

以上のようなことから、本書は保険経営の意思決定に何らかのかたちでかかわる方々ばかりでなく、他の金融機関および事業会社でERM経営の構築のために奮闘されている方々や、経営戦略としてのERM経営に関心をもっておられる方々にとっても一定の価値があるものと考えている。さらに企業形態は異なるが、各種の協同組合においても保険ERM経営の構築の道筋を知ることは有益だと思われる。

2.　本書の構成

　第1章「保険ERM態勢のあり方と陥りやすい問題点」では、保険ERMの基礎的知識の解説がなされるとともに、それがなぜ「経営そのもの」といわれるのかという理由が理解できるように書かれている。あわせて保険ERMが国際金融システムの不安定の中で要請されてきた理由が、歴史のダイナミズムから理解できるはずである。これらの基礎知識をとおして、保険ERM経営の構築における問題点が筆者である吉村雅明氏の本音ベースで記述されているのが興味深い。続く第2章「欧米の保険会社でのERMの進展」（河野年洋氏・酒井重人氏）では、1980年代の後半から経済のグローバル化やIT技術、デリバティブ市場の発展とともに、多くの不正トレーディングや不正会計事件、そして金融危機が発生、世界的なシステミックリスクにも到った中で、内部統制やコーポレートガバナンスの一層の向上とともに、統合的リスクマネジメント、そして保険ERMが国際金融システムの不安定性の中で要請されてきた理由が説明される。その上でERM経営という考え方が生まれてきた背景とその基本構造とが、国際金融規制や保険規制の動向を踏まえ、理解を深めることができるという意味で貴重な記述である。第3章「保険行政とERM」の執筆者は、金融庁で保険ERMに関する監督を担当した植村信保氏である。ERM重視の背景とその普及状況が整理されていて有益である。監督官庁が、何が何でも契約者保護を貫くためにERMを保険会社に強制したものではないこと、そして保険会社がその意図をくみ取った経営を行うためには、本書で明らかにするような企

業価値の増大を意識した保険ERM経営の構築が必要であることが示される。

第4章から第6章までは、実際に保険会社において実務に深くかかわっていらっしゃる方々の執筆による。第4章「生保の主要リスクとERM対応」（畑中秀夫氏）では、生命保険会社のERM経営の構築が詳細に説明されている。管見のかぎり、生命保険会社のERM経営の実例紹介はほとんど見られておらず、本章の第一生命保険株式会社の事例は、大変貴重なものである。第5章「損保の主要リスクとERM対応」（玉村勝彦氏）では、東京海上グループの事例が紹介されている。損害保険のERM経営の事例紹介はすでに行われているが、第5章はかなり深い部分まで立ち入った紹介が行われている点で意義深い。第4章および第5章の両章では、両社が生損保の代表的なERM経営であると主張しているのではない。先に述べたように、両社の事例の中で、何のためにどのようにしてERM経営を構築したのかという道筋を明確に示すことができれば、本書のねらいはおおむね果たされることになる。

第6章「バンカシュランスの商品開発とERM」（島村浩太郎氏）では、商品設計・販売とERM経営の関連について深い考察が展開されている。生命保険商品は保険期間が長期にわたるものが多く、保険負債側の経済価値ベースの評価を難しくする一要因となっている。この点で事業会社のERM経営にはみられない困難をともなっているのである。本章では、いわゆるバンカシュランス商品ともいうべき変額年金商品の特性の分析をとおして、その商品開発とERMとの関連について切り込んでいる。本章は、その難しさを明確に認識することをとおして、この問題を合理的に解決するための道筋を明らかにしている点で、画期的な論稿であるといえよう。

第7章から第9章までは、コンサルティング会社および格付け会社の一流の実務家の皆様に執筆を担当していただいた。第7章「ストレステストとストレスシナリオ」（中山貴司氏・祖父江康氏）は、リスクの質的分析であるストレステストについて詳しい解説がおこなわれている。本書の各章でもストレステストの重要性は指摘されながら、ストレステストそのものに対して深く切り込んだ分析は行われていない。本章では、保険ERMにおけるストレステストに関して、現時点で最先端の記述が行われているものと思われる。

個別の保険ERMにとって、分散不能リスクにどう向かい合うのかということは、今後において重要な課題となっている。その意味でも、本章の持つ意味は大きい。第8章「ERMと経済価値評価」では、筆者である森本祐司氏の経済価値評価に関する経験が率直に述べられている点で大変興味深い。飄々としたエッセイ風の文体は、本書の後半部分のひとつのオアシスのようにも感じられるが、筆者の提示する問題意識には深いものがある。第9章「格付会社におけるERM評価」（田中玲奈氏）は、格付会社スタンダード＆プアーズが、各社の保険ERM経営について、どのような観点からどのように評価するのかを明らかにしている。外からみたERMの常識がどのようなものであるのかを知る上で、大変有益な情報であろう。どうしたら格付をあげられるのかという関心でばかりでなく、保険ERM経営を構築する上でのヒントをくみ取っていただきたい。

　以上の執筆者については、編者からの注文に十分に応えていただき感謝にたえない。当然のことながら、以上すべての執筆者の記述内容は、執筆者の属する組織・団体を代表するものではなく、個人の責任において書かれたものである点を明記しておく。

3.　本書の「保険ERM」：戦略としてのERM、組織能力としてのERM経営

　ERMとはEnterprise Risk Management の略であり、「全社的リスクマネジメント」とか、「統合的リスクマネジメント」と訳されることがあるが、最近では、ERMと表記されることが多い。また近年では、保険ERMが、従来型のリスクマネジメントではなく、意思決定にかかわる戦略であるという意味で、「保険ERM経営」と呼ばれることもあり、保険ERMは「経営そのもの」であることが強調されるようになっている。

　ところで、事業会社では、事業の遂行にともなうリスクのマネジメントが重要となり、防災・安全運動をはじめとするロスコントロール活動、および企業保険やヘッジのようなリスク移転などの効率的な実施が重要な課題となっているが、それらがいわゆるサイロ的に行われていて全社的な観点から実施されていないという問題が強く意識され、ERMが強調されてきたという経緯がある。

これに対して、保険会社では、企業破綻という歴史的経験から、保険会社が保険契約者との約束を確実に守るということが、社会および規制当局から強く要請されるようになったことから変化が生じた。資産運用に関するスキルを向上させ、また保険負債サイドに関連する組織能力が高まったとしても、保険契約者保護のための健全性の維持がおろそかになっては本末転倒である。保険経営の両輪は、資産運用と保険募集であるといわれ、この二つに企業の競争力の根源があるというのが、従来の考え方であるが、それは一定の競争環境のもとで右肩上がりの成長がみられた場合の「競争力」であった。

　編者は、現代における保険会社の競争力の根源は、資産運用能力や保険募集上のスキルそのものというわけではないと考えている。保険会社の競争力の根源は、資本とリスクと収益の三つを前提として、財務健全性を維持しながら、企業価値を向上させる仕組みとしての保険ERM経営であると考えている。このような意味で、現代の保険会社の組織能力(organizational capability)は、保険ERM経営の構築であるといえる。さらに、保険ERMは、資本とリスクと収益の三つを前提とした合理的意思決定にかかわるものとして経営戦略そのものであるといえる。このように考えると、保険ERMが「経営そのもの」であることが強調される理由が明らかになる。それは、組織能力そのものであり、かつ本質的に経営戦略であるからだ。

4.　本書の伝えたいこと

　本書が伝えたい三つのメッセージを述べて結びとしたい。

　第一に、保険ERMがより高度化する必要があることをトップマネジメントが強く認識すべきことである。第1章と第2章でも言及しているが、国際金融システムの不安定性に対応して、保険ERMは段階的に進化している。その意味で、保険ERM経営に終わりはない。しかし、本書でも示しているようにその方向性は明らかである。

　第二に、保険業界に再編成が生じると、保険ERM経営の内容はダイナミッ

クに変化する必要が生じる。たとえば、保険グループ経営全体のERMを考える場合、グループ傘下の生保事業、損保事業に固有のERMを単純に足し算するのではなく、グループ経営としての保険ERMを一から構築する必要がある。グループ傘下の事業間の相関を考慮しながら、グループとして守るべきものを明確にし、コアリスクとノンコアリスクを明らかにするなど、グループに独自なERM経営を構築することが重要である。

　第三に、ERM経営の出発点が事業構造の特性、いいかえればその事業のビジネスモデルであることから、金融セクターのビジネスモデルが変化すれば、それに応じて保険ERMを柔軟に進化させる必要がある。例えば、銀行のビジネスモデルが業務規制の強化にともない変化しつつあるが、その結果、リスク資本の供給者としての保険会社に新たな機会が創出されるかもしれない。そうしたグローバルな金融セクターの変化に対し、経営および組織としての対応能力が一層問われることになるであろう。

　以上のメッセージに共通なことは、保険ERM経営はダイナミックな変化を要請されるものであり、その意味で保険ERM経営に終わりはない、ということである。このような変化が要請される理由は、保険ERM経営が競争力の源泉である組織能力であるためである。保険ERM経営という組織能力を高めないかぎり、グローバルな保険市場におけるプレーヤーとしての資格を取得することができないのである。

米山高生・酒井重人

CONTENTS

はじめに　　　　　　　　　　　　　　　　　　　　　　　　　　米山高生・酒井重人
1. 本書の主旨………2
2. 本書の構成………3
3. 本書の「保険ERM」　戦略としてのERM、組織能力としてのERM経営
………5
4. 本書の伝えたいこと………6

第1章 保険 ERM態勢のあり方
―実務的経験にもとづく陥りやすい問題点　吉村雅明

1. 経営にリスク・ガバナンスの強化を促す保険ERM ………16
　1.1　戦後における生命保険事業の高度成長と護送船団行政………16
　1.2　金融の自由化から保険業法の改正………17
　1.3　バブル崩壊と生命保険会社の破綻そして新たな競争………17
　1.4　保険ERMとは「経営」そのもの………18
2. 保険ERMの具体的に大事な点は何か? ………19
　2.1　ERMに関する諸定義………19
　2.2　コーポレート・ガバナンスの裏付けが必要なERM………21
　2.3　ビジネスモデルの正しい理解………21
　2.4　ERMの枠組み………23
　2.5　目標達成に向けたERMの旅………24
　2.6　リスクプロファルの警戒態勢………25
　2.7　リスク選好と事業活動のコントロール………27
　2.8　リスク経営による事業ポートフォリオのリスク管理………29
　2.9　リスク文化………30
　2.10　リスク文化の醸成・浸透を阻害する要因………31
　2.11　経営判断に資する収益・リスク評価の情報………32
　2.12　収益・リスク評価インフラ整備の課題………33
3. ERMのピットホール ………34
　3.1　規制業種のマインドセット? ………34
　3.2　不確実性に対する理解と対応………35

第2章 欧米の保険会社でのERM進展
その背景と取り組み

河野年洋・酒井重人

1. ERM進展の背景:グローバルストレスと金融・保険規制の中で 42
   1.1   1980年代以降のグローバルなストレス事象、国際規制とERMの進展 42
   1.2   リーマンショック後のERM議論の進展とIAIS保険基本原則の改訂 48
2. リスク管理の枠組みとガバナンス構造 51
   2.1   ERMの目的と枠組み 51
   2.2   リスク・ガバナンス構造 51
3. リスク文化とリスクアペタイト 54
   3.1   強固なリスク文化の重要性と経営戦略 54
   3.2   健全なリスク文化 55
   3.3   リスクアペタイトとその枠組み 56
   3.4   リスクアペタイトの事例 58
   3.5   リスク計量化とリスク尺度 59
4. 個別リスク管理 60
   4.1   リスク分類 60
   4.2   エマージングリスク 60
   4.3   モデルリスク 62
5. ストレステスト 63
   5.1   ストレステスト・シナリオ分析とERM 63
   5.2   ストレステスト・シナリオ分析の枠組み設定 63
6. 今後の展望 65

第3章 保険行政とERM

植村信保

1. 保険行政とERM 68
   1.1   保険検査マニュアルの見直し(2011年) 70
   1.2   監督指針の改正(2014年) 70
2. ERM重視の背景 72
   2.1   国際的な規制動向を反映 72
   2.2   過去の教訓を生かす 73
   2.3   格付会社も総合的に信用力を評価 76
3. 行政によるERM推進のメリットとデメリット 78
   3.1   近年の保険会社ERMの進展 78
   3.2   ORSAの導入 79
   3.3   形だけの取り組みに終わらないためには 80

第4章 生保の主要リスクとERM
畑中秀夫

1. 生命保険会社の主要リスク ·········84
2. 経済価値ベース·会計ベースによる管理 ·········84
3. ERMの定義と位置づけ ·········86
   3.1 第一生命におけるERMの定義·········86
   3.2 第一生命におけるERMの位置づけ·········87
4. 第一生命におけるERMの取り組み(戦略) ·········89
   4.1 ERMの目的·········89
   4.2 リスクアペタイト·········90
5. 第一生命におけるERMの取り組み(組織) ·········93
   5.1 ERMの推進組織·········93
   5.2 ERMに関わる主要な会議·········97
   5.3 ERMに関わる諸規定·········98
   5.4 ERMの人財育成·········100
   5.5 ERMの文化·········101
6. 第一生命におけるERMの取り組み(プロセス) ·········103
   6.1 CSA·········103
   6.2 統合リスク管理·········111
   6.3 ストレステスト·········114
   6.4 リスク量の計測と信頼性の確保·········116
7. ERM推進における課題 ·········119
   7.1 本格的な資本配賦運営の導入·········119
   7.2 エマージングリスクへの対応·········119
   7.3 グループERMフレームワークのレベルアップ
      (地域統括機能·拠点の設置)·········120
   7.4 リスク量計測のレベルアップ·········121
8. 小括 ·········121

第5章 損害保険会社のERM
玉村勝彦

1. はじめに 日本の損害保険会社のERMの発展 ·········126
2. ERMのコンセプト ·········127
3. ERMの経営への活用 「守り」の側面 ·········130
   3.1 資本の十分性検証(統合リスク管理)·········130
   3.2 ストレステスト·········134

4. ERMの経営への活用 「攻め」の側面 ⋯⋯⋯⋯⋯⋯⋯⋯⋯⋯⋯⋯⋯135
  4.1　リスクアペタイトフレームワーク⋯⋯⋯135
  4.2　資本配分制度・事業計画⋯⋯⋯138
  4.3　リスクポートフォリオ⋯⋯⋯140
  4.4　リスクベースプライシング⋯⋯⋯141
5. ERMの基盤 ⋯⋯⋯⋯⋯⋯⋯⋯⋯⋯⋯⋯⋯⋯⋯⋯⋯⋯⋯⋯⋯⋯⋯⋯⋯⋯⋯⋯⋯⋯143
  5.1　ERMのガバナンス態勢⋯⋯⋯143
  5.2　リスクプロファイルの把握
    （エマージングリスクの洗い出し・重要なリスクの特定）⋯⋯⋯144
  5.3　ERMカルチャー⋯⋯⋯145
6. 小括 ⋯⋯⋯⋯⋯⋯⋯⋯⋯⋯⋯⋯⋯⋯⋯⋯⋯⋯⋯⋯⋯⋯⋯⋯⋯⋯⋯⋯⋯⋯⋯⋯146

第6章 バンカシュランスの商品開発とERM　島村浩太郎

1. バンカシュランス商品の特徴 ⋯⋯⋯⋯⋯⋯⋯⋯⋯⋯⋯⋯⋯⋯⋯⋯⋯⋯⋯⋯⋯150
  1.1　バンカシュランス⋯⋯⋯150
  1.2　バンカシュランス商品のリスク特性と対応⋯⋯⋯151
  1.3　現行会計と監督規制の考慮⋯⋯⋯153
2. 変額年金商品の特徴 ⋯⋯⋯⋯⋯⋯⋯⋯⋯⋯⋯⋯⋯⋯⋯⋯⋯⋯⋯⋯⋯⋯⋯⋯154
  2.1　商品特性⋯⋯⋯154
  2.2　監督・会計上の扱い⋯⋯⋯155
  2.3　変額年金の最低保証リスクにかかる標準責任準備金⋯⋯⋯156
  2.4　標準責任準備金の課題点⋯⋯⋯158
  2.5　変額年金のリスク特性①―最低保証リスク⋯⋯⋯159
  2.6　変額年金のリスク特性②―各パラメータに関連するリスク⋯⋯⋯160
  2.7　その他のリスク⋯⋯⋯162
3. 変額年金商品の商品開発とリスク管理の実務 ⋯⋯⋯⋯⋯⋯⋯⋯⋯⋯⋯162
  3.1　リスク管理方針の決定⋯⋯⋯162
  3.2　リスク移転①―ヘッジ⋯⋯⋯163
  3.3　リスク移転②―再保険⋯⋯⋯165
  3.4　ヘッジコストまたは再保険料が上昇するリスク⋯⋯⋯166
  3.5　ベガリスクのコントロール⋯⋯⋯166
  3.6　金利リスクのコントロール⋯⋯⋯167
  3.7　カウンターパーティーリスク⋯⋯⋯168
4. 変額年金商品のERMフレームワークにおける管理 ⋯⋯⋯⋯⋯⋯⋯⋯168
  4.1　リスクアペタイト⋯⋯⋯169
  4.2　リスクの認識⋯⋯⋯170

4.3 リスク管理の統合………170
4.4 経済価値の計測………171
4.5 リスクの定量化………172
5. 小括 ……172

第7章 ストレステストとストレスシナリオ
—テールリスクとシナリオ構築の現場、リバース・ストレステストの実務

祖父江康宏・中山貴司

1. はじめに ……178
2. ERMとストレステスト ……180
2.1 ストレステストの役割と金融規制………180
2.2 ERMフレームワークにおけるストレステスト………182
2.3 ストレステストの手法と目的による分類………182
2.4 監督当局のストレステストの着眼点………186
3. ストレステストの手順と手法 ……187
3.1 全社的なストレステストの実施プロセス………187
3.2 ストレステストの計画………188
3.3 ストレステストの実施目的の設定………189
3.4 計画対象スコープの決定………190
3.5 ストレステストの実行
　　　—ストレスシナリオの策定および自社への影響度計測………190
3.6 ストレステスト結果の検証………193
4. 経営対応の決定と実務上の論点—保険会社特有の検討課題 ……194
4.1 生命保険事業での検討事項………195
4.2 損害保険事業での検討事項………199
5. リバース・ストレステストの実務 ……201
5.1 リバース・ストレステストの目的と考え方………201
5.2 リバース・ストレステストの実施手順………204
5.3 リバース・ストレステストの活用方法 ……208
6. 小括 ……214

第8章 ERMと経済価値評価

森本祐司

1. ERM最大の難関？ ···220
1.1 ALMの基本原則 ········220
1.2 投資銀行等での経験 ········222
2. ある研究会での議論 ···223
2.1 欧州の先進的な保険リスク管理システムに関する研究会 ········225
2.2 興味深い発言 ········226
3. 金融商品の原価を考える ···226
3.1 簡単な事例 ········226
3.2 金融商品の特殊性 ········227
3.3 市場整合的評価の重要性 ········229
4. 会計価値と経済価値 ···230
4.1 会計上の評価との差異 ········230
4.2 IASBの概念フレームワーク ········231
4.3 一般的な会計のイメージとのギャップ ········232
5. パフォーマンス評価との整合性 ···233
5.1 リスクを取った成果を見る ········233
5.2 現行会計のパフォーマンス「調節」の課題 ········235
5.3 今後期待される変化 ········236
6. 経済価値評価の課題とその克服に向けて ···································236
6.1 割引率を例に ········263
6.2 無リスク金利の定義 ········237
6.3 非流動性プレミアムについて ········237
6.4 無リスク金利の外挿について ········239
6.5 原則を認識することこそ重要 ········240

第9章 格付会社におけるERM評価

田中玲奈

1. S&PにおけるERM評価の進展 ···244
1.1 ERM評価規準の導入 ········244
1.2 金融危機以降の改訂 ········244
2. 保険会社の格付基準 ···245
2.1 保険会社の格付け分析（信用力評価）プロセス ········245
2.2 格付け分析プロセスにおけるERM評価の位置付け ········247
3. ERMの評価規準 ···248

13

3.1　ERMの評価の枠組み………248
3.2　ERM評価の決定………249
3.3　5つの評価項目の分析………251
3.4　経済資本モデルの評価規準………261
4. S&Pによる本邦保険会社のERM評価………262
4.1　ERM評価の分布状況、海外保険グループとの比較………262
4.2　株価変動性との関係………263
4.3　日本の保険会社のERM評価の状況………264

終章 ERMの意義とチャレンジ
米山高生

索引……275
著者・編者略歴……278

1

保険ERM態勢のあり方

──実務的経験にもとづく陥りやすい問題点

1. 経営にリスク・ガバナンスの強化を促す保険ERM

1.1 戦後における生命保険事業の高度成長と護送船団行政

筆者が生命保険会社に入社したのは、日本の高度成長期が終わって、安定的な経済成長が特徴となった1980年代の初めである。それまで高度経済成長を通じて日本の生命保険事業は急速に発展していた。その主な理由は、女性営業職員による保険募集の成功や核家族化の進行に伴う死亡リスクに対する遺族保障ニーズの拡大と言われるが、それに加えて、保険商品面での工夫や、安定的な経済環境の下で長期資金を供給できる資産運用面でのメリットも大きく、「商品」、「販売チャネル」、「運用」が組み合わさったビジネスモデルが、当時の社会・経済環境にマッチしたためだと考えられる。

商品面では、日本人の貯蓄性向に合い、死亡保障もある養老保険の拡販から始まり、定期付養老保険の開発、その後、老後保障の必要性が認識され定期付終身保険が主流となり、またそのような主契約に加えて、災害特約、疾病特約の種類も増えた。このように、時代時代の消費者のニーズを捉えた対応が行われており、1970年代に経験した急激なインフレーションに対しても、死亡率の改善、安定的な資産運用収益の確保ならびに、事業費効率の改善等により、保険料の低料化、契約者配当金の増配でその実質的価値の減少に努めた。

もちろん、これらは戦後の護送船団方式による価格競争を制限し、保険事業の安定的な成長を促す行政の下で行われたことであって、必ずしも全てが個別会社の自発的な判断で行われてきたものではない。しかしながら、行政指導という制約条件にかからない部分では、それぞれの会社が、会社の特徴やコアコンピテンシー（競争力の源泉）に合った形で事業を発展させていた時代であったと思う。

1.2　金融の自由化から保険業法の改正

　筆者が入社後、実際に経験したリスク管理にかかる大きな出来事としては、簡易保険との料率競争で予定利率の引き上げ（1981年、1985年）、一時払養老保険等の生保貯蓄性商品が他の金融商品と受取額を競うようになり、販売が急拡大し、生保業界への大量の資金が流入（1985年～1989年）、プラザ合意（1985年）による急激な円高で大規模な為替差損が発生したが、株式の豊富な含み益で穴埋め、不動産価格の高騰を背景とした投融資の増加で後の不良債権発生、そしてそれに続くバブルの崩壊（1991年）があった。

　一方で、保険行政に目を向けると、戦後復興期から設置され、非常に大きな影響力を持った保険審議会が、生保がある意味で絶頂期にあった1985年に、「新しい時代に対応するための生命保険事業のあり方」として、金融の自由化、国際化の進展を指摘し、その方向性を確認した。その後の半世紀ぶりとなる保険業法の改正に向けた、「新しい保険事業のあり方（1992年）」では①規制緩和、自由化による競争の促進、事業の効率化、②健全性の維持、③公正な事業運営の確保の3つの指針が示された。しかしながら、折しもバブル崩壊後の経済環境激変の中、保険業法の改正（1996年施行）が行われ、標準責任準備金制度、ソルベンシーマージン、セーフティーネット等、新しい時代に向けた諸制度の整備が図られたが、相次いだ銀行等金融機関の破綻や、不祥事への批判等の中で大蔵省から監督規制の権限が金融監督庁（後の金融庁）に移譲され、また長年にわたった護送船団行政が終焉した。

1.3　バブル崩壊と生命保険会社の破綻そして新たな競争

　1990年代は日本経済にとっても大きな転換点であったが、株式や不動産など資産価格の急激な減少、ならびに市場金利の大幅な低下により、生保業界にとって大波乱の時代となった。護送船団行政によりそれまで表面に出なかった国内生保間の経営体力格差が、バブルの崩壊の中で明らかになり、長年、行政の保護の下、独自の発展を遂げてきた、日本の生命保険業界が「市場」の厳し

い洗礼を受け、戦後の成長を支えてきたビジネスモデルや、経営方針そのものの根本的な見直しが迫られることとなった。具体的には、逆ザヤへの対応として、個人保険の新契約や団体年金等の予定利率引き下げが断続的に行われたが、状況はすぐには改善せず、1997年の日産生命の破綻を始めとし、2001年までの間に、中小生保会社7社の破綻が発生した。

2000年代に入ってからも生保業界は厳しい環境の中で、第3分野商品の販売強化や配当の抑制等を行いながら、極力リスクを取らずに、身をすくめるように収益性の確保と健全性の回復を目指していたが、2002年に規制緩和で認められた銀行窓販チャネルによる変額年金商品の販売は、米国のITバブルの影響による株価の回復もあり急拡大し、様々な最低保証の開発・提供が競われた。かつて生じた日産生命等一部の破綻会社のケースでも、銀行ローンで保険料を一括払いする銀行との提携商品に傾注したことが問題とされた[1]が、変額年金マーケットも世界金融危機（2008年〜2009年）で巨額の最低保証損失が発生し、急速に縮小した。

1.4 保険ERMとは「経営」そのもの

以上のような筆者の実務経験からいえば、保険会社にとって保険ERMとは「経営」そのものである。保険事業を行う企業が、現在、さらに将来晒されるであろう、多岐にわたるリスクを考慮して事業や戦略を計画、遂行し、その目的を達成することである。

「経営としてのERM」という言葉は2000年の始めころから、従来の「統合リスク管理」とともに、頻繁に聞かれるようになったが、多くの生命保険会社は、既に触れたように過去発現したさまざまなリスクを乗り越えてきた。そのため、「経営としてのERM」という言葉をよく聞くようになったからといって、必ずしも、その経営の基本を、何か性急に変えなければならないという訳ではなく、ERMを、保険会社の経営において、リスク・ガバナンス[2]の一層の強化を図る試みと考えるべきであろう。

前述のように過去を振り返ってみると、破綻した会社は勿論、その他の会社

18　　1 保険ERM態勢のあり方と陥りやすい問題点

でも、あの時リスク・ガバナンスがもっと利いていれば、違う判断をしたかもしれないと思うことが多いだろう。このような会社としての過去の（失敗）体験を忘れず、組織のDNAとし、かつフォワードルッキングに、必要なリスクを能動的に取りながら、経営目標達成の努力をサポートするのが望ましいERMの姿であると考えている。

　過去大きな影響力を行使してきた行政監督はもちろん今も今後も重要なステークホルダーであり、一定の規制を与える存在であるが、決して保険会社経営の自主性を縛るものではなく、国際化の進展の中で、その行政手法はグローバルな規制に集約されていくと考えられる。近年では、保険監督者国際機構（IAIS）が2011年に採択した保険コアプリンシプル（ICP 保険基本原則）や、それと平仄を取って行われているERMに関する金融庁の積極的な対応（保険検査マニュアル、監督指針の改正）に見られるように、保険監督者自体が、保険会社に自己責任で経営判断していくことを強く求めており、「保険ERM」が保険会社の健全性を維持し、契約者利益の向上に資するものとして保険監督上も期待されている。

　このようなERMの大きな概念の中で考えると、「保険ERM」という他業種とは全く別の特殊なERMのアプローチがある訳ではない。しかし免許事業であるということに加え、保険会社を取り巻く具体的なリスクは、その長い歴史の中で大きく変化し、現在も時々刻々と変化し続けているので、これらの保険事業特有のリスクの基本的な認識やそれらへの各社の対応を含めて「保険ERM」という言葉で表し、保険会社の経営に携わる方の関心を集め、議論を促進することは、公共性を有するとされる保険事業に大変有益である。

2. 保険ERMの具体的に大事な点は何か?

2.1　ERMに関する諸定義

COSO[※3]として有名な米国トレッドウェイ委員会支援組織委員会は、1985年

19

に不正な会計報告を防止するために、公認会計士協会等が組織化したものであるが、1992年に全ての組織に適用可能なモデルとして「内部統制－統合フレームワーク」を公表[4]し、さらに2004年にはそれを拡張した「ERM－統合フレームワーク（COSO・2）」を発表した。そのERMの定義は以下のとおりで、COSOはERMを、内部統制を包含し、コーポレート・ガバナンスの強化に資する、非常に重要な要素と位置付けている。

> 「ERMは、事業体の取締役会、経営者、その他の組織内の全ての者によって遂行され、事業体の戦略策定に適用され、事業体全体にわたって適用され、事業目的の達成に関する合理的な保証を与えるために、事業体に影響を及ぼす発生可能な事象を識別し、事業体のリスク選好に応じてリスクの管理が実施できるように設計された、一つのプロセスである」
> （八田進二監訳「全社的リスクマネジメント フレームワーク編」）

　2003年に出版され、CERA（Chartered Enterprise Risk Actuary）[5]のテキストにも指定されている、ジェームズ・ラム氏の「Enterprise Risk Management: From Incentives to Controls」によると、リスク管理のビジネスへの応用は歴史的に、第一に損失削減、第二に不確実性（ボラティリティ）の管理、第三にパフォーマンスの最適化として発展し、この三つを組み合わせたものがERMとされ[6]、保険会社がリスクを測定し、管理する能力が、特に金融機関において競争力の要となるとしている[7]。

　また金融庁の保険検査マニュアル（平成26年6月付）には以下の定義がある。「『統合的リスク管理』とは、保険会社の直面するリスクに関して、潜在的に重要なリスクを含めて総体的に捉え、保険会社の自己資本等と比較・対照し、さらに、保険引受や保険料率設定などフロー面を含めた事業全体としてリスクをコントロールする、自己管理型のリスク管理を行うことをいう。」

2.2　コーポレート・ガバナンスの裏付けが必要なERM

日本の保険業では従来、護送船団方式の行政監督の下で、また生保では大手が相互会社形態であったこともあり、欧米型のコーポレート・ガバナンスへの理解が進んだのは1990年代以降のことである。ERMでは、企業の晒されている多種多様なリスクを認識し、リスク選好（リスクアペタイト）を定め、多くのステークホルダー間の利害関係の調整も課題となることから、コーポレート・ガバナンスの基本が確立して、初めてERMというリスク・ガバナンスのツール／プロセスが役立つことになることを理解しなければならない。そうでなければ、ERMは形骸化し、意味がなくなるだけでなく、場合によっては弊害となる場合もあるだろう。

　ＥＲＭという言葉がまだ一般的でなかった頃、筆者は生命保険会社で「ERMは企業目的達成のため、経営者の判断に資する収益・リスク管理の枠組みと実務を提供するもの」と、その必要性を説明していた。図1-1のように、「会社を取り巻くリスク（リスクプロファイル）」の理解をして、「十分な情報に基づいた意思決定（リスク経営）」を行って「企業目的、経営戦略の実現」を図ることがERMのエッセンスと言える。そして、このように基本的な経営姿勢を継続的かつ確実に維持するためには「リスク管理に対する企業文化[8]（以下リスク文化）」を企業活動の隅々まで行き渡らせることが必要となる。

図1-1　ERMのエッセンス

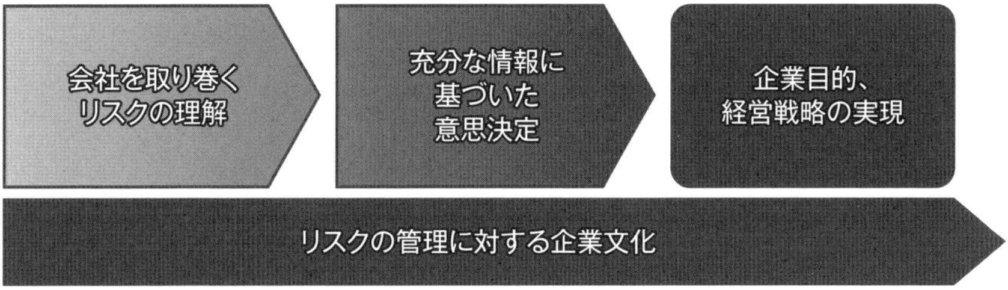

（出典）筆者作成

2.3　ビジネスモデルの正しい理解

　保険ERMを考えるにあたって、まず自社が行っている保険事業のモデルに

ついての正しい認識と理解をすることが出発点となる。

　1970年代までの大量の契約獲得と、大数の法則に基づく死亡率等の安定化（プーリング）を基本としたビジネスモデルの時代には、生命保険各社は基本的に同じような、商品開発・契約の獲得→契約管理・資産運用→保険給付支払という契約の入り口から出口までのプロセスで事業を行っていた[9]。この中で、保守的な保険料計算基礎率を使用したリスクの引受けが行われ、保険契約の募集が順調であった。事業費を含めた販売や契約の管理が行われ、安全な資産運用を行っていれば問題なかった。このため料率の規制等が行われていた時代には、競争はもっぱら「新契約の獲得」や、後に、どんぶり勘定[10]と言われた「資産運用」のプロセスで行われていた。

　その後、金融の自由化が進み1990年代になって、一時払養老保険、団体年金保険等の貯蓄性商品の取り扱いには区分経理やALMの考え方を取り入れる必要性が認識された。また、2000年代の変額年金のような金融工学やディリバティブの知識の利用が欠かせない複雑な商品の取り扱いが始まった際には、単に新しいチャネルで商品を販売するビジネスモデルの変革にだけ注力するのではなく、そのような経営戦略に潜むリスクをくまなく洗い出して、トータルでリスク耐性の高いビジネスモデルを構築する必要があった。

　これは意外と思うかもしれないが、例えば、保険会社の経営陣であっても、自分が担当している分野以外の経営内容や晒されているリスクの性質を十分に理解しているとは限らない。効果的なERMを実践するためには、一部の経営陣のみならず、広範なオペレーションに関わる全ての経営陣が、自社のビジネスモデルとその主要なリスクに関する正しい認識と理解を持つことが重要である。第6章に詳しく記載されているが、銀行チャネルで急拡大した変額年金の引受けで明るみになったように、従来の保険とは違う複雑なディリバティブを扱っている点の理解に至らず失敗した事例等もあるので、十分注意が必要である。

　最近では、ITの利用が様々な分野で急速に進んでおり、ビジネスプロセスとしての保険販売面での利用のみならず、データ解析の進歩、遺伝子研究の発達等と相まって、今後、従来の発想とは異なる新しい保険ビジネスモデルが生

まれやすい環境になっていると言える。また国内の保険市場が成熟する中、大手保険会社を中心に、保険業務の国際化が急速に進展している。この中で商品開発、バンカシュランス、資産運用体制等、急速に金融機関のビジネスモデルが変化していく中で、保険会社が生き残るためには、ビジネスプロセスのみならず、自らのビジネスモデルの変革もさらに迫られていくであろう。

2.4　ERMの枠組み

　図1-2は、会社全体でどのようにERMに取り組むべきか、その枠組みを簡単に示したものである。
(1)　統合リスク管理[11]で求められるような「収益・リスク評価のインフラ」がしっかりと土台にあり、収益・リスクの情報が定期的に、また必要な時

図1-2　ERMの枠組み

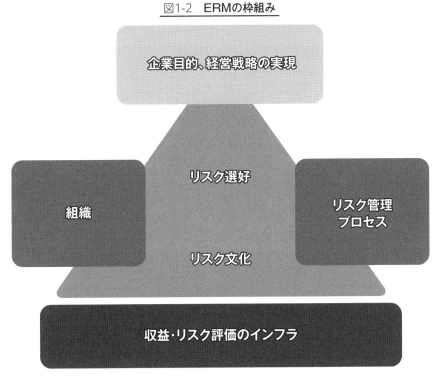

(出典)筆者作成

には随時、経営陣や社内に向け発信される

(2) その上に、会社の様々な事業活動を実際に行っている「組織」と、ERMで求められる「リスク管理プロセス」が整合的に連動して、収益・リスクの情報が正しく理解され、会社の目的や戦略の実現に向けたアクションが継続的に行われる

(3) リスクテイクの判断基準として「リスク選好」（リスクアペタイト）[12]を明確にして、全役職員の活動のベクトルを合わせることで、会社が取る経営の選択肢のリスクをコントロールする

(4) リスク選好に基づく会社のアクションが頑強かつ永続的であるためには、全役職員がリスクに対して理解や価値観を共有し、適切に行動する意欲を持つ、いわゆる優れた「リスク文化」[13]が必要である

このような枠組みの下に「企業目的、経営戦略の実現」を図るのがERMである。

2.5 目標達成に向けたERMの旅

ここで、ある会社のビジネスモデルを自動車に例えて、それが走行していく姿を考えて見る。会社によってビジネスモデルそのものや、基本としているビジネスプロセスは異なるので、ビジネスモデルは自動車の種類や型式の違いとしよう。

保険会社の経営を、このような自動車を運転して、目的地（企業目的、経営戦略の実現）を目指すドライブと考えると、ERMに基づく経営は、「組織」と「リスク管理プロセス」を両輪とし、「収益・リスク評価のインフラ」をスピードメーター、タコメーター、燃料計等の計器が取り付けられたダッシュボードとする、自動車の運転に例えられる（図1-3）。

「組織」、「リスク管理プロセス」の両輪が同じように回転しないと、自動車は真っすぐ進まず、ハンドルは経営のかじ取りを行う大事な要素であるが、「遊び」が大きすぎても、少なすぎても運転に支障がある。

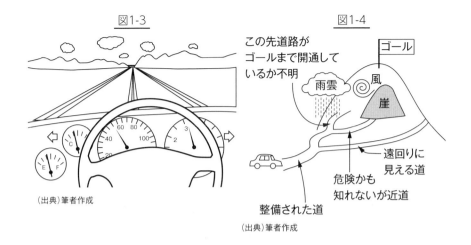

目的地に向かって、上手に車を運転（経営）していくためには、どのコース（リスク選好）を取って進むのか共通認識が必要である（図1-4）。リスクプロファイルは、目的地を目指す中で運転中に遭遇する、雨、風、気温など気象状況、また、路面や渋滞状況（競合）等道路の状況と言える。車の種類（ビジネスモデル）によって、気象や路面状況への向き不向きがあり、また、どのコースをとるかということが、目的地への到達の可能性に大きく影響する。

2.6　リスクプロファイルの警戒態勢

　道路の状況のように、リスクプロファイルは細かく見れば常に変化しているが、大局的にはビジネスモデルとその時の社会・経済等の外部の環境、また会社内部の状況により定義されると考えられる。

　リスクプロファイルで重要なことは、単に損失が発生する可能性のある事象を、機械的にリストアップすることではなく、ビジネスモデルやビジネスプロセスを危機に陥れかねない主要なリスクを認識するとともに、エマージングリスクと言われる、新たに発生したり、変化するリスクを未然に防いだり、万が一発生した場合には、すぐに手を打てるよう警戒を怠らない（vigilant）態勢につなげることができるかどうかである。

リスクプロファイリングによく用いられるリスクマップ[14]やリスクレジスター[15]は、リスクに関するコミュニケーションを図る有効なツールであるが、リスクそれぞれの相対的な発生可能性とその影響度は把握できても、それらの因果関係までは分からないという問題点がある。多くの場合、リスクは連鎖するので、特に大きな損失が発生した場合、それは単独のリスクの発現に留まらず、損失が拡大することが想定される。またこれらの作成が、リスク管理部門だけの作業で、経営へのインパクトがないものであれば、能動的にリスクを管理することにはならない。リスクの特定により重要なリスクを中心に認識できるようにし、KRI（Key Risk Indicator：重要なリスク指標）やKPI（Key Performance Indicator：主要パフォーマンス指標）等と連携してモニタリングできるようすることが必要である。

経験豊かなドライバーは、いろいろな気象条件の下で、スピードの出し方、ブレーキの掛け方、ハンドルのさばき方等を熟知しているが、初めて走る道ではうまく走れるとは限らないので、新しい商品やサービスを開始するような場合には、特に注意深く状況をモニターし、問題があるようであれば、早期に解決を図ることが重要である。

万が一の場合の急ブレーキについては、一度実際に経験しないと、本当に必要な時に事故を防げるか分からない。ストレステストは今、多くの会社が、規制対応の文脈で対応していることが多いように思うが、このように考えると、本来のストレステストは自社の万が一のリスクに備え、リスクプロファイルの真の理解につながるものでなければならない。

また、コアリスク（これらのリスクを取って利益を生み出すことがまさにビジネスであるもの）とノンコアリスク（それ以外、それに付随するリスク）[16]を峻別して認識し、ノンコアリスクに関しては適切なリスク対応を行い、会社としてコントロールできる部分に関して、不確実な要素を極力少なくすることは、ビジネスモデル成否のカギと言える。

優れた経営者は感覚的、経験的にリスクプロファイルを理解しており、事業や戦略に重大な影響を与えるリスクの発生を回避しつつ、それらを成功に導くことができると考えられるが、保険会社のような、公共性を有するビジネスで

26　　1 保険ERM態勢のあり方と陥りやすい問題点

あり、多くのステークホルダーのいる企業では、一部の人の理解に留まらず、社内での意思疎通を図るとともに、コアリスク、ノンコアリスクを含め、リスクプロファイルの認識について社外とのコミュニケーションを十分に図ることが重要である。

2.7　リスク選好と事業活動のコントロール

どのようなリスクをどの程度取って、事業を遂行して行くかについて共通認識を醸成することが必要である。どのようなリスクを取るかという点は、コアリスク、ノンコアリスクの認識と深く関わっている。また実務的な話しでは、リスクリミット等との組み合わせがリスク選好を具体的に決定するということも言える。

リスク選好は、いくつもの取りうる選択肢の中から、どのようなルートを取って、どのように運転して目的地を目指すかを示すもので、企業の日々の業務運営上非常に重要なものとなる。同じ目標地点を目指す車でも、どのような道（整備されていない近道、整備されているが遠回り、有料、無料等々）をどのように（ガソリンはどれだけ入れるか、スピードはどのくらい許容するのか等々）運転していくのかによって、目的地への到達の可能性や途中の車を取り巻く状況は大きく異なり、リスク選好は、目的達成の成否に関わる大きな要素である。

リスク選好がその本来の役割を果たすための理想的なプロセスは以下のように考えられる。

① 　リスク選好に関する方針が作成され、自社がとるべきリスクが定量的または定性的に明確にされる
② 　会社の多岐にわたるオペレーションが、リスク選好に定められた事項にどのように影響するか明確にされる
③ 　会社の部門、組織等のオペレーション単位で、リスク選好で定めた定性的または定量的と整合的なパフォーマンスを維持・制限する方針やリミットを設定する

④ リスク選好が会社全体のリスク受容能力（リスクキャパシティー）の範囲内にあることを確認するとともに、現時点のリスクがリスク選好に対して、どのような水準にあるのかを測定するサイクルを回す

　図1-5で説明すると、会社全体で一番上にある、リスク選好（例）を定めても、結果として現れるリスクは、会社の部門、組織等の多岐にわたる「事業活動（事業のドライバー）」の結果であるから、事業活動レベルでリスクが総体としてリスク選好の方針と整合的になるようにコントロールされないと、どのように立派なリスク選好の方針も絵に描いた餅となる。

　リスク選好が単にアニュアルレポートの飾りのようなもので、経営陣を始めとする役職員の行う日々の業務の中で具体的に考慮されていないとすると、それは深夜に、電灯のない、ガードレールもない、場合によっては、行き先のない（？）道を自動車が運転することになり、非効率や事故の元になることが容易に理解されるであろう。

　このようにならないためには、リスクカテゴリーや部門ごとのリスクリミットの設定のみならず、部門や組織等での事業運営の方針や現状が、総体として会社のリスク選好と乖離のないことを慎重にモニタリングする必要があり、これによって、収益の獲得に向けた、会社の広範な事業活動のベクトルがリスクをコントロールしながら同じ方向を向いて実現されることになる（図1-5）。

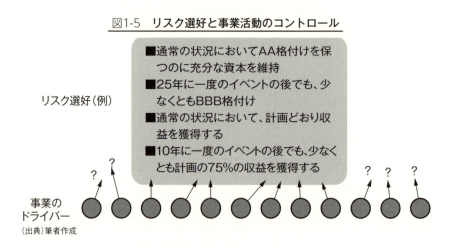

図1-5　リスク選好と事業活動のコントロール

（出典）筆者作成

2.8 リスク経営による事業ポートフォリオのリスク管理

　リスク経営とはERMに基づく経営のことであり、基本は「会社を取り巻くリスクの理解」を行い、「十分な情報に基づいた意思決定」によって「企業目的、経営戦略の実現」を図ることである。これまでの例えでは、ダッシュボードをよく見ながら、周りの状況にも気を配り、組織の活動とリスク管理プロセスの両輪をコントロールしながら、目的地を目指すということである。

　このようなリスク経営は、生命保険会社においては、会社のバランスシートの太宗を保険契約負債とその見合いの運用資産が占めていることから、ALM（Asset and Liability Management）はその中核のひとつとなる。特に長期の契約が多い、生命保険会社においては、商品設計とプライシングは収益の源泉であるとともに、これらに付随するリスクはコアリスクと位置づけられるものであり、効果的なERMを構築するためにはALMの下、商品設計／プライシング／リスク管理を三位一体で最適に管理する枠組みが必要となる。

　保険ERMでは、このような保険商品にかかる収益・リスク管理を中心に据えて、会社全体のリスクをポートフォリオとして把握することが必要である。運用資産のポートフォリオをファンドマネジャーが管理するように、事業ポートフォリオのリスクを管理する必要があり、このように考えると資本配賦に取り組む意味合いが理解される[17]とともに、定量化可能なリスクや収益についての共通の理解をするための「モノサシ（リスク尺度）」と、定性的な評価も含め、リスクや収益の測定結果を生み出す「収益・リスク評価のインフラ[18]」が、リスク経営のダッシュボードとして重要であることが理解される。

　本書ではリスク経営の貴重な事例が多く含まれているが、リスクプロファイルや、それに伴うリスク選好の変化に応じて、経営目的達成のため、柔軟にビジネスモデル／ビジネスプロセスを見直すことによりリスクプロファイル自体の修正を行うことも経営上の重要な検討事項である。

　リスク戦略はリスク経営の個別具体的なアクションで、自動車の例えでは、道路の状況（リスクプロファイル）をよくみて、今スピードを出して距離を稼ぐのか、いったんパーキングエリアで休憩をとるのか、または、急いでいるの

で未整備の近道を取るのか、時間はかかるが安全に舗装の整った道を進むのか、目的地への運転方法を考えることと言える。

　リスク戦略を考える上で、企業目的実現のための戦略が、その企業のコアコンピテンシーに支えられているかが重要な視点である。これはリスク選好の設定とも深い関係がある。戦略の裏付けになるリソースがない（必要な専門性の欠如等）などコアコンピテンシーがないところにリスクを取ることは、当然のことながら、戦略失敗[19]の可能性を大きく高めるので、十分な注意が必要である[20]。

2.9　リスク文化[21]

　リスク文化とは、リスクに関する企業文化のことであり、リスクに対して、企業の過去の成功や失敗の経験などから、役職員の間で意識的または無意識に共有されている思考や行動の様式のことをいう。このようなリスク文化が、リスク選好に向けた組織の活動、リスク管理プロセスを後押しするものであれば、リスク経営を順風のもとに進めることができるが、そうでない場合には、リスク文化そのものの変革が求められる。

　金融危機の後発表されたバーゼル銀行監督委員会のペーパーにも、「健全なコーポレート・ガバナンスの何よりの証明は、上級管理職及び職員に対し、内部監査やリスク管理機能に依存することなく、リスクに関する問題を自ら把握することを期待・奨励する文化である。[22]」とあり、リスク文化は、金融機関のガバナンス上の重要課題として近年取り上げられることが多いが、実は日本の企業では昔から社訓や経営理念などに優れたリスク文化を継承しようとしているものがある。

　リスク文化は時間をかけて形成される面もあるが、当然のことながら、トップの言動の影響が大きい。ジェームズ・ラム氏の著作には以下のような記載[23]がある。

「リスク管理は、企業が行う他の活動に比べ、上級管理職、特に最高経営責任者（CEO）の関与が極めて重要となる。その理由は、リスク管理は人間性に

30　　1 保険ERM態勢のあり方と陥りやすい問題点

反する面があるからである。（中略）この消極さを克服するためには、権威や権力を利用する必要がある。CEOは、リスク管理プロセスを完全に支持していなければならず、「方向づけ」を行わなければならない。」

次の質問にどう答えるかが、彼らがリスク管理プロセスに本気でかかわっているかを雄弁に物語るとしている。

- ・CEOはプレゼンや会議の場で、リスク管理が最優先課題であることを伝えなければならない
- ・CEOは自らの行動を通じて、その関与を示し、リスク管理会議に参加しているか
- ・企業はリスク管理を支援するために適切な予算を配分しているか
- ・上級管理職は企業の重要な意思決定に関与しているか
- ・業務運営の責任者がリスク管理方針に違反した場合にどう対処するか

2.10　リスク文化の醸成・浸透を阻害する要因

日本でもERMはトップダウンでないと実効性が期待できないと言われる。それは最終的な経営判断をトップが行うからであり、人事権を持ったトップの判断にERMの基本的な考え方が利用されなければ、ERMは有効に強化されないだろう。それどころか、トップが重視したがらないリスクについて、従業員は分かっていても目をつぶるようになって、それに触れようとせず、リスク文化は堕落し、リスク発生の爆弾を自ら抱えてしまうことになる[24]。

リスク経営ではリスク情報の伝達とそれに対する判断が非常に重要であるが、トップや経営陣が、事なかれ主義で「悪い情報」に聞く耳を持たなかったり、さらにひどい時には「悪い情報」を伝えた人が人事や評価で割を食ってしまう（英語ではこれを戒めるために「Not to shoot the messenger!」と言う）ような場合、リスク文化がどのようになるかは推して知るべしであろう。聞きやすい「良い情報」だけでなく、「悪い情報」にこそ、しっかりと聞く耳を持ち、経営陣がそれを適切に判断する能力をもって、よいリスク文化を維持し、リスク経営を真にワークさせることが重要である。

もちろん、このようなリスク文化がなくても、短期的な成功は可能であろう。しかしながら、リスク文化は組織を動かす役職員個々人の行動原理、インセンティブに影響を与えるため、長期的な企業の成功はおぼつかない。

　また、リスク文化に関連して、過去の失敗事例の分析が行われ、さらにその結果が社内で共有されることは、その問題解決にあたって得た知見という企業のDNAを将来につなぐことになるので重要である。さすがに全く同じ失敗を繰りかえすことはないと思うが、過去発現したリスクの真の原因が究明されずに放置され、単なる表面的な対応策で問題解決とされるようなケースでは、その原因が形を変え将来の失敗の原因となる。マスコミ等に取り上げられるような大きな問題では、原因の究明がなんらかの形で促進されるが、社内の問題で済まされる場合には、原因の究明が不十分であることが多いのではと考えられる。

2.11　経営判断に資する収益・リスク評価の情報

　収益やリスクにかかる正確な情報の効率的な意思疎通を図ることがリスク管理にとって非常に重要であり、その方法として、一覧性のある経営情報（ダッシュボード）を整備して、車のダッシュボードを見ながら運転するのと同様に、リスク経営が行われることが望ましい。

　車のダッシュボードには、スピードメーター、タコメーター、燃料計等の計器があるが、既にどの会社でも、リスク管理委員会や経営会議等に報告される資料に、会社全体のリスクと自己資本の状況、リスクごとの状況報告を含め、その他リスク管理に関わる情報や取り組み等が詳細に記載されているであろう。

　しかしながら、これらの多くはまだ、損失の回避、抑制を主眼としたバックストップ（防波堤）としてのリスク管理やレポーティングであり、リスク経営の観点で活用されている事例は多くないと考えられる。もちろん、リスクがリミットの範囲内に納まっているという情報は基本的であり、最低限必要なものであるが、バックミラーで見える過去の話しをしても、それだけでは目的地を

目指す運転には役立たないので、経営陣の興味を引かない。ERMの視点からは、日常の業務・経営判断にリスク管理の考え方を浸透させる必要があり、このためには、リスク情報を経営陣の興味を引く収益や業績報告と合わせ、タイムリーに行う工夫が必要である。

2.12　収益・リスク評価インフラ整備の課題

　保険会社の収益・リスク評価のインフラを考える際に、保険負債評価に時間や手間がかかるという大きな問題がある。統合リスク管理の導入により、システム面を含め、資産運用に関係する市場リスク等の評価が大きく進展した。しかしながら、保険負債の評価に関しては、エンベディッド・バリューの開示が一般的となって以降特段大きな進展はなく、各社既存のシステムを部分的に手直しする等により、エンベディッド・バリューの開示を含めた財務諸表の報告や保険リスク量等の算定を、かなりの数のアクチュアリー等の専門家が、多くの手作業を含め、何週間もの日数をかけて行っているのが現状であろう。

　このようなことでは、とてもフロントガラスを見て、刻々と変わる天気や道路の状況を考えた運転、すなわちリスク経営に必要なコアリスクにかかる重要情報をタイムリーに提供できない。またアクチュアリー等の専門家が「計算」に明け暮れる状況は人材利用の無駄が大きい。また手作業はオペレーショナルリスク発生の大きな要因であり、IT技術が従来と比べ格段に発達した中で、保険負債評価へのシステム投資の発想を変えることによる効率化の余地は大きいと思われる。

　現在、保険会計、収益管理、リスク管理、ソルベンシー規制、それぞれの分野で保険契約の将来キャッシュフローを評価するモデルが検討されているが、基本となる内部モデルの構築やORSAの要請により、自社データ管理の重要性が高まるとともに、用途に応じた様々なレポーティングの整合性の確保ならびにタイムリーな情報提供のため、保険負債計算の高度化と高速化が一層求められており、その対応の巧拙が、今後会社の競争力の差に影響するものと考えられる。

33

ERMは、十分な情報に基づいて経営の意思決定を行うという観点から、保険会計、収益管理、リスク管理、ソルベンシー規制の全てを包含するものであり、経営判断に資する「収益・リスク評価のインフラ」なしに、頑健な保険ERMの実現は難しい。

3. ERMのピットホール

最後に、保険ERMにおいて陥りやすい問題点を2つの観点から要約して本章の結びとする。

3.1 規制業種のマインドセット？

ERMを考える上で、保険会社が陥りやすい大きな問題点の一つとして規制業種のマインドセットがある。それは、既に述べたところではあるが、戦後の護送船団方式による価格競争を制限し、保険市場の安定的な成長を促す行政手法の記憶が、今でも残されているように感じることがあるからである。

これは日本の金融の自由化、国際化の進展の中で、バブルの最中に描かれた、保険の自由化と自己責任原則による保険会社の経営を促す保険監督という新しい保険事業の姿（ビジネスモデル）が明確にならないまま、バブルの崩壊への対応と、それに引き続く信用不安に晒された時代に突入したこととも関係があるのかもしれない。中小生保7社の連続破綻から既に十数年経過し、日本の保険業界のランドスケープも様変わりしている中で、今こそ、ビジネスモデルの進化とそれを支えるリスク管理の進化が真に問われていると言っても過言ではないであろう。

規制業種のマインドセットの問題は、経営が監督官庁の指示や意向に沿うことを第一とするあまり自らリスクを考えなくなり、一部の会社の破綻に見られたようなモラルハザードを招くことにある。　また、保険業界におけるコンペティターが限られる中、他社の動きにとらわれた経営判断を行うことになると、

34　　1 保険ERM態勢のあり方と陥りやすい問題点

これも自らのリスク分析を十分に行わないことにつながる。

近年、日本の金融庁も国際的な保険監督の流れの中でERMを推進しており、ERMの取り組みに関するヒアリングやORSAレポートの作成依頼等積極的な取組を行っている。しかし、保険会社の側で「監督指針」や「検査マニュアル」で書いてあるからやるというような姿勢や形式的な対応でコンプライアンスと捉えるようでは、到底ERMに基づく経営を行っている企業とはみなされないだろう。

保険監督者の視点からは、保険会社がERMに取り組むことで健全性の維持が図られ、契約者利益の向上にも資することが期待されるということであるが、企業がERMに取り組む目的と必ずしも「同一ではない」ことに注意が必要である。当局の要請によってしかたがなく受動的にERMに取り組むのではなく自らの経営判断の専門性を高め、自己責任の下、広範なステークホルダーの利害関係のバランスを取った事業運営を行うことが必要である。

3.2 不確実性に対する理解と対応

フランク・ナイトは「リスク」と「不確実性」を峻別し、サイコロの目の出方や死亡率のような測定可能なものを「リスク」とし、それ以外の測定不可能なものを「（真の）不確実性」とした[25]。ERMが対象とするリスクには、一定の前提の下、測定可能なリスク以外にも、多くの不確実性に起因するものがあり、そのコントロールなしには、リスク経営の成功はない。

アクチュアリーの技術に基づいた伝統的な生命保険事業では、大量の契約を獲得することで被保険者全体としての死亡率のリスクを軽減できるので、一人一人の契約者にとって生死は大きなリスクであっても、生命保険会社の側からすると、その支払いは総じて安定している。1980年代までは保守的な保険料設定と死亡の継続的な改善もあり、保有契約の規模が一定程度大きくなれば、ビジネスモデルとしてのリスクはあまりなかった[26]。

しかしながら、1980年代に、本当に競うことが必要であったかどうか分からない簡易保険との料率競争もあって予定利率の引き上げ[27]が行われてから

35

様子がおかしくなった。その当時は、営業職員の販売への脅威というリスク（？）への対応として取られた対策であったと考えられるが、引き上げられた予定利率の影響は、その後、生保の資産運用等の内部的なもののみに止まらず、複雑な経路を通り、間接的に金融商品市場等へ広範に波及し、経済環境等の変化の中で、逆ザヤという生保を長い間苦しめることとなるリスクの発現（危機）につながった。

　一般的なリスクマネジメントの概念では、今でも、以下のことが必ずしも正しく理解されておらず、リスクへの対応を表面的なものとしている。

　　・『一部分』の理解は、必ずしも『全体』の理解につながらない
　　・リスクの発現に至るプロセスは、全てが統計的なものではない
　　・リスク評価は、どれも人間の認知バイアスを伴う
　　・多くのリスクモデルは、結果に焦点を当てており、原因となる要素（ドライバー）の作用を考えていないので、予測の精度に欠ける
　　・ビジネスが複雑になっているのに、未だに線形と正規分布の予測手法が主流
　　・『ブラックスワン（unknowable）』と『複雑（complex）なリスク』の混同が見られる

図1-6は以下のことを示している。

　海面上での氷山のように「危機」を見つけるのはたやすい。（兆候[※28]があるから）そして、その危機を発生させる原因となるイベントを発見することは、比較的簡単で、これが通常「リスク管理」と言われるレベルのものである。しかしながら、このレベルで問題なのは、「何が起こるか分かっても、どうして起こるか分からない」ことである。海面下に隠れているリスク発生のパターンやその根本原因となっているシステム構造（様々な要素の作用の仕組みや関連性）を理解しなければ、どうして起こるかを知り、本当に効果的な対策を講じたり、対応することができない。

　隣接業界であった簡易保険との競争や保険審議会の要請という状況の下で行

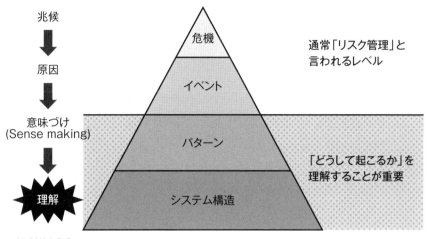

図1-6 「何が」から「何故」起こったのか、を理解する必要

(出典) 筆者作成

われた1985年の予定利率の引き上げは、結果的に、先に述べたとおり、これまでリスクを取らないビジネスモデルを運営してきた生保が、本来、大きな社会経済から見ると「一部分」とも言える要素への対応のため、その外部への影響や将来的な環境（シナリオ）変化の可能性を十分に見極めることもないまま、臨界点を超えたリスクを取ってしまったため、その作用・反作用が活発化し、収束が難しくなった事例と言える。

　もちろん、当時の生命保険会社の経営陣にはそのような意識はなく、株式含み益も潤沢にあり問題ないと考えていたと思うが、市場金利が低下している中での長期の予定利率の引き上げであったことや、一時払い養老の大量の資金流入が生じた際にはALMや区分経理が適切に行われていないことへの懸念があった。残念なことは、このようなリスク管理に対する希薄な認識は、2000年代中ごろの変額年金の販売でも繰り返され、金融危機後、多くの生保がヘッジ等必要なリスク管理を怠ったために、最低保証リスクの発現に苦悩することになった。

　本来のリスク管理は、リスク発現の根本的な原因を理解して、その対策を講じることであるが、これができないと、いつまでも形を変えて失敗を繰り返す

ことになる。逆に言うと、過去の失敗の原因を正しく分析し対応することで、将来発生するリスクを防ぐことができ、また、どうして起こるか、その原因となる要素を認識できればエマージングリスクにも正しく対応できる。このような点からも、正しいリスク文化を持つことの重要性が理解できるであろう。

　また、より具体的な話で言うと、通常、保険会社が経営計画を策定する場合、目標となる数値を定め、その裏づけになる部門ごとの計画等が併せて提出され、その計画が承認される。[29] このような場合、単に計画が達成された、されないという見方だけではリスク戦略としても、不確実性に対する対応も不十分である。このような戦略立案の際、計画達成のための要因やリスクを念頭に置いて、[30]成果を常に「幅」で考えることが効果的である。このようにすることで、下振れリスク、その原因を考えることになり、企業戦略が単なる賭け（いちかばちか）ではなく、バックアッププランの検討も促進され、計画達成の確率を上げるであろう。

※1　植村 [2010]、201頁、202頁
※2　コーポレート・ガバナンスの下で行われるリスクマネジメント、リスクに関する経営管理態勢という解釈が一般的と考えられるが、ここでは、リスクの引受けを行う保険会社として、リスクを考慮して保険負債に対して十分な責任を果たせるような配慮や手当てを行うことである。
※3　Committee of Sponsoring Organizations of the Treadway Commission
※4　2013 年 5 月に改訂版を公表。
※5　CERA（Chartered Enterprise Risk Actuary）とは、ERMに関する専門知識および問題解決能力を有すると認定された場合に付与されるアクチュアリーの先進的な国際資格。日本アクチュアリー会でも2012年より資格認定開始。
※6　Lam [2003]、315頁
※7　Lam [2003]、323頁
※8　リスクカルチャーとも言われる。「ERMがどのくらい成功するかはリスク文化によって決まる。（Lam, James (2003)、89頁）」
※9　「保険金不払い問題」は販売に偏重した保険会社のビジネスプロセスの再考を金融庁が促したものとも考えられ、保険ERMを考えるにあたって、保険会社のビジネスプロセスの入り口から出口までもれなく、リスク管理を行うことが重要であることを学んだ。
※10　以前から、一般勘定の中で、個人保険や、団体年金等の区分経理は行われていたが、団体年金資産の分別まで行うものではなかった。
※11　各種リスクを VaR 等の統一的な尺度で計り、各種リスクを統合（合算）して、金融機関の経営体力（自己資本）と対比することによって管理する統合的リスク管理方法（統合的リスク管理態勢の確認検査用チェックリスト）
※12　リスク選好（リスクアペタイト）とは、経営として、どのようなリスクプロファイル（リスクの全体像）としたいかを規定する枠組みである（2012.9 金融庁　ERMヒアリングの結果について）リスク選好とは、能動的に把握したリスクプロファイルを前提とし、経営としてどのリスクをどの程度取って収益を獲得して行くのかを意思決定することである。（2013.9 金融庁　ERM ヒア

リングの実施とその結果概要について）

※13　ERMの構築・実行において経営陣の役割は極めて重要であり、リスク文化を浸透させるためにも、経営陣による主導性と強いコミットメントが求められる。（2012.9 金融庁　ERMヒアリングの結果について）

※14　リスクの発生可能性とその影響度を図示することでリスクを可視化する

※15　リスクの分類・一覧表のことで、リスク事象毎に想定される損害や発生可能性および所管部署（リスクオーナー）等を記載するもの

※16　統合リスクマネジメント ニール A.ドハーティ (著), 森平爽一郎, 米山高生 (翻訳)P229-231

※17　Lam [2003], 110頁

※18　具体的には、収益、リスク、資本等に関する経営管理情報（ダッシュボード）

※19　バブル期に生保の企業融資は拡大したが、銀行と比較すると情報が少なく、関係も緊密でないため、銀行が貸し出さないところに貸し出し失敗することがあった。

※20　再保険やヘッジの利用を十分に考慮しなかった最低保証付き変額年金の引き受けの他、失敗例は多数。

※21　リスク管理に対する企業文化

※22　バーゼル銀行監督委員会　コーポレート・ガバナンスを強化するための諸原則　2010 年 10 月パラグラフ92

※23　Lam[2003],41頁,42頁

※24　英語では "Elephant in the room" とか "800-pound gorilla" と言われる、皆がその問題を認識しているが、あえて触れようとしない社内でのタブーの存在の問題もある。

※25　リスクの経済思想, 酒井泰弘(著)P118-119

※26　当時は大量採用・大量脱落のターンオーバーの非効率性による事業費管理が主なリスクであった。

※27　1980年代に生保が高い予定利率を設定してしまった背景には、前述のように死亡保障市場が成熟化し、販売てこ入れが必要だったことに加え、保険審議会答申による引き上げ要請、簡易保険との競争、ALM（資産・負債の総合管理）の欠如などがある。植村, 生命保険会社の経営悪化 [2010], 193頁

※28　「ヒヤリ体験を大失敗の予兆と考え、その要因を見つけ出して適切な対策をとれば、致命傷に至らずに済む」(失敗学・畑村洋太郎)

※29　会社によっては、楽観、悲観シナリオのような計画を立てている場合もある。

※30　リスクに関する経営情報の充実の必要性、希望的な計画だけでなく（最悪も含めた）

【参考文献】

Lam, James (2003), Enterprise Risk Management: From Incentives to Controls, John Wiley and Sons. 林康史、茶野努監訳(2008)『統合リスク管理入門－ERMの基礎から実践まで』ダイヤモンド社

ニール A.ドハーティ （著), 森平爽一郎, 米山高生(監訳)(2012)『統合リスクマネジメント』

酒井泰弘(2010)『リスクの経済思想』ミネルヴァ書房

畑村洋太郎(2010)『失敗学実践講義』(文庫増補版)講談社

植村信保(2008)『経営なき破綻　平成生保危機の真実』日本経済新聞出版社

植村信保(2009)「生命保険会社の経営悪化」(内閣府経済社会総合研究所監修、池尾和人編『不良債権と金融危機』慶應義塾大学出版会の6章として所収)

大塚忠義(2014)『生命保険業の健全経営戦略』、日本評論社

2

欧米の保険会社でのERM進展

─その背景と取り組み

1. ERM進展の背景:グローバルストレスと金融・保険規制の中で

　この章では、欧米の保険会社におけるERMの進展について、保険会社サイドの取り組みと規制サイドからの要請の両面から概説する。特に1980年代以降のグローバルなリスク事象とそれに対する金融・保険規制の動向を振り返ることで、その中でのERMの進展の背景をよりよく理解することができるであろう。

1.1　1980年代以降のグローバルなストレス事象、国際規制とERMの進展

　1960年代頃の欧米の保険業界のリスク管理部門では自然災害を中心とする保険リスク管理が中心となる一方、コーポレートファイナンスは財務部門で管理されていた。1970年代に入り、新しいリスククラスである金融市場リスクを意識させる一連の外部事象が発生した。それは、ブレトンウッズ体制の終焉と変動為替相場制への移行であり、その結果として為替リスクが浮上した。同時に、米国の連邦準備委員会が金融政策を変更し、金利水準のコントロールを余儀なくされ、金利リスクという新たなリスクも発生した。さらには1970年代に起きた石油危機により、商品リスクも登場した。しかしリスク管理手法としては、1990年代に統合的なリスク管理手法が求められるまでは、リスククラスごとに細分化されたサイロ的アプローチがとられていた。

　1980 – 90年代以降、グローバリゼーションとIT技術、時価評価が進展し、金融工学をベースにした金融派生商品市場が台頭する中で、市場価格リスクや信用リスクが大きな影響を受け、デリバティブや不正会計事件に端を発した金融危機等の多くのリスク事象が発生した。

　1985年のプラザ合意後では、87年にブラックマンデー、91年には日本のバブル崩壊となり、さらに94年FRBショックとデリバティブ損失、95年ベアリング銀行不正取引トレーダー事件、97年アジア通貨危機、98年ロシア危機、米国ヘッジファンドLTCMの経営破綻および救済と、システミックリスクに

42　　2 欧米の保険会社でのERM進展の背景と具体的取組

対する懸念が顕在化した。また、オペレーショナルリスクや、モデルの誤使用や信頼過多により過大な損失が発生するリスクであるモデルリスクが、新たなクラスのリスクとなった（表2-1）。

この間、英米では、不正会計事件等に端を発し、コーポレートガバナンス（企業統治）と内部統制の枠組みが求められ、制度化された。すなわち、米国でのトレッドウェイ委員会組織委員会　COSO-1「内部統制―統合的枠組み」(1992) や、英国での、コーポレートガバナンスに関する「キャドバリー委員会報告」(1992)、「コーポレートガバナンス・ハンペル委員会報告」と「統合規範」（Combined Code）(1998) である。また1988年にバーゼル銀行監督委員会より、銀行の自己資本合意（バーゼルI）が公表された。

一方、1993年G30レポートが発表され、店頭デリバティブ取引のリスク管理実務指針が提唱され、翌94年には、バーゼル銀行監督委員会によりデリバティブ取引に関するリスク管理ガイドラインが出された。さらに97年にはバーゼル市場リスク規制が出された。99年にはバーゼル銀行監督委員会より銀行自己資本合意の改訂（バーゼルII）に関する第1次市中協議案公表となった。

2001年には米国で同時多発テロ事件が発生、地政学的リスク、BCP対応の必要性が明確に認知された。一方、エンロン、ワールドドットコムの不正会計事件等を踏まえ、2002年には、米国で企業改革法（サーベンス・オクスリー法、SOX法）が成立、内部統制態勢の構築・運営が求められた。さらに、同法の実施基準として、2004年にトレッドウェイ委員会組織委員会より「ERM、事業リスクマネジメントの枠組み」（COSO-2）が定められた。

しかし、2007年のサブプライム危機、2008年のリーマンショック、そして2010年以降のユーロ危機では、再び深刻なシステミックリスクが顕在化することとなった。

2009年G20金融サミットで、金融安定理事会（FSB）が創設され、システミックリスクの再来を防ぐためのフレームワークが求められた。また同年「バーゼルIIの枠組みの強化」（バーゼル2.5）が発表され、再証券化エクスポージャー、トレーディング勘定に関する市場リスク枠組みが改訂された。

2010年には、市中協議案が公表され（バーゼルIII）、銀行の資本の質、流動

表2-1　グローバルなストレス事象、国際金融規制とERMの進展

	グローバルなストレス事象		国際金融・保険規制関連		米国	
1985-99年	1985	（プラザ合意）	1985	国際スワップデリバティブ協会（ISDA）発足	1991	ソロモンブラザーズ米国債不正入札事件
	1987	ブラックマンデー（プログラムトレーディングとポートフォリオインシュランス）	1988	バーゼル銀行監督委員会、銀行の自己資本合意（バーゼルI）を公表	1992	トレッドウェイ委員会組織委員会　COSO-1「内部統制—統合的枠組」
	1991	湾岸戦争	1993	G30レポート（デリバティブ取引のリスク管理実務指針）VaRによる市場リスク管理		
	1994	FRBショックとデリバティブ損失	1994	BIS　デリバティブ取引に関するリスク管理ガイドライン		
	1995	ベアリング銀行破綻（オプション不正取引）				
	1997	アジア通貨危機	1997	バーゼル市場リスク規制を実施		
	1998	ロシア危機			1998	NYSEサーキットブレーカー導入
	1999	米国ヘッジファンドLTCM破綻と救済	1999	バーゼルカウンターパーティリスク管理指針	1999	グラススティーガル法廃止
			1999	バーゼル自己資本合意の改訂（バーゼルII）に関する第1次市中協議案公表		
2000-08年	2001	米国同時多発テロ	2000	CGFS「大規模金融機関におけるストレステスト：ストレステストの現状とテスト結果の集計に関する論点」		
	2002	（現金通貨としてのユーロ発足）				エンロン不正会計事件
	2003	イラク戦争			2002	ワールドコム不正会計事件
					2002	企業改革法（サーベンス・オクスリー法、SOX法）内部統制体制の構築
			2004	バーゼルII　最終案公表	2004	「エンタープライズリスクマネジメントの枠組」COSO-2
	2007	米国サブプライムローン危機、証券化商品価格急落	2007	バーゼルIIの適用開始		
	2008	リーマンショック	2008	金融安定化フォーラム（FSF）報告	2008	NAIC Solvency Modenization Initiative開始(コーポレートガバナンスとリスク管理を含む)

44　　2 欧米の保険会社でのERM進展の背景と具体的取組

	英国・EU		日本
		1988	BIS規制国内行行政指導開始
		1991	日本バブル崩壊
1992	コーポレートガバナンスに関する「キャドバリー委員会報告」	1992	「新しい保険事業のあり方」
		1995	大和銀行NY支店不正事件
		1996	金融ビッグバン、保険業法改正
1997	金融サービス庁（FSA）発足	1997	山一証券、三洋証券、日産生命、北海道拓殖銀行破綻
1998	「コーポレートガバナンス・ハンベル委員会報告」と「統合規範」（Combined Code）	1998	資金運用部ショック
1999	「ターンブルレポート」（内部統制ガイダンス）	1998	日本長期信用銀行破綻
		1999	東邦生命破綻
		2000	第百生命、大正生命、千代田生命、協栄生命破綻
2003	ヒッグス報告書	2001	東京生命破綻
2003	コーポレートガバナンス統合規範	2003	VaRショック
2006	Stress Testing Thematic Review (FSA)	2006	会社法（内部統制）施行
		2007	バーゼルⅡの適用開始
2007	ノーザンロック銀行取付騒ぎ緊急融資	2007	金証法 （内部統制報告＋確認書）2007年施行、2008年適用

45

	グローバルなストレス事象	国際金融・保険規制関連	米国	
	2008 AIG破綻・公的管理へ 流動性危機、CDSスプレッド急拡大	2008 G20金融サミット共同宣言		
2009-14年		2009 G20金融サミット・金融安定理事会（FSB）創設	2009 オバマ政権、金融規制改革案 ドット・フランク法を提案（2010年成立）	
	2010 ユーロ危機（欧州債務危機）	2009 バーゼル「健全なストレステスト実務及びその監督のための諸原則」		
	（世界的な流動性供給、財政赤字）	2009 「バーゼルⅡの枠組みの強化」発表（バーゼル2.5）（再証券化エクスポージャー、トレーディング勘定に関する市場リスク枠組み改訂）	2010 オバマ政権、ボルカールール（銀行の自己トレーディング業務の禁止等）提案	
	2010 尖閣諸島中国漁船衝突事件	2010 IAIS ComFrameの開発を開始		
		2010 バーゼルⅢ市中協議案公表（流動性リスク、資本の質、G-SIBsへの追加資本賦課）	2012 店頭デリバティブ規制、清算集中義務	
	2011 東日本大震災と福島第一原発事故	2011 IAIS 保険基本原則 ICP（Insurance Core Principles）改訂 ICP16でERMとORSAを規定		
		2011 FSB G-SIBs29行公表		
	2012 （中国周近平政権誕生）	2011 FSB 金融機関の破綻処理枠組（ベイルイン、再建・破綻処理計画RRP）		
			2013 ボルカールール最終案の2014年4月からの実施決定（適合期間は2015年7月までとする）	
	2014 ロシア クリミア侵攻 ウクライナ危機	2013 バーゼルⅢ 運用開始（11か国）		
	（イスラム国勢力急拡大）	2013 FSB G－SIIs9社を公表		
	2014 （西アフリカでエボラ出血熱拡大）			
	2014 （石油価格急激な下落）			

（出典）各種文献Lam（2003）、天谷（2012）、藤井（2013）

	英国・EU		日本
2008	統合規範改訂版（FRC）		
2009	ソルベンシーⅡ指令採択	2008	大和生命破綻
2009	ウォーカー報告書		
2010	2010年規範（FRC）		
	スチュワードシップコードの導入		
		2011	金融庁　保険検査マニュアルの見直しと「統合的リスク管理態勢」の新設
2011	金融機関の流動性規則（リングフェンシング）	2011	金融庁ERMヒアリング
		2011	（10月31日1ﾄﾞﾙ75円32銭）
2013	FSAを改組しPRAおよびFCAとし、PRAがBOEの監督下となる（プリンシプルベースからジャジメントベースの監督へ移行）	2012	第二次安倍内閣発足
		2013	日銀　異次元金融緩和策開始
		2014	金融庁　監督指針改正（リスク管理の高度化の促進とERM）
2014	オムニバスⅡ指令採択によりソルベンシーⅡの2016年実施が決定		
		2014	追加金融緩和政策

性リスク、安定調達比率が求められることとなった。また「グローバルなシステム上重要な銀行」（G-SIBs）に対しては、バーゼルⅢのもとで追加的な自己資本を課するとともに、さらに米国ではボルカールールの下で、銀行業務を商業銀行業務に限定するなど、各国で業務規制が課される展開となった。

　保険業界では、米国内での保険規制対象でなかったAIGのグループ会社が巨額のCDSを引き受け、また短期の資金で流動性の低い資産に投資し、リーマンショック後の2008年にAIGが破綻、公的管理下に置かれた。

　また、保険監督者国際機構（IAIS）は、2011年保険基本原則（ICP、Insurance Core Principles）を改訂、その中でERMとORSAを規定した。わが国の金融庁は、同年、保険検査マニュアルの見直しと「統合的リスク管理態勢」の新設、さらに2014年、監督指針を改正し、「リスク管理の高度化の促進とERM」の高度化を図ることとした。

　以上のように、ERMは、1990年代以降、英米において、コーポレートガバナンスと内部統制の制度化の議論が、統合的リスク管理手法と有機的に結びついて、構成されてきた。コーポレートガバナンスのベストプラクティスに関する行動規範の下では、取締役会及び経営は、企業のリスク管理及び戦略設定等に直接的な責任を持つと明確に規定されている。また監督規制からは、リーマンショック後の国際金融および保険規制強化の中で、システミックリスクの防止の観点からも、監督指針等で明確に規定され、その一層の高度化が求められるに至っている。

1.2　リーマンショック後のERM議論の進展とIAIS保険基本原則の改訂

　前述のように、リーマンショック後企業や金融機関のコーポレートガバナンスやERMに関し、制度、規制面から様々な追加策が打ち出された。リスク管理面の課題として、経済の拡大期において、企業の戦略が短期的な利益を追求する一方で、後発的に発生するリスクが十分に考慮されなかった点等があげられた。報酬制度も短期の利益に連動しがちであった。これらの具体的な議論を、ERMの観点で立ち入ってみてみよう。

ウォーカー報告書　リーマンショック後、ガバナンスの課題に重要な視点を提供したのが、ウォーカー報告書(Sir David Walker [2009])である。これは英国首相がウォーカー卿に委託した銀行等金融機関のコーポレートガバナンスに関する調査で、2009年11月に最終報告書が公表された。この報告書では、取締役会における非常勤取締役の役割を強化することと、リスクと報酬をモニターする新たな責任を取締役会に付与することが提言された。また、リスク管理の成功が取締役会の主要な戦略目標であることから、取締役会レベルのリスク委員会の設置と、チーフ・リスク・オフィサー（以下、CRO）がこの委員会に企業全体の観点から報告することが提言された。銀行等金融機関においてもリスク委員会とCROの設置が必要であるというウォーカー報告書の提言は、リスク管理の観点からも重要な示唆である。

ドッド＝フランク法とERM　米国においても、国際金融危機を受けて2010年7月にオバマ大統領の名により成立したドッド＝フランク・ウォール街改革・消費者保護法に基づいて、連邦準備制度理事会（FRB）が、リスク委員会の設置とCROの任命を銀行持ち株会社等の規制対象となる金融機関に要求している。

金融安定理事会（FSB）　国際的には、G20の意向を受けた金融安定理事会（FSB）が2010年10月にシステム上重要な金融機関がもたらすモラルハザードの抑制に関する提言を公表し、グローバルなシステム上重要な金融機関（G-SIFIs）に対するシステミックリスク規制が進められていく。2011年11月、FSBは、全世界73の銀行の中から、「グローバルな活動」、「規模」、「相互関連性」、「代替可能性／金融インフラ」および「複雑性」の5つのリスク要因に対応した指標でG-SIBsを判定し、その当初対象行として29行を公表、日本からは3メガバンクが選定された。G-SIBsを重要度に応じ4グループに区分、それに応じバーゼルⅢの自己資本水準に普通株資本の上乗せを2016年より求めることとした。

ソルベンシーⅡ　保険業界においてもコーポレートガバナンスとリスク管理の重要性が指摘された。欧州連合（EU）では、2000年代初めからソルベンシーⅡと呼ばれる保険監督規制の見直しが進められていたが、2009年に欧州議会・理事会によって採択されたいわゆるソルベンシーⅡ指令において、保険会社が効果的なガバナンスシステム、とりわけリスク管理システムを持つことが要請された。

IAISの保険基本原則の改訂によるERMとORSAの実施　上述のように、国際的な保険監督基準設定機関であるIAISは、2003年に改定されたままとなっていた保険基本原則を2011年に改正し、コーポレートガバナンスと　ERMを基本原則の一部として明確に規定した。IAISの保険基本原則は、国際通貨基金（IMF）および世界銀行が実施する世界各国に対する金融セクター評価プログラム（FSAP）における保険セクターの評価基準として用いられるため、各国の規制制定に強い影響力がある。これにより、各国の保険監督規制において、保険会社におけるERMの実施が求められることとなった。また、リスクと資本の自己評価（ORSA）の実施もERMの一環として保険基本原則で実施が求められている。保険会社は、ORSAにおいて、将来の財務の健全性の状況を、自社のリスクアペタイトと事業計画に基づいて評価し、健全性を保つための必要な戦略を検討することが求められる。

　各保険会社においても、国際金融危機の経験、格付機関におけるERMの格付要件への反映および監督当局の規制設定の動き等を踏まえ、ERM高度化への必要性が高まっている。ERMの実施状況は、会社によって多様であり、かつ常に進歩し続けるものである。また、今後本格化するORSAでは、保険会社それぞれの個別性により注目しているため、その会社のリスク特性や戦略目標に対応した形に発展していくものと思われる。

　一方、FSBは、G20の委託およびIAISの協力を得て、「グローバルなシステム上重要な保険会社」（G-SIIs）を、「規模」、「グローバルな事業」、「相互関連性」、「非伝統的保険および非保険事業」および「代替性」の5つのリスク要因に対応した指標で、2013年7に次の9社を選定し公表した。

50　　2 欧米の保険会社でのERM進展の背景と具体的取組

アリアンツ（独）、エーアイジー（米）、ジェネラーリ（伊）、アヴィバ（英）、アクサ（仏）、メットライフ（米）、中国平安保険（中）、プルデンシャル・フィナンシャル（米）、　プルデンシャルピーエルシー（英）。

　G-SIIsに対しては、追加的な資本の上乗せ規制、効果的な破綻処理の適用がなされる。2013年の選定では日本の保険会社はG-SIIsの対象にならなかったが、FSBは、再保険会社の追加も含め、毎年11月に見直しを行っていく。

2. リスク管理の枠組みとガバナンス構造

2.1　ERMの目的と枠組み

　保険会社各社は、どのような目的を持ってリスク管理の枠組みを導入しているのか、いくつかの実例を挙げる（表2-2）。ERMの要素として、第1にすべての業務をリスク管理の対象とした統合的な視点を経営者に提供し、第2に資本を各業務領域に配賦し、第3にリスク調整後の収益性を高める経営管理や決定プロセスに役立てるという目的が組み込まれているのが分かる。さらに、顧客ニーズ、顧客利益との合致といった個社の経営戦略と一体化した目的が記載されている例もある。

2.2　リスク・ガバナンス構造

　こういったリスク管理の枠組みを定めるのは、取締役会の重要な責務の一つである。取締役会はERMの最終責任を果たすために、どのようにすればよいのだろうか。

　参考になる指針として、北米CRO協議会があげているリスクガバナンスの健全な原則を述べる。

北米CRO協議会による健全なリスクガバナンス原則
(1)取締役会は、リスクを監視するという義務の一環として、リスクが保守的に管理されていることと、戦略的なリスクテークをリスクアペタイトの範囲内で許可することとを、うまくバランスさせるべきである。
(2)取締役会は、効果的な課題を提供するために、専門性、技能および最新の情報を持つ必要がある。取締役会がリスクに関連した義務を果たすために、リスクに焦点を当てた定期的で広範な議論の場を提供することが必要である。
(3)リスク管理は上級経営者の明示的な優先事項であり、単にリスク管理機能だけの領域ではなく、上級経営者全体の正式な目標である。
(4)リスク管理機能の独立性は重大である。リスク管理専門家は、リスクを管理するという指令を効果的に遂行できるべきであり、上級指導者や取締役会に自由にアクセスできる必要がある。
(5)リスク管理機能は、リスクテーク機能とよく連携し、エマージングリスクやリスクプロファイルの変化を特定できるようにすべきである。
（出典）North American CRO Council [2014]、5-6頁より筆者要訳。

表2-2　ERMの目的と枠組み

保険会社名	ERMの目的・枠組み
アヴィバ	●明確なリスクアペタイトに基づき、この範囲内にとどめることで、厳格なリスク管理をすべての業務に埋め込む ●リスク調整後の収益が最も高い領域に資本を配賦する ●様々な極度のリスクが発生した場合でも支払責任を果たすための十分な資本余力を有するという契約者、投資家および監督当局の期待に応える
エイゴン	●エイゴンのリスク戦略は、目標としているエイゴンのリスクプロファイルの方向性を提供し、エイゴンの事業戦略を支持する。 ●目標としているリスクプロファイルは、顧客ニーズ、エイゴンのリスク管理能力、エイゴンのリスクの選択およびリスクを引き受けるための十分な容量があるかどうかによって決定される。 ●リスクの選択に当たっては、期待収益、顧客利益との合致、既存のリスクエクスポージャーの状況およびその他のリスク特性が主要なインプットとなる。
AIG	●当社のERMの枠組みは、当社のリスクアペタイトと主要なリスクの状況について、統合的な観点を上級管理者に提供する。

> ●当社の各業務単位において、上級指導者や経営者がリスク引受け方針と目標リスク許容度をERMの枠組みの範囲内で承認し、ERMに従って会社を通じたリスク削減に取組む。
> ●リスク管理は、当社のコア業務を管理する方法の不可欠な部分である。

（出典）AVIVA [2012] 58頁、AEGON [2013] 85頁、American International Group [2013] 161頁より筆者訳

　リスクガバナンス構造としては、取締役会レベルの委員会としてリスク委員会を取締役会の下に設置するのが一般的であろう（図2-1）。リスク委員会は、リスク管理方針の承認や、その順守状況の監視を行う。リスク委員会は、取締役会レベルのものと、経営執行レベルのものと両方のケースがある。経営執行レベルのリスク委員会では、CROが委員長を務めている。

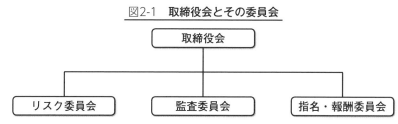

図2-1　取締役会とその委員会

（出典）　Manulife Financial Corporation [2013], 40頁より筆者訳

　リスク管理の枠組みを「三つの防衛線（Three Lines of Defense）」モデルによっているケースが多くみられる（図2-2）。第1線は、CEOや各業務ラインの執行責任者からなる。業務執行責任者が、引き受けるリスクとリターンの判断の責任を持つ。第2線は、CRO、コンプライアンス、法務などの独立した監視機能からなる。この機能が、リスクの引受けやリスクの削減活動を、企業全体の観点から監視する役割を担う。第3線は、監査部門からなる。監査部門は、定期的に、リスクガバナンスの実施状況や内部管理の枠組みの順守状況の検査を行い、リスク監視機能が効果的であることの独立した評価を行う。

　監査機能とリスク管理機能を分離することは、内部監査の独立性を保つだけでなく、リスクアペタイトの範囲内で収益を最大化するというERMの目的を

図2-2 三つの防衛線

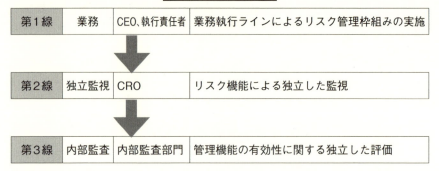

（出典）筆者作成

発揮しやすくするという効果もある。

3. リスク文化とリスクアペタイト

3.1 強固なリスク文化の重要性と経営戦略

　リスク管理の枠組みを実現するためには、それを支える強固なリスク文化が重要となる。企業を動かすのは人であり、その行動原則に大きな影響を与えるのが企業文化である。日本においては、社是・社訓として企業文化を規定する例があるが、特にリスク管理に関する健全なリスク文化を醸成していくことが基本となる。

　リスク文化を定着させるには、トップの声が重要であることも論をまたない。企業として何が重要であると考え、それを分かりやすく定着するまで組織に刷り込んでいくことも、取締役会および上級役員の責務である。企業を取り巻く経営環境は、外部環境の変化等に応じて日々変わっていき、それに応じて経営戦略も変更される。従って、リスク文化も、固定的ではなくリスク管理戦略に対応したものに進化させていく必要も出てくる。

3.2 健全なリスク文化

金融安定理事会（FSB）は、「健全なリスク文化は、効果的なリスク管理を支え、健全なリスク負担を促進し、金融機関のリスク選好を超過するようなエマージングリスクやリスク負担行動を即時に認識し、評価し、報告し対応することを確実にする」と述べている。また、金融安定理事会はリスク文化の指標として次の4点を挙げている。

金融安定理事会によるリスク文化の4つの指標

(1)トップの姿勢（Tone from the top）：取締役会および上級経営者は、リスク文化に対するコア・バリューと期待感を設定する出発点であり、その行動は重要視される価値を反映すべき。

(2)説明責任：社員がコア・バリューを理解し、リスクテーク行動に関する行動に説明責任があることを自覚している。社員が、リスクに関する目標と価値を受け入れていることが本質的である。

(3)効果的なコミュニケーションと議論：意思決定プロセスにおいて幅広い視方を推奨するようなオープンなコミュニケーションと効果的な議論ができる環境を促進する。

(4)インセンティブ：金融機関にとって望ましいリスク管理行動を維持強化する評価・人材管理を促進する。

（出典）Financial Stability Board [2014], 1-4頁より筆者要訳

リスクテークを行う第1線をどう動かしていくかもリスク文化を浸透させるための重要な課題である。北米CRO協議会は健全なリスク文化に関して、次の3原則を挙げている。

北米CRO協議会による健全なリスク文化三原則

(1)取締役会と上級経営者は、効果的なリスク文化に優先度を置く：
「トップの姿勢」は、健全なリスク文化を植え付ける上で重要な要素である。さらに、会社は、リスク認識度を強調すること、およびリスク調整後の測定

基準を達成度評価とインセンティブ構造に含めることが必要である。慎重な
リスクテークが推奨されるとともに、植え込まれたリスク限度の英知と有効
性を尊重すべきである。会社は、リスクの理解が不完全かもしれないことを
認識すべきであり、また賭けをすることを禁止すべきである。

(2)リスクテーク部門は、リスクを意識する文化の主要なプレーヤーである：
リスク文化は、企業全体のリスク管理に関する文化的および行動上の慣行に
とって重要である。第1線でリスクを引き受ける部署内におけるリスク認識の
文化を強調することは極めて重要である。取締役会と上級役員は、企業全体
のリスク引受け態度に気を配り続けなければならない。

(3)リスクに関する教育、コミュニケーションおよび透明性が強調される：
リスク文化を強化する上で重要な要素は、リスク関連の課題に関する効果的
なコミュニケーション、教育および訓練である。これはリスク管理機能の重
要な役割である。

(出典) North American CRO Council [2014]、6頁より筆者訳

3.3　リスクアペタイトとその枠組み

　会社は、そのリスク容量（リスクキャパシティ）の範囲内で、戦略を実現す
るためにリスクアペタイトを定める。リスク許容度（リスクトレランス）が、
リスク選好と同じ意味で用いられることもあるが、用法は会社によってまちま
ちであるため、この章ではリスクアペタイトという言葉を用いた。リスクアペ
タイトを決めるのは、取締役会の責任である。そのリスクアペタイトを実施す
るために、具体的な保険種目や地域別等に引き受けることのできるリスク限度
（Risk Limit）を定めて、業務執行の現場で活用できるようにするのが一般的
である（図2-3）。このような枠組みを実現することにより、実際に会社が引き
受けたリスクプロファイルをリスクアペタイトの範囲内に管理することが可能
となる。

　リスクアペタイトの枠組みを、金融安定理事会は次のように定義している。
「方針、プロセス、制御およびシステムを含んだ全般的な手法で、これによっ
てリスク選好が設定され、共有されモニターされる。枠組みには、リスク選

図2-3　リスクアペタイトとリスク限度

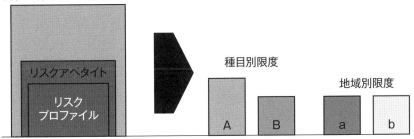

(出典)筆者作成

好声明、リスク限度およびその実施を監視し枠組みをモニターする責任態勢の概略が含まれる。枠組みは金融機関に対する重大なリスクを考慮するだけでなく、保険契約者、預金者、投資家および顧客に対する金融機関の風評も考慮するべきである。枠組みは金融機関の戦略に合致する。」[Financial Stability Board[2013], 2頁より筆者訳]

リスクアペタイトの枠組みは、固定的なものではなく、いったん設定した後でも、事業環境の変化や業務内容の進展等に対応して、繰り返し見直される動的なものとしてとらえる必要がある。

金融安定理事会は、リスク選好声明は、金融機関がその事業目的を達成するために積極的に引き受けるリスクのタイプと水準について、すべての関係者が容易に理解し対応できる必要があるとし、リスク選好声明が効果的であるために次の8点をあげている。

リスクアペタイト声明を効果的にする8つの要点
(1)金融機関の戦略と事業計画が承認された時点におけるこれらの前提となった主要な背景情報と仮定条件を含めること
(2)金融機関の短期的・長期的な戦略、資本と財務計画および報酬体系にリンクしていること
(3)顧客（預金者、保険契約者等）の利益、株主に対する受託者の義務および資

本その他の規制要件を考慮に入れて、金融機関がその戦略目標や事業計画を遂行する上で引き受ける準備ができているリスク量を設定すること

(4)金融機関が、その全般的リスクアペタイト、リスク容量およびリスクプロファイルに基づいて、各主要なリスクおよび全体について、その範囲内で運営したいと考えるリスクの上限の水準を決定すること

(5)関係のある保険種目や法人ごとおよびグループレベルで適用できるようなリスク限度に翻訳できる定量的リスク尺度を含めること。リスク尺度は、同様に、合算したり分解したりすることで、リスク選好やリスク容量に対するリスクプロファイルの計測が可能であること

(6)ある種のリスク（小売市場および卸売市場を通じて、風評リスクやその他の運営リスクを含む）を引き受けるか回避するかの動機を明確に述べた定性的声明を含めること。これらのリスクをモニターできるようにするためのある種の境界線や指標（例えば、定量的でない尺度）を設定すること

(7)関係のある保険種目や法人ごとのリスク限度と戦略が、金融機関全体のリスク選好声明と必要に応じて整合していることを確保すること

(8)どのような事象が金融機関をそのリスク選好やリスク容量の範囲外に出すかを金融機関が理解するために、将来を展望したもの（forward looking）であること、また適用できる場合にはシナリオ・ストレステストの対象にすること

(出典) Financial Stability Board[2013], 5-6頁より筆者訳

3.4 リスクアペタイトの事例

リスクアペタイトが実際の企業でどのように導入されているかを、マニュライフ社の事例で説明する。

同社ではリスク引受け活動は、会社の全般的リスク選好によって管理される。リスク選好は、会社が進んで引き受けるリスクの量と種類を定義する。リスク選好は、リスクの根本原理、リスク選好声明、リスク限度と許容度の3要素からなる。リスクの引受けとリスク管理にあたって、マニュライフは、リスク管理の目的として以下の4つに高い優先度をおいている。

⑴　株主、顧客および債権者との間で会社が築いてきた約束や期待感を守る

(2) 株主が会社に投資した資本金を、リスク・リターンのプロファイルを適
    切に保って、慎重かつ効果的に活用する

(3) 会社の評判とブランドを守りかつ高める

(4) 会社の目標とする財務力格付けを維持する

(出典) Manulife Financial Corporation [2013], 41頁より筆者訳

3.5 リスク計量化とリスク尺度

　ERMの要素で、第1段階としてすべての業務をリスク管理の対象とした統合的な視点を経営者に提供すること、第3段階としてリスク調整後の収益性を高める経営管理や決定プロセスに役立てるということがあったが、これらを実現する手段としてリスクを計量化する手法について説明する。リスクを計量化するために用いられるリスク尺度には、様々な種類があり、そのリスク管理目的に応じて尺度を選択するのが一般的である。また、一つのリスク尺度に頼りすぎるリスクを避けるために、複数のリスク尺度が用いられる。

2つのリスク尺度　第1段階のリスク量を測定する手法として、一般的に用いられているのは次の2つのリスク尺度である。

(1)バリューアットリスク（VaR）：例えば、VaR95%とは、ある計測期間内での発生確率が5%を超えない最大損失額をいう。手法の簡明性から、銀行セクターなどでよく用いられている。

(2)テールバリューアットリスク（TVaR）または条件付きテール期待値（CTE）：例えば、TVaR95%とは、最悪の5%で発生する損失額の平均をいう。リスク分布が損益の両方向で左右対称でない場合や、損失額の大きいケースの分布確率が重要である場合（特に大規模損害のケースなど）に用いられる。

収益測定手法　第三段階のリスク調整後の収益性を測定する手法としては、リスク調整後収益性指標（RAPM）があり、代表的なものに次の2つ

がある。

(1)資本リスク調整後利益率（RAROC）：（リスク調整後純利益）／（配賦された経済資本）

(2)リスク調整後資本利益率（RORAC）：（純利益）／（リスク調整後経済資本）

　また、リスク調整前の自己資本利益率も参考指標として用いられることがある。

　自己資本利益率（ROE）：（税引後純利益）／（自己資本）

4. 個別リスク管理

4.1　リスク分類

　リスク分類は、会社により異なっているが、おおむね、信用リスク、市場リスク、金利リスク、流動性リスク、保険引受リスク、オペレーショナルリスクに分類されている。特に、エマージングリスクとモデルリスクを別途明示している会社もある。この二つのリスク分類については、興味深いものがあり、ここでリスク管理の事例を紹介する。

4.2　エマージングリスク

　エマージングリスクを、スイス再保険会社は次のように定義している。「エマージングリスクとは、新たに生じるリスクまたは変化しているリスクで、定量化が難しく、かつ社会や保険業界に重大な影響を与える可能性があるものをいう。」[Swiss Reinsurance Company[2013], 5頁筆者訳]

　定量化プロセス　エマージングリスクを定性的に評価し定量化するプロセスを構築している事例を紹介する。アクサ社では、エマージングリスクは、科学学術誌、判例等の観察を含む検出プロセスによって整理される。モニ

ターされたリスクは、四つの小分類（法律／規制、環境、社会経済および技術）からなるリスクマップに分類される。モニターされたリスクの優先順位付けを行ったうえで、作業部会を年1回設置して特定のリスクとその保険への潜在的影響をレビューしている。[AXA[2013], 182頁筆者訳]

スイス再保による分析　スイス再保険会社は、エマージングリスクとして、27のリスクを潜在的影響度と発生しうる時間軸に分けて分析している。このうち、影響度が大きく、1年から3年以内に発生が見込まれるリスクとして、長期に亘る停電、急激なインフレと債券利回りの急上昇、およびビッグデータの三つをあげている。

(1)　停電について、これまでは数時間から数日しか想定していなかったが、宇宙の天気事象や組織的テロ攻撃によって、長期にわたる停電が発生し、社会や産業に重大な影響を与えることが起こりうる。

(2)　主要な中央銀行はゼロ金利政策を採用しており、ゼロ金利からのエクジット戦略の実施が課題となっている。経済の回復が予想より急で、これに対応して金融政策の引き締めが十分迅速に実施されると市場参加者が考えないとすると、長期的インフレ期待が過度に高まり、国債利回りとインフレの高騰を引き起こすかもしれない。

(3)　ビッグデータは、多くの産業で目標を絞った、オーダーメードの課題解決のキーとなりうる。しかし、非伝統的な体系化されていないデータは、信頼性の問題を惹起する。すべてのデータソースにはその制限がある。データの知的所有権、データ保護、情報セキュリティーおよびビッグデータへのアクセスのしやすさといった懸念もある。

(出典) Swiss Reinsurance Company[2013], 3,7, 18,22頁、筆者訳

食品に関するエマージングリスク　CROフォーラムが食品に関するエマージングリスクを取り上げているのも注目すべき点である。CROフォーラムは、食品リスクが、食糧不足であれ食の安全性に関する問題であれ、社会が直面する重大な脅威となるであろうと述べている。食品リスクは、

多くの利害関係者による解決策を必要とするが、リスクを削減するために
リスク管理は主要な役割を果たすであろう。[CRO Forum[2013], 2頁筆者訳]

4.3　モデルリスク

　次にモデルリスクについて述べる。リスク管理の高度化、定量化手法の進展
に伴い、リスクのモデル化に伴うリスクも注視されている。経営戦略の検討に
おいて、リスク量を計測するモデルの活用はすでに一般的になっている。経営
者は、モデルからもたらされる結果を経営判断に用いているが、モデルは実際
の事象を単純化したものにすぎず、モデルの適用できる範囲に限界があること
を理解することが重要である。また、モデルに用いられている前提条件や経済
シナリオの作成方法なども、よく検証されていることが重要である。

　モデルリスク管理の事例　プルデンシャル・ファイナンシャルは、モデル
リスクの管理を次のように行っている。モデルは、業務や管理機能におい
て、商品のプライシング、負債の評価、資産の評価における将来キャッ
シュフローの予測を始め、リスク評価や資本要件の決定などに用いられて
いる。業務の拡大や進展に対応して、使用されるモデルの種類や複雑性が
増加し、インプット・データや仮定条件に関連するものを含め、モデルの
設計、実行および用途に関するエラーのエクスポージャーが拡大している。
このリスクを削減するために、モデルリスク方針を定め、モデルの実行や
用途についてのガバナンスや管理要件を規定している。モデルリスク監視
委員会が、モデルリスクとその管理に関する監視および指針を提供してい
る。[Prudential Financial[2013], 98頁、筆者訳]

5. ストレステスト

5.1 ストレステスト・シナリオ分析とERM

ストレステスト・シナリオ分析は、ERMを実施するうえで不可欠なものとして使用されている。会社のリスクエクスポージャーに応じて、各シナリオがその会社に与える影響が異なるため、シナリオは各社で設定する必要がある。会社の戦略や意思決定といった目的に対応したストレステスト・シナリオ分析を行うことが重要となる。

ストレステストは、金融危機への対応として米国の銀行持ち株会社に対して実施されたものや、欧州委員会が銀行・保険を通じた共通のシナリオを用いて実施したものが有名である。これらは、金融安定化を主目的として行われたもので、各金融機関に共通のシナリオが適用される点に特徴がある。

一方で、各金融機関が独自に行うストレステストでは、リバース・ストレステストでみられるように、金融機関ごとに異なったシナリオを用いて、自社がストレス化ではどのような状態にあり、経営として取るべき対策とその効果は何かを考察するところに意味がある。

ストレステスト・シナリオ分析の目的について、CROフォーラムが調査している。CROフォーラム加盟会社を対象にした調査の結果、第一義的な目的は、内部向けリスク報告と規制当局への報告であった。また、リスク限度の設定もその主要な目的の一つとなっていた。[CRO Forum[2013], 5頁、筆者訳]

5.2 ストレステスト・シナリオ分析の枠組み設定

CROフォーラムは、ストレステスト・シナリオ分析の枠組みを設定するための16の原則をあげており、実施に際して参考にできると考えられるので、下記の通り紹介しておく。

表2-3　ストレステスト・シナリオ分析枠組みを設定するための原則

（ガバナンスとプロセス）	
G1	シナリオ分析プログラムの全般に上級役員が参画すべきである
G2	ストレステスト・シナリオ分析における前提条件、パラメータおよびモデルの限度について、明確に設定されるべきである
G3	シナリオの設定に用いられるデータや指標は、過去のおよび新たなリスクや傾向を取り上げて、妥当で代表的なものであるべきである
G4	シナリオ分析プログラムは、適切なタイミングと複雑さを確保するために、リスク管理の枠組に埋め込まれ、有効なインフラに支えられるべきである
G5	ストレステスト・シナリオ分析プログラムは定期的にレビューされるべきで、保険会社はそれが意図した目的に対して効果的でかつ適合しているかを評価すべきである
G6	シナリオ分析の結果は、保険会社内のフィードバック・ループに包含されるべきである（ボトムアップとトップダウン）
（設計と分析）	
D1	シナリオ分析の枠組みは、すべての主要なリスクとすべての関連する財務評価の枠組みへの考察を含むべきである
D2	シナリオ分析は、組織のいくつかの階層で実施されるべきである。従って、グループ全体のシナリオに沿って、業務シナリオは主要な業務部署を反映することが期待される
D3	シナリオ分析は、保険会社／ポートフォリオの規模や複雑性を反映すべきである
D4	シナリオ分析は、例外的であるが発生しうる事象に基づくべきである。シナリオ分析プログラムは異なった損害規模のシナリオの範囲をカバーすべきである
D5	シナリオ分析は、動的影響度を考慮すべきである：時間軸の影響度（突発的な短期の影響と長期にわたる影響）および複数の計測期間に及ぶ潜在的な影響度
（報告と実行）	
R1	シナリオ分析は、単なる機械的なプロセスとすべきではなく、手法やプロセスに柔軟性が要求される
R2	シナリオ分析は、洞察を得、議論を促進するための組織的な試みである
R3	分析結果は、定量的情報と定性的（例えば、風評）情報を包含すべきである
R4	リスク削減策（ヘッジ、再保険、運用による管理）の効果は、評価され批判されるべきである
R5	シナリオ分析は、実行可能で戦略—リスク選好、新商品、流動性要件および成長目標—につながったものであるべきである

（出典）CRO Forum [2013], 7-11頁、筆者訳

6. 今後の展望

冒頭に述べたように、1980年代の後半頃から、経済のグローバル化やIT技術、デリバティブ市場の拡大や金融工学の発達があった一方、多くの不正トレーディングや不正会計事件、金融危機が発生し、世界的なシステミックリスクの顕在化にも発展した。その中で、特にリーマンショック後において、内部統制やコーポレートガバナンスの一層の向上や、全社的なリスクマネジメント、そしてERMの高度化が、金融規制や制度的枠組みの面からも要請されてきている。

ERMは、企業目的を実現するためのプロセスであると考えられる。リスクを引き受けリスク選好の範囲内で管理し、リスク調整後の利益率を高めていくプロセスである。リスクに対応していくために、資本の果たす役割が大きいのは言うまでもないが、流動性リスクのようにリスクの種類によっては資本のみではコントロールが十分でないリスクもある。ここにリスク全体を管理するためのプロセスとしてのERMの強みがあると思われる。

各保険会社のリスク管理においてもORSA（リスクとソルベンシーの自己評価）の実施が国際的にも規制当局からの要求基準となっている。ORSAにおいては、各社でのストレステストの実施も求められている。ORSAは、国際的にみてもまだ導入準備の段階にあり、今後この実施を中心に、ERMのプロセスが進化していくものと思われる。

また、将来を見据えたリスク管理という意味では、エマージングリスクへの対応も重要である。エマージングリスクを特定し、そのリスクを評価し対応策を考察していくプロセスも、今後の発展が望まれる領域の一つである。

【参考文献】
ピーター・ゾーレ[2010]「SSTおよびソルベンシーⅡとスイス・リーにおけるERMアプローチについて」『日本アクチュアリー会アクチュアリージャーナル』第71号、pp.29-53.
Sir David Walker [2009], *A review of corporate governance in UK banks and other financial industry entities*, HM Treasury, UK
AVIVA [2012], *Annual Report and Accounts 2012*

AEGON [2013], *Annual Report 2013*

American International Group [2013], *AIG2013 Form 10-K*

North American CRO Council [2014], *Risk Governance and Culture, Principles and Practices in the Insurance Industry*

Manulife Financial Corporation [2013], *2013 Annual Report*

Financial Stability Board [2014], *Guidance on Supervisory Interaction with Financial Institutions on Risk Culture*

Financial Stability Board [2013], *Principles for an Effective Risk Appetite Framework*

Swiss Reinsurance Company [2013], *Swiss Re SONAR(Systematic Observation of Notions Associated with Risk) Emerging risk insights*

AXA[2013], *Annual Report 2013*

CRO Forum[2013], *Food and its impact on the risk landscape -Emerging Risk Initiative - Position Paper*

Prudential Financial[2013], *2013 Annual Report*

CRO Forum[2013], *Scenario Analysis*

Lam, James[2003], Enterprise Risk Management: From Incentives to Controls, John Wiley and Sons. 林康史、茶野努監訳(2008)『統合リスク管理入門-ERMの基礎から実践まで』ダイヤモンド社

天谷知子(2012)『金融機能と金融規制-プルーデンシャル規制の誕生と変化』一般社団法人金融財政事情研究会

藤井健司(2013)『金融リスク管理を変えた10大事件』一般社団法人金融財政事情研究会

3

保険行政とERM

筆者は2010年4月から2012年10月まで任期付職員として金融庁（監督局保険課および検査局）で勤務し、統合リスク管理専門官として、通常のモニタリング・検査支援業務のほか、保険検査マニュアルの全面改定やERMヒアリング（現在は統合的リスク管理態勢ヒアリング）などに関与し、保険行政によるERM活用のいわば旗振り役を務めていた。そこで本章では、当時の経験を踏まえつつ、日本における保険行政とERMの関わりについて述べさせていただく。

　なお、本章における見解はあくまで筆者個人のものであり、筆者が現在および過去に所属した組織によるものではないことをあらかじめお断りしておきたい。

1. 保険行政とERM

1.1　保険検査マニュアルの見直し（2011年）

　金融庁は近年、保険会社のERMを重視し、健全性規制の一環としてERMの導入や高度化を促す姿勢を鮮明にしている。

　2011年2月に実施した保険検査マニュアルの全面改定では、銀行を対象とした金融検査マニュアルに倣い、マニュアルの構成を大きく見直し、カテゴリーを再整理した。ただし、新設した「統合的リスク管理態勢」を見ると、金融検査マニュアルよりも踏み込んだ内容となっている（図3-1）。

　金融検査マニュアルでは統合的リスク管理について、「評価したリスクを総体的に捉え、金融機関の経営体力（自己資本）と比較・対照すること」としている。これに対し、保険検査マニュアルでは、「保険会社の直面するリスクに関して、潜在的に重要なリスクを含めて総体的に捉え、保険会社の自己資本等と比較・対照し、さらに、保険引受や保険料設定などフロー面を含めた事業全体としてリスクをコントロールする、自己管理型のリスク管理を行うこと」と規定している。すなわち、リスクの捉え方としては「潜在的に重要なリスクを

68　　3 保険行政とERM

図3-1 保険検査マニュアル改定(案)の概要について

《改定の必要性》
- 個別の問題点に関する検証項目と態勢に関する検証項目が混在
  → 誰のどの機能に問題があるかを検証し難い
- ガバナンス機能そのものを検証するカテゴリーやリスクを統合的に管理する態勢を検証する項目が設けられていない
  → ガバナンス機能に関する問題点やリスクの統合的管理に関する問題点

《構成の見直し》
- 各カテゴリーを「I.経営陣による態勢整備」、「II.管理者による態勢整備」、「III.個別の問題点」の三層構造化
  → 誰のどの機能に問題があるかについての検証が容易に
- PDCAサイクルが有効に機能しているかという観点から検証項目を加筆・整理
  → 保険会社の自主的な改善機能の検証が容易に

構成
I.経営陣による態勢整備
II.管理者による態勢整備
III.個別の問題点化
の三層構造
→ 誰のどの機能に問題があるかについて検証が容易に

PDCAサイクル
方針の策定(P)
↓
規程及び組織体制の整備(D)
↓
評価(C)
↓
改善(A)
という一連の流れ
→ 保険会社の自主的な改善機能の検証が容易に

川下から川上へ上る検証プロセス
II.以降の検証項目において問題の発生が認められた場合、当該問題点がIのいずれかの要素の欠如又は不十分に起因したものであるかをもれなく検証し、双方向の議論を通じて確認
検査官が認識した弱点・問題点を経営陣が認識していない場合には、特に態勢が有効に機能していない可能性を含めて検証し、双方向の議論を通じて確認する

I.経営陣によるリスク管理態勢の整備・確立状況

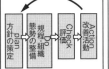

P→D   P→D   P→D   P→D
↑ ↓   ↑ ↓   ↑ ↓   ↑ ↓
A←C   A←C   A←C   A←C

II.管理者によるリスク管理態勢の整備・確立状況

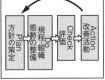

III.個別問題点
PDCAサイクルとは無関係に、関連する問題事象を広範囲にわたって列挙する

《カテゴリーの再整理》
- 「内部管理態勢」を「経営管理態勢」に変更
  → 経営管理が全体として有効に機能しているかを検証するための項目として加筆・整理。
- 「統合的リスク管理態勢」を新設
  (21年6月の監督指針改正を反映)
  → 保険会社が直面するリスクを統合的に管理する態勢を検証するための項目を加筆・整理。
  ※経済価値評価に基づく資産・負債の総合的な管理等に関する検証項目を加筆。

現行	改定案
内部管理態勢	内部管理態勢
法令等遵守態勢	法令等遵守態勢
保険募集管理態勢	保険募集管理態勢
顧客保護等管理態勢	顧客保護等管理態勢
財務の健全性・保険計理管理態勢	統合的リスク管理態勢
商品開発管理態勢	保険引受リスク管理態勢
保険引受リスク管理態勢	資産運用リスク管理態勢
資産運用リスク管理態勢	オペレーショナル・リスク等管理態勢
オペレーショナル・リスク等管理態勢	

(注)「財務の健全性・保険計理管理態勢」は「統合的リスク管理態勢」に整理したほか、「商品開発管理態勢」は「経営管理態勢」や「保険引受リスク管理態勢」等に整理

《その他の改定》
- 保険募集人の属性に応じた管理態勢に関する検証項目を新設。
- 負債特性を踏まえた、将来の債務の履行が可能となるような適切な資産特性を持つ資産保有に関する検証項目を新設(統合的リスク、保険引受リスク、資産運用リスク)

(出典)金融庁ホームページ

含めて」、管理手法としては「フロー面を含めた事業全体として」と、より統合的で包括的なリスク管理を行うことを求めている。

さらに重要なのは、「収益目標及びそれに向けたリスク・テイクの戦略等を定めた当該保険会社の戦略目標を達成するために、有効に機能することが重要」という記述がセットになっていることである。ここから、保険検査マニュアルの「統合的リスク管理」はERMの概念にほぼ等しいことがわかる。金融庁はマニュアルの見直しを通じ、検査官が保険会社の統合的リスク管理態勢（ERM）を確認することを明らかにした。

その後、平成25事務年度（2013年7月〜2014年6月）から金融検査のあり方が大きく変わり、従来の、どちらかと言えばミニマムスタンダードの遵守状況の確認を重視する姿勢から、業界横断的な実態把握やベストプラクティスに向けたモニタリングに軸足が移るなかで、統合的リスク管理態勢の検証は引き続きモニタリングの柱の一つとなっている。2014年7月に公表された「金融モニタリングレポートの概要」によると、平成25事務年度における大手損保3グループに対する「水平的レビュー」では、統合的リスク管理態勢がレビュー項目となっており、経営戦略と一体となったリスク管理態勢の整備、エマージングリスク（現在は存在していない、あるいは認識していないが、環境変化等により顕在化するリスク）や非モデル化リスク（計測手法が確立されていないリスク）への対応、リスク計測モデルの管理態勢等について検証を行っている。

1.2　監督指針の改正（2014年）

他方、金融庁はリーマンショック以降、毎事務年度の監督方針のなかで「リスク管理の高度化の促進」を掲げ、ここ数年は、従来型の損失発生の事前回避を主眼とした取り組みを越えた態勢整備を保険会社に求めるようになってきた。

具体的な取り組みとしては、2011年からの「ERMヒアリング（現在は統合的リスク管理態勢ヒアリング）」が挙げられる。会社の規模や事業・リスク特性を踏まえて抽出した保険会社・保険持株会社を対象に、各社のリスク管理担

当役員等に対して質疑応答を行うというものである。ヒアリングの結果概要は、各社の態勢整備の参考になるよう、金融庁ホームページで公表されている。

> 「保険会社を取り巻くリスクが多様化・複雑化しているなかで、保険会社が将来にわたり財務の健全性を確保していくには、規制上求められる自己資本等の維持や財務情報の適切な開示に加え、保険会社が自らの経営戦略と一体で、全てのリスクを統合的に管理し事業全体でコントロールする統合的なリスク管理態勢を整備することが重要である」
>
> (出典：金融庁「ERMヒアリングの結果について」(2012), 1頁)

　より踏み込んだERMに関する動きとしては、金融庁が2014年2月に実施した「保険会社向けの総合的な監督指針」の大幅見直しが挙げられる。従来の監督指針にもリスク管理に関する規定は存在していたが、これを廃止し、新たに統合的リスク管理に関する規定を整備したものである。

　とりわけ、保険会社が内包する種々のリスクを適切に管理するだけにとどまらず、統合的リスク管理態勢を「保険会社の戦略目標を達成する重要なツール」として位置付けている点に注目すべきであろう。前述した保険検査マニュアルと同様の動きである。加えて、新たに「グループベースの統合的リスク管理」という項目を設け、グループの経営管理会社による統合的リスク管理の適切な実施を求めている点も特徴である。

　改正された監督指針には、「特に、大規模かつ複雑なリスクを抱える保険会社においては（中略）統合的リスク管理態勢を整備することが重要である」と書かれ、一見すると、大手保険グループだけが対象であるように見える。しかし、パブリックコメントに対する金融庁の回答を見ると、「『大規模かつ複雑なリスクを抱える』かどうかを基準に、統合的リスク管理を行う必要があるかどうかを区別する意図はありません」とあり、金融庁は大手だけではなく、全ての保険会社に対し、自社の規模・特性に応じた統合的リスク管理態勢の整備を求めていることがわかる。

2. ERM重視の背景

2.1 国際的な規制動向を反映

　これまで見てきたように、近年の金融庁は広い意味でのソルベンシー規制の一環として「ERM重視」、すなわち、保険会社の自己規律を保険行政で活用しようという取り組みを鮮明にしている。

　背景の一つは、国際的な規制動向がある。世界140カ国の保険監督当局等から構成される国際機関である保険監督者国際機構（IAIS）は、保険監督にあたっての基本原則として保険基本原則（ICP）の改訂版を2011年10月に採択した。

図3-2　国際的な金融規制の検討の枠組み

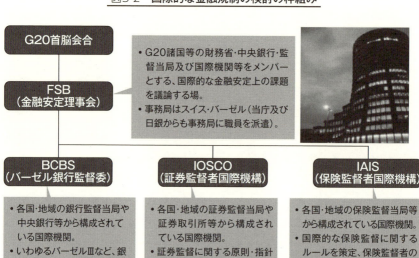

（出典）金融庁ホームページ

このうちICP16では、保険会社および保険グループの統合的リスク管理（ERM）の要件について規定したうえで、ERMの一環として「リスクとソルベンシーの自己評価（ORSA）」の実施を求めている。日本はIAISの有力メンバーとして、採択された基準を守っていく立場にある（図3-2）。

国際規制としての実効性という点では、ICPがFSAP（世界銀行およびIMFによる金融セクター評価プログラム）における評価基準として活用されていることが大きい。FSAPは日本を含む主要25カ国について、監督基準が国際基準を満たしているかどうかを評価するため、5年に一度実施することとなっている。もともとはアジア通貨危機を受けたものだったが、リーマンショックを受けて、G20首脳会合で合意されたプログラムへと進化し、一定の拘束力があるという点がポイントである。

2012年のFSAP Japanでは、IMFは2011年秋に採択したばかりの改訂ICPに基づき評価を行った。IMFが2012年8月に公表した「FSAP Japan報告書」を見ると、「ORSAの明確化」など、ERMに関する指摘がいくつか見られる。

国際的な規制動向としては上記のほか、金融安定理事会（FSB）が主導する国際金融規制改革の動きも無視できない。グローバルな金融システム上重要な保険グループに対して高い損失吸収力を求めるため、FSBやIAISでは、その土台となる国際的な資本規制を策定しつつある。国際的な資本規制の策定は保険分野では初めての取り組みとなる。ただし、FSBの動きを見ると、「実効的なリスクアペタイト・フレームワークの諸原則」を公表するなど、資本規制の強化だけを進めているのではなく、ERM重視とは必ずしも矛盾しないという整理ができる。

2.2　過去の教訓を生かす

もっとも、金融庁のERM重視は国際的な規制動向への対応というだけではなく、過去の教訓も生かされているのではないだろうか。

1997年から2008年にかけて、中堅規模の生損保を中心に10社の経営が破綻した（表3-1）。このうち筆者が2000年前後に相次いで破綻した中堅生保6社の

表3-1　過去の破綻処理の概要(生命保険会社)

	日産生命	東邦生命	第百生命	大正生命
破綻時	1997年4月	1999年6月	2000年5月	2000年8月
処理完了	1997年10月	2000年3月	2001年4月	2001年3月
手続き	行政手続き	行政手続き	行政手続き	行政手続き
債務超過額	3029億円	6500億円	3177億円	365億円
劣後ローンなど一般債権	不明	不明	不明	不明
保護機構などの資金援助	2000億円	3663億円	1450億円	267億円
責任準備金の削減	0%	10%	10%	10%
営業権	1232億円	2400億円	1470億円	70億円
予定利率　破綻前(平均)	不明	4.79%	4.46%	4.05%
破綻後(上限)	2.75%	1.50%	1.00%	1.00%
早期解約控除	7年間	8年間	10年間	9年間
受け皿会社または再建スポンサー	あおば生命(生保協会)	GEエジソン生命	マニュライフ生命	あざみ生命(注1)
現在の状況	プルデンシャル生命と合併	ジブラルタ生命と合併	マニュライフ生命	PGF生命(注2)

(注1)　大和生命とソフトバンクが合弁で設立(その後ソフトバンクは離脱)
(注2)　プルデンシャル ジブラルタ ファイナンシャル生命
(注3)　Ｔ＆Ｇフィナンシャル生命
(出典:筆者作成)

破綻要因について独自に調査したところ、バブル崩壊に伴う資産価格の下落や金利水準の低下といった外的要因による影響は決して小さくなかったものの、会社が破綻に至る理由はそれだけではなく、ビジネスモデルや経営者、経営組織といった、その会社固有の内的要因が重要な意味を持っていたことが浮き彫りになった。

　「1980年代後半の中堅生保に『リスク』という感覚が全くなかったわけではない。例えば金利リスクに関しては、ALMこそ実施していなかったものの、財務部門や数理部門が高コスト資金の急拡大を問題視していたケースが多く見られた。

74　　　3 保険行政とERM

千代田生命	協栄生命	東京生命	大和生命	
2000年10月	2000年10月	2001年3月	2008年10月	破綻時
2001年4月	2001年4月	2001年10月	2009年4月	処理完了
更生特例法	更生特例法	更生特例法	更生特例法	手続き
5950億円	6895億円	731億円	643億円	債務超過額
全額免除	全額免除	全額免除	全額免除	劣後ローンなど一般債権
なし	なし	なし	278億円	保護機構などの資金援助
10%	8%	0%	10%+α	責任準備金の削減
約3200億円	3640億円	325億円	32億円	営業権
3.70%	4.00%	4.20%	3.35%	予定利率 破綻前（平均）
1.50%	1.75%	2.60%	1.00%	破綻後（上限）
10年間	8年間	10.5年間	10年間	早期解約控除
AIG	米国プルデンシャル	太陽生命大同生命	米国プルデンシャル	受け皿会社または再建スポンサー
ジブラルタ生命と合併	ジブラルタ生命	TDF生命（注3）	PGF生命（注2）	現在の状況

問題はこれらが経営に生かされなかったことにある」

「どんなに形を整え、きちんと数値を算出しても、経営に活用されなければリスク管理にはならない」

（出典）植村信保（2008）, 273頁

　また、筆者はリーマンショック後の2009年に、日本アクチュアリー会の年次大会でのパネルディスカッション「金融危機とERM」にて、パネリストとして参加するにあたり、保険会社のリスク管理の実態を把握するため大規模なインタビューを行い、2008年からの金融危機における保険会社のリスク管理

態勢の機能状況を調査した。調査を行った25社のうち13社では、リスクマネジャーが「自社のリスク管理態勢が必ずしも十分機能しなかった」という評価をしており、「そもそもリスク管理に関心を持ってもらえない」「リスク管理は担当部門の仕事という意識」などの実態が浮き彫りとなった。

破綻生保が続出した15年前とは違い、日本の保険会社のリスク管理に対する意識や技術が大きく前進したのは間違いない。2009年にはソルベンシー・マージン比率の「短期的見直し」が実現するなど、当時に比べると、規制資本の整備もある程度は進んでいる。しかし、これらの調査結果からは、保険会社が将来にわたり財務の健全性を確保していくには、ソルベンシー・マージン比率のような規制資本を設定するだけでは不十分であることがうかがえる。

過去の貴重な教訓を踏まえ、リスク管理を形骸化させないためには、リスク管理に対する経営陣の意識をいかに高めるかが課題となる。リスク管理をリスク管理部門の仕事として任せるのではなく、経営陣や会社全体の関心をリスク管理に向けるにはどうしたらいいだろうか。この問いに対する一つの解がERMの導入・推進と考えられる。

ERMは「リスク」に焦点を当て、リスク対比で健全性のみならず収益性もとらえ、経営体力を確保しつつ企業価値の安定的・持続的拡大を図ろうというものである。その意味で経営そのものと言っても過言ではなく、経営陣も自らのこととして捉えやすい。

2.3 格付会社も総合的に信用力を評価

そもそも規制資本の設定だけで保険会社の健全性を確保しようとするのは無理がある。これは格付会社の格付方法を見ても明らかであろう。

格付会社が保険会社の信用力を評価する際には、リスクを吸収する自己資本の十分性を重視している（格付会社では自己資本の十分性を評価するため、独自の評価モデルを活用していることが多い）。ただし、9章でも示しているように、自己資本の十分性はあくまで評価項目の一つにすぎず、格付会社は事業リスクや財務リスクに関する幅広い評価項目から、総合的に保険会社の信用力

を判断している。将来にわたる健全性を評価するには、計測可能なリスクのみと対比した足元の自己資本の分析だけでは不十分ということなのだろう。

　米大手格付会社のスタンダード・アンド・プアーズ（S&P）では、「保険業界のカントリーリスク評価」「事業競争力」「自己資本と収益性」「リスクポジション」「財務の柔軟性」「流動性」をそれぞれ評価し、さらに「ERM」と「経営陣とガバナンス」の評価に基づく調整を加えた後、ソブリンリスクを加味したうえで格付を決定している。また、国内系の格付会社である格付投資情報センター（R&I）で公表している「損害保険の格付方法」によると、事業リスクについては「産業リスク」「市場での地位と競争力」「事業多角化・地域分散の状況」「リスクプロフィール／リスク選好度」、財務リスクについては「リスク耐久力」「収益力」「流動性」をそれぞれ評価し、格付を決めている（図3-3）。

　なお、金融庁もソルベンシー・マージン比率による早期是正措置だけで保険会社の健全性を確保しようとしているわけではない。例えば、銀行と共通する

図3-3　R&I　業種別格付方法：損害保険

発行体格付/保険金支払能力

個別企業リスク		重要度
営業基盤	市場での地位と競争力	◎
	事業の多角化・地域分散の状況	◎
リスクプロフィール/リスク選好度		◎

財務リスク	指標	重要度
リスク耐久力	リスク対バッファー	◎
	リスク/自己資本管理態勢	◎
収益力	コンバインドレシオ	◎
	修正利益÷収入保険料（≒総収入利益率）	○
	収益力の安定性など	◎
流動性	換金性資産の確保（自然災害、積立勘定）	○
	流動性リスク管理態勢	○

産業リスク　小さい

注1）　重要度は、◎きわめて重視　○重視　△比較的重視

（出典）格付投資情報センター

枠組みとして、健全性の維持および一層の向上を図るため、早め早めの経営改善を促していく「早期警戒制度」がある。保険会社に対し、継続的に財務会計情報やリスク情報等について報告を求め、さらには定期的または必要に応じてヒアリングを行うことで、保険会社の経営の健全性等の状況を常時把握し、早期是正措置の発動に至る前に自主的な経営改善を促すというものである。この枠組みが実際にどの程度機能しているかはともかく、近年のERMの高度化促進は、早期警戒制度の延長線上にあると考えると理解しやすいかもしれない。

3. 行政によるERM推進のメリットとデメリット

3.1 近年の保険会社ERMの進展

わが国保険会社における最近のERMの進展は目覚ましいものがある。

大手保険会社の場合、2000年代後半には、いわゆるサイロ型の個別リスク管理から脱却し、「全社的」「統合的」なリスク管理を目指す動きが進んでいた。ただし、欧州大手保険・再保険グループで先行していた「健全性を確保しつつ、会社価値の拡大を図る」ことを目的としたリスク管理（つまり本稿におけるERMのこと）までを視野に入れた取り組みは、東京海上など一部の保険グループを除けば、限られていたと言えよう。

ところが、ここ数年の動きを見ると大手保険会社が相次いで中期経営計画の柱として「ERMの高度化」等を掲げ、その動きは中堅クラスの保険会社にも及びつつある。

例えば、大手生保の第一生命保険は、2013年度からの中期経営計画で4つの基本戦略の一つに「ERMの推進によるグローバル大手生保に伍する資本水準の確保、および資本効率・企業価値の向上」を打ち出している。傘下に三井住友海上火災保険、あいおいニッセイ同和損害保険を擁するMS&ADグループの中期経営計画（2014年度〜）でも「機能別再編」とともに「ERM経営の推進」がグループ基本戦略の柱となっている。上場保険グループばかりではない。日

本生命保険や明治安田生命保険、住友生命保険といった相互会社形態の大手生保でも、ERM・統合的リスク管理の推進や高度化は経営の重要課題となっている。

近年の保険会社ERMの進展は、筆者が所属するキャピタスコンサルティングで実施した「キャピタスERMサーベイ2013」の結果からもうかがえる。このサーベイには中堅以上の生損保など37社にご参加いただき、アンケートへの回答に加え、インタビューへの協力も得られたため、単なる意識調査を超えた、わが国保険業界のERMの現状を示す包括的なサーベイとなっている。

このなかで、例えば「リスク選好(リスクアペタイト)」について聞いたところ、全体の6割が「リスク選好として何らかの方針を定め、明文化している」と回答した。すなわち、ここ数年でリスクアペタイトの設定が必要という認識が急速に浸透し、実際に設定した会社が増えたことが判明した。ERM構築を積極的に進めている会社を中心に、リスク選好フレームワークのもとで、将来にわたる経済価値ベースでの「リスク」「資本」「リターン」を確認したうえで経営計画や資産運用方針を決定し、事業投資判断を行う会社も徐々に現れていることも明らかになった。

特に大手保険グループの場合には、海外事業等への積極的な展開や販売チャネルの多様化などに伴いリスク構造が複雑化していることや、格付会社からの要請、あるいは、投資家・アナリストとのコミュニケーションのため、保険行政の動きとは関係なく、経営上の必要性からERM構築を加速している。

3.2 ORSAの導入

前述のように、IAISが2011年に改訂ICPを採択したことを受けて、各国の保険行政当局がリスクとソルベンシーの自己評価(ORSA)を導入し、ORSAに関するレポートの提出を求めるようになってきた。日本でも金融庁が2014年2月に監督指針を改定し、ORSAに関する指針を整備し、2014年の統合的リスク管理態勢ヒアリングでは試行的にORSAレポートの提出を求めている。

金融庁はORSAについて、「保険会社・グループが現在および将来のリスク

と資本等を比較し、資本等の十分性の評価を自らが行うとともに、リスクテイク戦略等の妥当性を総合的に検証するプロセス」「広い意味で捉えた場合、ORSAは統合的リスク管理における中核的なプロセス」としている。試行版ORSAレポートに関しても、公表されたヒアリングの結果概要によると、正式なORSAレポートの導入や対象となる会社については検討中とのことであるが、「各保険会社のERM態勢を、業界横断的に横串を通して把握するツールとして有用であることが確認できた」「多くの会社から社内・グループ内におけるリスク文化の醸成・ERM態勢の浸透に有用なものであるとの声が多く聞かれた」と総じて前向きに評価している模様である。

3.3　形だけの取り組みに終わらないためには

他方、行政が注目することで、ERMの構築が単なる金融庁対応となり、形式的な取り組みに陥ってしまうという懸念もある。

前述の通り、「キャピタスERMサーベイ2013」によると、「リスク選好として何らかの方針を定め、明文化している」という回答が全体の6割強、「ERMや統合的リスク管理を定期的な監査対象としている」が7割弱、「モデルの概要に関する文書化を完了している」が7割弱、「エマージングリスクにも対応している」が6割弱となった。サーベイの対象が大手だけではなく、中堅を含む生損保37社ということを踏まえると、正確なデータはないものの、筆者が金融庁でERMヒアリングを担当していた時に比べると、短期間のうちに整備が進んだという印象である。おそらく、この背景には近年の行政によるERM重視があるのは間違いない。

ただし、本サーベイからは、枠組みの整備は急速に進んだものの、ERMを実質的にはリスク管理部門だけで推進していると思われる会社が少なくなかったうえ、「取りあえず設定した」「取り組みを開始したばかりで、どう使うかは今後の課題」などの実態も浮き彫りになった。とりわけ、経営での活用に際して不可欠な「リスク文化の醸成」に向けた取り組みは、多くの会社で今後の課題となっていた。

その一方で、監督指針の求める水準は相当程度高い。例えば、リスクの洗い出しを定期的に行うだけでは不十分であり、内的および外的要因によるリスクプロファイルの変化にも対応できる態勢の構築が求められている。足元のリスクと資本の状況を分析・評価するだけではなく、「資本の質」「リスクの要因や重要性の程度」「フォワードルッキングな観点」の評価も必要である。監督指針には「内部監査部門は、統合的リスク管理及びリスクとソルベンシーの自己評価の有効性を独立した立場から検証し、必要に応じ経営陣に提言を行っているか」という規定もあり、規定と現実のギャップは大きい。

　監督指針改定の際に実施されたパブリックコメント（2014年2月公表）には、関係者からの悲鳴のようなコメントが多数寄せられている。「経営のサポートの弱さ、部門間の政治争い、専門的知見の浅さ等から、なかなか思うように進んでおらず、リソースの浪費とも思われる状況が続いているように思われる。（中略）このようなコンプライアンス的取り組みを指摘する視点を監督指針に加えるべきではないか」「本気になれない会社は現場レベルに検討を投げただけというのが現実ではないか。当局におかれては、このような取り組み態勢も検証のポイントとしてはいかがか」「リスク管理部門や ALM 部門の部門長、役員は、数理、資産運用、その他のあらゆる畑の人間が担うことが可能であるため、わが国の組織風土にあっては、ポストを狙った政局的な視点から、なかなか積極的には協力し難い状況、あるいは妨害を行うようなケースすら想定される。（中略）監督当局が保険会社の統合的リスク管理を推進していくためには、このようなことを企図した、いわゆるモンスター部門、モンスター役員の出現（外部からの検証はなかなか困難であるが）を抑制することも重要な視点であると考える」などなど。

　本来ERMは外部から促されて実施するものではなく、保険会社が自己管理の一環として行うべきものである。とはいえ、保険会社と行政当局が十分なコミュニケーションをとり、保険業界全体としてERMの高度化を目指すメリットは大きいと思われる。ERMにおける行政当局の役割は、すでに一律に導入を促す段階ではなく、普及活動から活用促進へとシフトしている。今後は保険会社が形式的な取り組みに陥らないよう、「指摘」「摘発」ではなく「促し」

を通じ、画一的な対応や（その結果として生じうる）標準化の推進ではなく、ERMの本質をとらえた適切な個別対応が求められよう。それには行政当局自身のレベルアップも不可欠である。

4

生保の主要リスクとERM

本章では、生命保険会社におけるERMの取組について、主に、筆者が所属している第一生命保険（株）（以下、「第一生命」）の事例等を参照しつつ述べる。

わが国で生命保険会社のERMへの取組が本格化したのは近年のことであり、年々高度化が図られている状況にある。以下の内容は、2014年9月現在の状況をもとにした記述であり、今後もPDCA（Plan – Do – Check - Action）サイクル等による継続的なレベルアップの取組が図られてゆくと考えられるため、本書が読者の目にふれる頃には、生命保険会社あるいは第一生命のERM取り組みが記載内容と大きく変わっている可能性があること、また、本章で述べる考えは基本的には筆者個人のものであり、所属する組織のものではないことをあらかじめおことわりさせていただく。なお、出典を明記していない図表は、第一生命の公開資料等に基づき筆者が作成したものである。

1. 生命保険会社の主要リスク

日本の生命保険会社の多くは、将来の保険金支払いまでの期間が長く、利益の実現に長い期間を要する商品を販売しているという特徴があるため、その保険金支払いに備えた資産運用の投資期間も長期となる。また、保険事故の発生率の変動にも大きく影響を受けること等から、第一生命では、主要リスクについて、表4-1のような分類している。こうした分類は、金融庁の保険検査マニュアルにも沿ったものであり、国内の生命保険会社においては、おおむね同様の分類が行われていると思われる。

2. 経済価値ベース・会計ベースによる管理

日本の生命保険会社は、会計基準に定められた自己資本の管理とともに、保険業法で定められた保険会社の健全性を示す指標である「ソルベンシー・マー

84　　4 生保のERM

表4-1　生命保険会社の主要リスク

保険引受リスク		「経済情勢や保険事故の発生率等が保険料設定時の予測に反して変動することにより、会社が損失を被るリスク」に代表されるリスク。
資産運用リスク	市場リスク	金利、為替、株式等の様々な市場環境の変化により、保有する資産・負債の価値が変動し損失を被るリスク、資産・負債から生み出される収益が変動し損失を被るリスク。
	信用リスク	信用供与先の財務状況の悪化等により、資産の価値が減少ないし消失し、損失を被るリスク。
	不動産投資リスク	賃貸料等の変動等を要因として不動産に係る収益が減少する、または市況の変化等を要因として不動産価格自体が減少し、損失を被るリスク。
流動性リスク		保険料収入の減少等により資金繰りが悪化し、通常よりも著しく低い価格での資産売却を余儀なくされ損失を被るリスク（資金繰りリスク）、および市場の混乱等により市場取引ができなくなる等のリスク（市場流動性リスク）。
事務リスク		役職員等が正確な事務を怠るあるいは事故・不正を起こす等により、お客さまおよび会社が損失を被るリスク。
システムリスク		コンピュータシステムのダウンもしくは誤作動等のシステム不備等、またはコンピュータの不正使用等によってお客さまおよび会社が損失を被るリスク。

※上記リスクのほか、法務リスク、人的リスク、有形資産リスクおよび風評リスクが、その他オペレーショナル・リスクとして分類される。

ジン比率」を公表することが義務づけられている。ソルベンシー・マージン比率は1996年に導入され、その後の見直しを経て現在に至っているが、さらに「中期的見直し」として経済価値ベースの基準が検討されているところである。

　「会計」と「経済価値」の議論については第8章にて詳述されるが、保険会社の健全性を測るものさしとして唯一無二の解が存在しないなかで、重要なことは、規制当局を含む様々なステークホルダーからの足元および将来的なニーズに応えつつバランスのとれた業務運営および健全性（資本）管理を行うことだと考える。すなわち、現在の規制等によって求められる管理は当然のこととして実施しつつ、将来の規制等の動向も踏まえた行動、あるいは対応を行う必要があるということである。

生命保険には、契約期間が数十年の長期にわたる商品も多く、負債とその反対勘定としての資産の長期性に大きな特徴があり、前提の置き方によってはそれらの評価に大きなブレが生じる可能性がある。保険契約の適正な評価方法についてはIFRSやIAIS等を含め国際的な議論がなされているところであり、これらの動向をウォッチしつつ自社あるいは日本の生命保険会社の商品特性等を勘案のうえ適切に評価する方法を検討し意見を発信していくことも重要であろう。

3. ERMの定義と位置づけ

　ERMの目的や意義については、すでに前章までで述べられてきたところであるが、生命保険会社においてERMを推進するためには、その経営上の位置づけを明確にすることが重要である。ERMが能動的、網羅的、かつ、フォワードルッキングな取組として有効に機能するためには、「誰が」「何のために」これを行うかが当事者たちに明確に共有されている必要がある。

　日々起こりうる様々なリスクに適切に対処するとともに、将来のリスクに備えるという行動を事業活動のなかにしっかりと定着させるためには、トップダウンによる明確な方針の提示と全従業員によるボトムアップの活動、そしてこれらの相乗効果の発揮が求められる。

3.1　第一生命におけるERMの定義

　第一生命では、お客さまからの期待、社会からの要請に応えるために、DSR（Dai-ichi's Social Responsibility）経営を推進している。DSR経営とは、PDCAサイクルを全社で回すことを通じた経営品質の絶えざる向上によって、各ステークホルダー（利害関係者）に対する社会的責任を果たすと同時に、第一生命グループの企業価値を持続的に創造していく枠組みである。

　具体的には、図4-1のように「DSR憲章」として8つの原則を定め、これらと経営資源の有効活用・業務の生産性向上、財務基盤の維持・強化により「持

86　　4 生保のERM

図4-1 第一生命グループ企業行動原則(DSR憲章)

続的な企業価値の創造」に取り組むこととしており、ERMはこの「持続的な企業価値の創造」において役割を発揮することが期待される。

ERMの定義としてはさまざまなものが存在しているが、現在、第一生命では、ERMを「DSR経営」を推進する一つの大きな柱として位置づけ、「リスクの所在、種類および特性を踏まえ、資本、リスクおよび利益の状況に応じた経営計画、資本政策等を策定し、事業活動を推進すること」と定義している。

3.2　第一生命におけるERMの位置づけ

ERMの推進にあたり、トップダウンとボトムアップの相互作用が重要であることは先に述べたが、もうひとつの基軸として、経営の「遠心力と求心力」、および「リスク管理」の相互作用にも触れておきたい。

「遠心力」とは、外に向かう力、つまり企業の成長戦略そのものであり、「求心力」とは、うちに向かう力、つまり戦略遂行に向けた業務オペレーション、

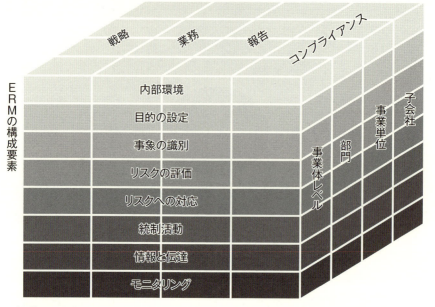

図4-2 COSO ERM の構造を示すキューブ

(出典) COSO ホームページ

　財務報告、コンプライアンス等の内部統制部分を指す。「リスク管理」はこれら全ての企業目的遂行プロセスについてリスク評価とリスク対応そして統制活動を行うものである。こうした考え方は、2004年に公表された COSO による ERM フレームワーク（図4-2参照）に沿ったものである。

　第一生命では、図4-3のように、「ERM」を「Discipline」というキャッチフレーズの下、2013-15年度の中期経営計画「Action D」の4本柱の1つとし、グループベースで取り組むべき重要な経営戦略上の枠組みとして位置づけている。本計画では、「Discipline」の目標として「ERMの推進によるグローバル大手生保に伍する資本水準の確保、および資本効率・企業価値の向上」を設定しており、戦略遂行とリスク管理の相互作用として上記の考え方が経営に明確に位置づけられている。

図4-3 2013-15年度中間経営計画

成長戦略	**D**ynamism	ステークホルダーの期待に応える成長の実現 ～多様化するマーケットに 対する柔軟かつ的確な戦略の遂行～
ERM	**D**iscipline	ERMの推進によるグローバル大手生保に伍する 資本水準の確保、および資本効率・企業価値の向上
グループ 運営態勢	**D**imension	成長を支えるグループの運営態勢の進化
グループ 人財価値	**D**iversity	グローバル競争時代に相応しい人財価値の向上

　また、4本柱のもう1つである「Dimension」では、「グループ運営態勢」を柱の一つとしており、これら2本の柱によりグループベースでのERMを推進し、グループ人財価値の向上である「Diversity」を図りつつ成長戦略である「Dynamism」を追求・実現していくという位置づけである。

　このような位置づけを踏まえた第一生命におけるERMの具体的な取り組みついて、以下、「戦略」、「組織」、「プロセス」の順に述べる。

4. 第一生命におけるERMの取り組み（戦略）

4.1　ERMの目的

　ERMの目的は先の定義でふれたとおり、図4-4のように、資本・リスク・利

図4-4　ERMと総合的リスク管理

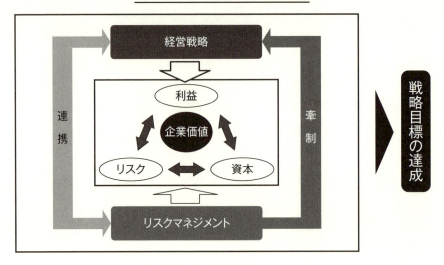

益のバランスを適切にコントロールし、戦略目標の達成を目指すことにある。

　なお、保険検査マニュアルでは、「潜在的に重要なリスクを含めて総体的に捉え、保険会社の自己資本等と比較・対照し、さらに、保険引受や保険料率設定などフロー面を含めた事業全体としてリスクをコントロールする、自己管理型のリスク管理を行うこと」が「統合的リスク管理」であると定義されている。この「統合的リスク管理」は、リスクやフロー収益を含めた事業全体を一体的に管理するという意味において、ERMと同様の概念であり、収益目標及びそれに向けたリスクテイクの戦略等を定めた戦略目標を達成するために、有効に機能させることが重要である。

4.2　リスクアペタイト

　リスクアペタイトとは第1章および第2章の記載にもあるが、経営としてどのリスクをどの程度取って目標を達成していくのかを意思決定することである。最終的な目的は戦略目標の達成であることから、まずはいかなる戦略をと

るかの検討がなされるべきであり、そこに上記の資本・リスク・利益のバランスの議論を踏まえる必要があろう。リスクアペタイトの詳細について、以下に述べる。

リスクアペタイトの設定　第一生命のリスクアペタイトとしては、毎年、取締役会において年度の「リスクテイク方針」を定めている。リスクテイク方針では、会社全体および7つの事業分野（個人保険・個人年金、団体保険、団体年金、銀行窓販、海外生命保険、アセットマネジメント、コーポレート）と、3つのリスク分野（保険関連リスク（販売方針を含む）、解約リスク、市場関連リスク）のマトリックスについて、それぞれの取組スタンスを明確にしている。

　具体的な内容としては、例えば、市場リスクから保険リスク・成長分野へのシフトを全体方針として掲げ、事業ごとには、健全性確保、資本効率向上、事業価値・利益の安定性向上を目指すこととし、一定のリスクコントロールを前提として新規事業や企業の合併・買収(M&A)に対する資本投下枠を設定している。また、新規事業やM&Aを行う際には、リスクテイク方針で定める枠の範囲内で実施するのはもちろんのこと、投資収益率が第一生命の資本コストを踏まえて設定したハードルレートを上回ることを投資基準の原則として定め、事業投資の都度、投資基準の充足を確認し、リスク管理所管がこれを検証している。

　「リスクテイク方針」を経営計画に反映させるために、経営企画所管を中心に「リスクテイク方針」と整合的な経営計画を策定し、中期経営計画上の経営目標（必要資本充足目標や営業基本方針を含む）を設定している。それらと「リスクテイク方針」との整合性・妥当性についても、リスク管理所管が確認を行っている。

　経営計画においては、ERMの観点から、重要な財務指標として「利益・資本・リスク」の三要素を取り入れ、例えば、以下のような項目を目標として設定している。

①　将来の経済前提を前年度末に固定したEV貢献指標「営業収益価値」

② 第一生命内の各事業に経済価値ベースの健全性指標および経済変動を加味した「事業別リスク／リターン」指標

③ 国内外生保子会社各社の「利益・RoEV・健全性」指標

リスクアペタイトの設定プロセス リスクアペタイトを示すリスクテイク方針は、年間を通じてPDCAサイクルを回しながら検討・決定および遂行状況の管理が行われている。

　リスクテイク方針の策定にあたり、まず、リスクテイク方針と中期経営計画の遂行状況の評価（Check）を踏まえ、課題認識を行う。評価については目標対比の達成状況だけではなく、内外の保険市場・金融市場の動向、市場シェアの動向、財務関連指標の他社比較、上場企業として投資家等のステークホルダーの声なども踏まえた課題を認識する。

　次に、課題認識に基づき、改善策（Action）を検討する。グループ全体の各種戦略の方向感・目標感について経営企画所管を中心に検討した上で、各事業の担当役員・担当所管と共に事業部門戦略の取組・改善策を検討する。検討にあたっては、リスク管理の観点からリスク管理所管が、また、資産運用の観点から運用企画所管が参画する。第一生命内各事業およびグループ各社は、翌年度以降の基本戦略の方向性について経営企画所管と検討し、その結果をグループ経営本部会議（本章5.1を参照）及び経営会議の場で議論・共有化する。

　これら検討結果等を踏まえ、毎年度末に翌年度のリスクテイク方針を決定（Plan）し、目標達成に向けた取組を遂行（Do）する。

　また、リスクテイク方針は、自社のリスクプロファイル、経営戦略、リスク負担能力を考慮し、各事業・各社の市場特性・事業特性、リスク量のカテゴリーごとの構成、リスク／リターンの動向などの現状認識を行い、毎年度策定・見直しする。なお、リスク／リターンは、将来の営業計画、資産運用方針、リスク削減計画等と整合的な前提に基づいて設定する。

92　　　4 生保のERM

5. 第一生命におけるERMの取り組み(組織)

5.1 ERMの推進組織

　第一生命では、経営計画策定・管理を主に担当する経営企画部と、統合的リスク管理を主に担当するリスク管理統括部を中心に、両組織が一体となって、経営計画の策定・管理および統合的リスク管理態勢を運営することにより、ERMを推進している。

　2012年度には、経営効率・スピード感を確保しながら成長加速とグループ運営強化を進める組織として、「グループ経営本部」を設置している。これは、経営計画において成長に向けた事業展開の加速を戦略の柱の一つに掲げ、海外生命保険事業としてベトナム、オーストラリア、タイ、インド、インドネシア等での子会社・関連会社の設立や個人年金保険を中心とする貯蓄性商品市場への取組強化のための第一フロンティア生命保険株式会社の設立、銀行窓口、来店型保険ショップなどのチャネルを通じ医療保険等の第三分野商品の提供を目的とした「ネオファースト生命」の設立等、成長分野における取組を進める中で、子会社・関連会社などの数・規模が拡大し、グループ運営の強化が必要となってきたためである。

　グループ経営本部には、グループ経営に関する事項についての決定権限を付与すると共に、グループ経営本部会議を第一生命単体の経営会議と併存する位置づけとしている。

　グループ経営本部のユニット体制をより詳細に示すと図4-5のようになる。

　「グループ経営本部」には下部組織として、11のユニットを設置し、本部長に社長を、それぞれのユニット長に経営管理職を配置しているほか、経営企画・国際業務・収益管理・人事・リスク管理などの既存組織をベースに担当者を兼務形態で配置している。上図のとおり事業系3ユニットを中心に各社の戦略遂行をサポートし、機能系8ユニットが、各社を横断的に管理している。

　また、グループ内の各社は、その規模や出資比率、戦略上の要性等を考慮し「最

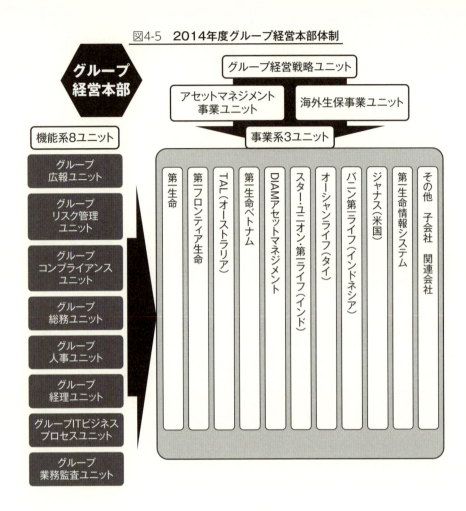

図4-5　2014年度グループ経営本部体制

重点管理対象会社」、「重点管理対象会社」等に分類し濃淡をつけた管理を行っている。

上記の各部・各ユニットの具体的な役割は、表4-2のとおりである。

第一生命グループでは、リスク管理統括部を統合的リスク管理所管と定め、グループリスク管理ユニットと連携し、子会社等を含むグループ全体のリスクをカバーすることとしている。また、リスク管理は、3段階でリスク管理を行う「スリー・ライン・ディフェンス」の枠組みとなっており、まずは業務執行

表4-2　各ユニットの役割と構成所管

グループ経営戦略	経営戦略、経営理念、経営計画の策定、資本政策、予実管理、組織、役員会事務局、危機管理、IR、諸官庁対応、国内子会社等の管理
アセットマネジメント事業	国内外アセットマネジメント子会社等の経営管理
海外生保事業	海外戦略、海外生保子会社等経営管理
グループ広報	広報、広告宣伝、風評リスク管理、ブランド戦略
グループリスク管理	統合的リスク管理、戦略目標・子会社設立等の牽制、統合リスク管理、CSA、各事業の妥当性審査・モニタリング
グループコンプライアンス	コンプライアンス推進、不適事象、内部通報制度、グループ内取引・利益相反管理、情報資産保護、セキュリティ態勢管理
グループ総務	反社会的勢力対応、法務、株主総会運営、グループ理念教育
グループ人事	人事制度の企画・調整、人員配分、グループ内（子会社間）人事、人財育成制度の企画、報酬関係事務、駐在員管理
グループ経理	決算業務、決算短信、J-SOX対応 予算管理、コスト配賦、連結経理、会計、グループ会社経理指導、税務対応
グループITビジネスプロセス	IT戦略、事務システム戦略、事務システムリスク管理
グループ業務監査	監査計画の策定、子会社への直接監査、内部監査、J-SOX監査、改善状況確認

　所管自身がリスク管理を行い（1次リスク管理）、業務執行所管から独立したリスク管理部門が牽制し（2次リスク管理）、その有効性について内部監査所管が確認している（3次リスク管理）。

　1次リスク管理では、商品事業部、団体保障事業部、団体年金事業部等の戦略遂行所管が、それぞれ個人保険、団体保険、団体年金の各事業におけるERMにもとづく戦略を推進するなど、様々な部署が各々の職務責任権限に応じて関与する体制となっている。2次リスク管理については、第一生命単体の

保険引受リスクについては主計部が、また、事務リスク・システムリスクについてはITビジネスプロセス企画部がリスク管理所管としての役割を担い、リスク管理統括部がこれらを含む全てのリスクを統合的に管理する位置づけである。3次リスク管理では、業務監査部が内部監査所管としてERMの取組状況全般について内部監査を実施し、第一生命グループ全体についても、グループ

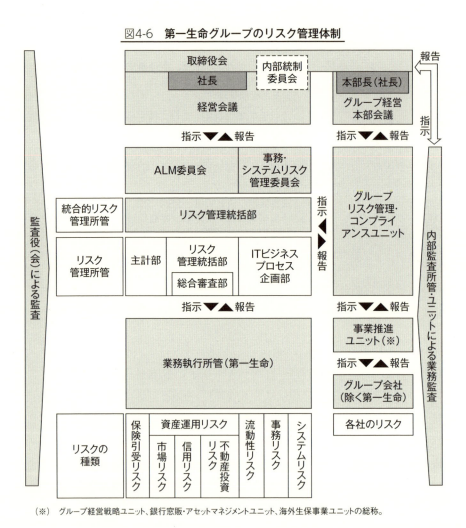

図4-6　第一生命グループのリスク管理体制

（※）グループ経営戦略ユニット、銀行窓販・アセットマネジメントユニット、海外生保事業ユニットの総称。

96　　4 生保のERM

業務監査ユニットがグループベースのERMの取組状況等に関する内部監査態勢のレベルアップを図っている。

図4-6は、第一生命グループのリスク管理体制を示しているが、左側は第一生命単体のリスク、右側は第一生命グループ各社のリスクに係る管理体制を表している。

5.2 ERMに関わる主要な会議

ERM推進に関与する主な会議体としては、取締役会、経営会議のほかに、「グループ経営本部会議」、「グループ運営強化会議」、「ALM委員会」、「事務システムリスク管理委員会」がある。その構成メンバー、目的は表4-3のとおりである。

表4-3　ERMに係る主要会議

名称	構成メンバー	目的
グループ経営本部会議	本部長（社長）、副本部長、ユニット担当執行役員等で構成。国内外生保子会社の社長	グループに関する重要な業務の執行および経営上の重要事項の報告・審議
グループ運営強化会議	同上	グループ経営本部の業務計画およびグループ経営態勢の整備状況等に関する確認および協議
ALM委員会	リスク管理統括部・経営企画部・主計部・運用企画部等の担当執行役員、保険計理人、関係部署の部長	保険引受リスク、資産運用リスク、流動性リスクを含む資産と負債の統合的な管理、管理態勢の高度化にかかる検討を行い、経営の健全性の確保を推進
事務システムリスク管理委員会	リスク管理統括部・ITビジネスプロセス企画部・等の担当執行役員、関係部署の部長	事務・システムリスクの管理、管理態勢の高度化にかかる検討を行い、経営品質の向上を推進

5.3　ERMに関わる諸規定

　グループの経営管理を行うため、グループ内部統制基本方針を上位の方針とし、図4-7のような7つの基本方針、規程を整備し、対象会社の管理区分やグループ経営本部による承認事項や報告事項を規定している。

図4-7　図グループに係る規程の構成

グループ内部統制基本方針	対象会社区分規程
各分野別基本方針 ・グループ内取引管理基本方針 ・グループリスク管理基本方針 ・グループコンプライアンス基本方針 ・グループ危機管理基本方針 ・グループ利益相反管理基本方針 ・グループ内部監査基本方針 ・グループ情報資産保護管理基本方針	グループ経営本部（ユニット）による承認事項報告事項を規定
各分野別規程 ・グループ内取引管理規程 ・グループリスク管理規程 ・グループコンプライアンス規程 ・グループ危機管理規程 ・グループ利益相反管理規程 ・グループ内部監査規程 ・グループ情報資産保護管理規程	

　グループリスク管理は、グループ基本方針の一つである「グループリスク管理基本方針」に基本的な事項を定めている。「グループリスク管理基本方針」では、グループのリスク管理の基本的な考え方から、グループリスク管理体制の整備、グループ会社の重要性に応じた管理レベル、管理すべきリスクの種類、リスク管理のプロセスなどの基本事項を定めている。

　グループリスク管理の基本的な考え方としては、「グループの業務の健全性・適正性の確保および企業価値の維持と創造を図るにあたり、リスクの特定、評価、モニタリングおよびコントロール等のプロセスに基づいた統合的なリスク管理を行うため、グループ会社の事業特性・規模・グループにおける経営戦略

上の重要性等に応じた適切なグループリスク管理態勢の整備および運営を推進する」としている。

　また、グループ会社の事業特性・規模・グループにおける経営戦略上の重要性等に応じ、リスク管理のレベルを調整することとし、グループリスク管理の選択と集中の考えを明確にしている。なお、グループ全体として管理すべきリスクの種類は、①保険引受リスク、②資産運用リスク、③オペレーショナル・リスク（事務リスク・システムリスク等）、④流動性リスクとし、保険検査マニュアル等にて求められているリスク管理カテゴリーを網羅している。更に、グループ各社に対しては、その事業特性・規模等に応じて管理すべきリスクを特定するよう、指導を行っている。

　グループのリスク管理を行うにあたっての具体的な承認・報告体制および管理方法は「グループリスク管理規程」に定めている。同規程において、グループリスク管理ユニットの役割として、グループのリスクテイク方針に対する牽制機能や、グループのリスク管理方法の評価・分析・検討機能等を有し、

表4-4　グループリスク管理規程に定める承認・報告事項等（例）

事項		項目
承認事項		・リスク管理に関する主要な基本方針等の制定・廃止および改定等
報告事項	定例	・リスク管理状況として取締役会・リスク管理委員会等に報告している事項
		・リスク管理に関する方針・規程等
		・方針・規程等の一覧
		・自己資本（EV等）、リスク量（統合、リスクカテゴリーごと）、感応度分析結果
		・資産ごとの個別残高明細等
		・CSA等の実施状況・結果
	都度	・発生した重要なリスク事象等
		・特定与信先への与信枠等
		・重要な新商品
		・その他リスク管理に関する重要な事項

ERMの中枢を担うことを明確にしている。

同規程では、グループ会社より事前承認や報告を求める事項等を定めている。例えば、グループの主要な会社におけるリスク管理に関する主要な基本方針等の制定・廃止および改定等は、グループリスク管理の担当部門の事前承認事項とすることで、グループのリスク管理体制のコントロールを図っている。その他、リスク管理に係るグループ会社からの報告事項等を定めることで、グループリスク管理に必要な情報やデータの均質化を進めている（表4-4）。

なお、第一生命単体においては、内部統制基本方針のもと、統合的リスク管理基本方針や保険引受・資産運用などリスク分類ごとの基本方針を定め、それぞれの下位規程を定める体系を構築し毎年見直しを行っている。

5.4　ERMの人財育成

ERMが戦略推進とリスク管理を一体のものとして運営するものであることから、これを担う人財は事業運営とリスク管理の双方に精通している者であることが望ましい。また、定量的リスク管理においては保険数理や金融工学等に精通した人財の確保も不可欠である。しかしながら、こうした人財は一朝一夕に得られるものではなく、計画的に採用・育成していくことが必要であろう。すなわち、事業運営部門、資産運用部門、リスク管理部門などをバランス良く経験した人財やアクチュアリー、金融工学の専門家の層を厚くし広く配置していくことが、ERMの高度化につながっていくものと考える。

また、リスク管理部門ひとつにおいても、様々な担当分野がありそれぞれに高度な知識や専門性が求められる。第一生命においてはリスク管理統括部に以下の5つのグループを置いている。

・統合的リスク管理グループ
・市場リスク管理グループ
・信用リスク管理グループ
・オペレーショナル・リスク管理グループ
・子会社等リスク管理グループ

100　　4 生保のERM

各グループにおいて求められる知識・スキルは異なり、着任する人財が必ずしも十分な知識・スキルを全て備えているとは限らないため、早期に育成する必要がある。そのために、各グループにおいては必要なスキルレベルと到達目標を定めた「人財育成プラン」を作成し一人ひとりの到達度に応じた教育や業務付与を行っている。

加えて、これらリスク管理や事業運営全般を監査する立場にある内部監査部門においても、監査を有効に機能させるためには同等の知識・スキルを持つ人財が必要となろう。したがって、ジョブローテーション等により必要な専門性を具備した人財を効果的・効率的に配置することが重要である。

5.5 ERMの文化

グループ内での共有化　ERMは、経営企画部門やリスク管理部門等、社内の一部の部署のためのものではなく、全社で、更にはグループ内においてその考え方が共有されるべきものであり、そうすることにより初めて有効に機能するものであると言えよう。以下では、第一生命グループ内での共有化に係る取り組みについて紹介する。

第一生命では、グループ内における知識や情報、ベストプラクティスの共有と経営層のネットワークの強化を目的とし、主要なグループ会社の経営層や実務担当者を集めてカンファレンスを実施している。これを、グローバル・マネジメント・カンファレンス（以下、「GMC」）と称しているが、このGMCでのERMに関わるテーマでのカンファレンス開催等を通じ、認識共有化を図っている。

具体的には、2014年には、まず「ERM」そのものをテーマとしてカンファレンスを開催した。主要なグループ会社のCRO（チーフ・リスク・オフィサー）やアクチュアリーが参加し、グローバルな規制や格付会社の動向、各社のERM取組について共有の上、グループが目指すべきERMについて全員参加型のディスカッションを実施した。また別途、「商品開発」をテーマとしたカンファレンスでは、グループ各社の商品開発担当者が参加し、生命保険市場の状

況や顧客ニーズを踏まえた商品対応について意見交換を実施するなど、関連するテーマでのGMCでも各種意見交換等が行われており、これらを通じ、ERMに係る共有化が多面的に図られている。

以上の通り、GMCを通じ、グループ各社のERM取組の優位点や課題点を共有化することができ、グループ全体のリスク管理の高度化につながっている。

グループリスク管理の取組は緒に就いたばかりであり、各国の規制や市場環境が異なる中、そのリスク管理手法もバリエーションがあるのが実態ではあるが、グループの目指すべきERMの方向性を議論し共有することで、リスク管理の理念や手法等の統一化を図っていきたいと考えている。グループ各社の経営幹部層や専門家との直接的な交流が図れるGMCの取組は大変有効であり、今後も当該取組を通じてグループ全体としてのリスクマインドの醸成とERMの高度化を進めていく予定である。

リスクカルチャーの醸成　グループ全体でのERM推進のためには、第一生命内各事業やグループ各社の事業運営に携わる役職員が、ERM（資本・リスク管理を含む）についてしっかりと理解していることが前提である。特に、定量的な指標については、実感が湧きにくいものであり、導入・定着には、グループ内の教育と一定の時間が必要である。

そのため、グループとして各社で活用できる教育資料を作成している。教育資料は、データベースとして提供され第一生命の役職員が自由に閲覧できるようになっている他、子会社等にも配布し、リスクマインドの向上および定着を図っており、順次英語版も作成しているところである。

なお、リスク／リターンや必要資本充足率などERMに関連する指標については、中期経営計画の目標として設定しており、その評価結果は役員の報酬や従業員の賞与に直接連動する枠組みとなっている。

また、次節で述べる「CSA」の取組もリスクカルチャーの醸成に大変有効であると考えている。

102　　4 生保のERM

6. 第一生命におけるERMの取組(プロセス)

　ERMの取組を組織全体に浸透させ有効に機能させるためには、そのプロセスにおいて「定性的な管理」と「定量的な管理」とを組み合わせPDCAサイクルを回し続けることが重要である

　第一生命グループにおいては、「定性的な管理」としてはコントロール・セルフ・アセスメント（Control Self Assessment 以下、「CSA」）を、「定量的な管理」としては統合リスク管理（Integrated Risk Management）、ストレステストを活用しており、以下それらの取り組みについて紹介する。

6.1 CSA

　CSAは、1980年代の北米で内部監査手法の1つとして発祥し、1990年代の後半から普及してきたものである。従来の内部監査手法とは異なり、監査対象の現場が自ら問題点を明確にし、これを改善していく手法をとっている。

　CSAには明確な定義はないが、米国の内部監査人協会（IIA）では、「内部統制の有効性が検証され評価されるプロセスである。その目的は、すべての事業目的が達成されるであろうという合理的な保証を与えることである」としており、その活用範囲は内部監査のみに限られるものではない。どの業種でも導入・実施できる手法であるが、バーゼルⅡにおいてオペレーショナル・リスクの計量化が求められたこともあり、日本では特に銀行業界などで導入が進んだ。CSAの具体的な実施手法は、企業によって様々で、統一された基準があるわけではなく、各企業の業務内容や企業風土にあった取り組み方法を採用していく必要がある。

　第一生命では、従来お客さまからの信頼確保、経営品質向上の取組の一環として、主にオペレーショナル・リスク管理の分野で、リスクの洗い出しと評価を行う活動を実施していた。具体的には、本社全部門を対象に簡易なリスクの洗い出しと評価を行っていたほか、事務部門などでは事務リスクなどを中心に

103

より詳細なリスクの洗い出し・評価を行ってきた。しかしながら、詳細なリスクの洗い出しの実施は各部に任されており、その実施手法や内容は部ごとに異なっていた。第一生命としても、内部統制態勢をさらに強化する上で、従来のリスク洗い出し・評価を体系化・標準化したうえで、会社全体で取り組んでいく必要があると認識していた。

一方、2006年5月に施行された会社法により、内部統制態勢の強化が求められ、多くの会社で「内部統制システムの整備に関する基本方針」が定められることになったが、第一生命においても、2006年4月に「内部統制基本方針」を制定しより適切な業務運営の推進に取り組むこととした。

こうした状況を背景に、2005年度にリスク管理統括部門が中心となってリスク洗い出し・評価の体系化・標準化の検討を行い、策定した具体的な手法に「内部統制セルフアセスメント（CSA）」の名を付して、2006年度に本社全部門に導入した（図4-8）。

第一生命におけるCSAの考え方は以下のとおりであり、①リスクの把握・評価にとどまらず、業務の改善によるより適切な遂行を目的としていること、②これを効果的に行うためにリスクや問題の所在を明らかにし、経営を含めて共有化すること、③継続的に取組んでいく全社運動であること、にポイントがある。

CSAは、内部統制の有効性を検証し評価するもので、「業務に内在するリスクを洗い出し、その重要性と統制状況を自己評価し、業務改善・リスク抑制を図る活動」である。

つまり、CSAは、各業務にどのようなリスクや問題があるかを「見える化」するものであり、そのうえで「業務の棚卸し・改善」を図る全社的な運動である。このような取組を繰返し実施することで、より大きな改善を図ることができる。

104　　4 生保のERM

図4-8　CSAのPDCAサイクル

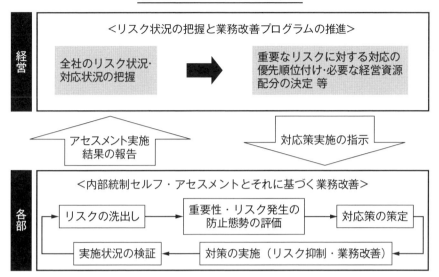

CSAの対象　第一生命では、当初、CSAの対象とするリスクを「オペレーショナル・リスク」に限定して活動を開始した。

「オペレーショナル・リスク」の定義については、バーゼルⅡの定義を参考とし、事務リスクやシステムリスクだけではなく、法令等の遵守に関するリスク、人に係るリスク、自然災害等に起因するリスクなどを含め、幅広いリスクを対象としてきた。対象としていない代表的なリスクは、例えば資産運用リスクがあるが、資産運用に係るオペレーショナル・リスクは対象とした。オペレーショナル・リスクは、リスクが発生する原因・背景や統制の方法がリスクごとに異なっており、そのため現場で個別の状況を見ながら管理することが必要である。第一生命では、現場が主体的に実施するCSAをオペレーショナル・リスクの重要且つ標準的な管理手法の一つと位置づけた、ということでもある。

また、対象とした部署は、当初、本社の全組織を対象として開始し、その後、支社や国内の子会社等へも展開してきた。

運営体制　CSAの実施を推進するために、CSA実施プロジェクトチームを設置している。メンバーは、オペレーショナル・リスクの管理を担当する部を中心に構成している。また、CSA実施事務局の機能はリスク管理統括部が担い、本社各部でのCSA実施の推進とサポートを行う体制としている。

　CSAの実施内容を社内に周知するために、事前説明会を開催し、毎年のCSAの実施方針や具体的な作業内容の説明等を行っている。

リスク評価のアプローチ手法　第一生命のさまざまな業務には、認識されていない潜在的なリスクや、担当者のみが意識しているリスクがあることを想定し、リスクの洗い出しからアセスメントを開始するアプローチを採用している。特に本社においては部門ごとに業務内容が大きく異なることからこうしたアプローチが望ましいと考えている。

CSAの実施手順（PDCAサイクル）　第一生命のCSAは、リスクの洗い出しから始まる表4-5の手順で実施している。

表4-5　**CSAの実施手順**

① リスクの洗い出し 　ア.評価対象とする業務の整理 　イ.業務ごとのリスクの洗出し
② リスクの評価 　ア.重要度（影響度）の評価 　イ.統制状況（防止態勢）の評価 　ウ.リスクの総合評価 　エ.特に重要なリスクについての詳細分析
③ 必要な対策の策定
④ 対策の実施
⑤ 実施状況の検証

106　　4 生保のERM

表4-6　リスクの分類イメージ(事務リスク)

大分類	中分類	小分類	事例
事務リスク	事務ミス	誤処理	システム入力ミス
			伝票記入ミス
			〜
			誤払
			誤領収
			事務基準を逸脱した処理
		処理放置・失念	処理放置・失念・処理遅延、…
		誤説明・誤表示	お客さまへの誤説明・説明不十分、…
		帳票等の紛失	帳票等紛失、…
		規程・基準書等の策定不備	細部の事務基準の未策定、…
		システム開発管理不十分	要件定義漏れ・検証漏れ、…
	外部の不正行為	横領、着服、詐欺等犯罪	詐欺、横領、着服、…
		権限外の取引	権限を逸脱した取引・処理
	内部の不正行為	詐欺、窃盗等犯罪	詐欺、窃盗、…

① リスクの洗い出し

　リスクの洗い出しのプロセスでは、その網羅性を担保するために、参考資料として例えば表4-6のようなリスクの分類表を提供している。

② リスクの評価

　リスクの重要度を損額金額や影響を及ぼすお客さまの数等の視点により5段階で評価、発生可能性についても5段階で推定し、図4-9のようなヒートマップと呼ばれるマトリクスをもとに、潜在的なリスクの大きさをH（高）、M（中）、L（低）、L未満の4段階に評価する。

③ 必要な対策の策定

　各部においてH（高）、M（中）と判定したものの中で、「特に重要なリスク」と判断したリスクについて、その業務のプロセスごとの統制状況の詳細な分析や、仮にリスクが顕在化した場合のより具体的なシナリオを作成し、統制上の弱点や発生した場合の対応を検討する。

107

図4-9 ヒートマップと影響度・発生可能判定基準

＜ヒートマップ＞

M2 (A3)	M1 (A2-2)	H (A2-1)	H (A1-2)	H (A1-1)
L (B3)	M2 (B2-2)	M1 (B2-1)	H (B1-2)	H (B1-1)
L (C3)	L (C2-2)	M2 (C2-1)	H (C1-2)	H (C1-1)
L未満 (D3)	L (D2-2)	M2 (D2-1)	M1 (D1-2)	H (D1-1)
L未満 (E3)	L (E2-2)	L (E2-1)	M2 (E1-2)	M1 (E1-1)

発生可能性（A～E）

影響度（1～3）

＜影響度・発生可能性判定基準＞

影響度	お客さまへの影響範囲		（みなし）損失金額
	個人	団体	
1-1	10万人以上	300以上	10億円以上
1-2	1万人～10万人未満	10～300未満	1億円～10億円未満
2-1	1000人～1万人未満	30～100未満	1,000万円～1億円未満
2-2	100人～1,000人未満	10～30未満	100万円～1,000万未満
3	100人未満	10未満	100万円以上

レピュテーショナルリスク	法令等への抵触
中長期的	
短期的	あり（レベル2-2以上）
部分的	
なし	なし

発生可能性	基準
A	月に1回以上
B	1年に1回以上～月に1回未満
C	5年に1回以上～1年に1回未満
D	10年に1回以上～5年に1回未満
E	100年に1回以上～10年に1回未満

④⑤　対策の実施・実施状況の検証

　策定した対策を実施し、対策の有効性については、CSA事務局も含めて確認しながら次の改善取組につなげる。また、実施の結果については、各部で責任者が検証するのは勿論であるが、CSA実施事務局でも大きなリスクを中心に確認を行っていく。また、内部監査部門でもCSAの実施内容を監査の対象としている。

CSAの展開　上述の通り、第一生命におけるCSAはオペレーショナル・リスクを対象として本社部門で開始し、その後、支社や国内の子会社等へも展開してきた。

　こうした組織ごとに実施するCSAに加え、現在では、対象範囲をオペレーショナル・リスクに限定せず、全てのリスクに拡大した、リスクの種類ごとのCSAも実施している。具体的には、2011年度より統合的リスクを含むリスク・カテゴリーごとにリスク管理責任部門を設置したうえで、当該部門が経営上重大なリスク事象を洗い出し、その統制状況を評価の上、必要な改善対応を図る取組として開始している。これは、金融庁が「保険検査マニュアル」で求める保険会社のリスクの認識・評価の取組においては、「統合的リスク管理態勢」の観点から"保険会社は各リスク（保険引受リスク、市場リスク、信用リスク、オペレーショナル・リスク等）を個々に管理するのみならず、自らの業務の規模・特性やリスクプロファイルを踏まえ、全社的な観点からリスクを包括的に評価し、適切に管理していくこと"とされていることとも整合的である。

　また、これらCSAの取組については、第一生命にとどまらずグループ各社への展開を進めている。2014年度からは、重要な子会社（一部の関連会社も含む）を対象に、重要なリスクの洗い出し・評価をCSAの取組として開始するなど、国内のグループ会社はもちろん、海外の生保子会社等においても、各社の内部統制態勢の確立状況に応じ、CSAの導入を図っているところである（図4-10）。

　以上のとおり、第一生命のCSAは、オペレーショナル・リスクを対象とした活動に始まり、足元では、経営環境の変化も踏まえ、対象を徐々に拡大してきているが、CSAを有効な取り組みにするために重要なことは、洗い出され

図4-10 **CSAのフレームワーク**

取締役会
社長
経営会議・グループ経営本部会議
内部統制委員会

指示 → ← 報告

重要なリスクの網羅を目的とした取組	会社単位で実施	※	リスクの種類ごとのCSA ┊年1回洗い出し・評価┊	以下のリスクの種類ごとに各リスク管理所管にてリスクの洗い出し・評価を実施し、管理状況を確認 ・総合的 ・保険引受 ・資産運用 ・流動性 ・オペ（事務システム） ※対象企業は、第一生命・第一フロンティア・ネオファースト
		子会社	重要なリスクの洗い出し ┊年1回洗い出し・評価┊	2014年度より最重点管理会社/重点管理会社（リスクの種類ごとのCSA実施対象企業を除く）を対象に実施
			内部統制チェックシート	海外子会社等共通で行う「内部統制チェックシート」に基づく評価を実施
オペレーショナルリスクを対象とした取組	組織単位で実施	第一生命	本社CSAリスク評価 ┊年1回洗い出し・評価┊	①組織ごとに業務単位でのリスク洗い出し ②重要性・発生可能性を評価し、リスクランク（H,M1,M2,L,L未満）を決定 ③重要なリスクに対する必要な改善取組を実施
			本社CSA共通点検 ┊年2回点検┊	①共通業務に関する自己点検 ②必要な改善取組を、本社各部にて実施
			支社CSA ┊毎月点検┊	①共通して遵守すべき事項に関する自己点検 ②必要な改善取組を支社DSR委員会＜事故防止強化委員会＞にて実施
			子会社等におけるCSA	[国内]第一生命と評価基準・実施時期を揃えて実施

たりスクに対し経営層が具体的事象を認識し、どのリスク事象について経営資源を重点配分して改善策を講じるのかという判断を実施しつつPDCAサイクルを回していくことだと考える。

6.2 統合リスク管理

第一生命の統合リスク管理では、経済価値ベース資本管理、会計ベース資本管理、および規制ベースの資本管理の3種類の手法を採用している。経済価値ベース資本管理では、国際会計基準および経済価値ベースのソルベンシー規制など、世界的に検討が進められている経済価値ベースによる資本・リスクの評価を第一生命のERMに反映するため、欧州ソルベンシーⅡを参考にした内部モデルを採用している。会計ベース資本管理ではソルベンシー・マージン規制のリスク量計測モデルをベースとし、主要リスクに関して、第一生命の実体がより反映されるよう、市場関連リスクを中心に内部モデルを使用している。また、規制ベース資本管理では、監督上の措置がとられる基準となっている、「ソルベンシー・マージン比率」（保険業法で定められた保険会社の健全性を示す指標）等を用いている。

これらの資本・リスク等の評価結果をもとに、統合リスク管理指標として資本とリスク量の比率である「必要資本充足率」を設定し、そのレベルに応じた対応を行うこととし、海外生保子会社を含むグループベースでの指標も設定している。図4-11は、必要資本充足率の計算方法を表している。

参考までに、経済価値ベースの自己資本と統合リスク量の考え方を図4-12、図4-13に示す。経済価値ベースの自己資本は経済価値ベースの資産と負債の差額を「サープラス（経済価値）」とし、そのサープラス（経済価値）に一定の条件を満たす資本性の高い劣後負務等を加えたものとしている。経済価値ベースの負債は、将来の保険料収入や保険金、配当支払い等の予想キャッシュフローを金利で割り引く等により計算する。また、経済価値ベースの統合リスク量は、各リスクの相関を加味して統合している。なお、リスク量の計測基準は、各国の規制等を踏まえて、保有期間1年、信頼水準99.5%としている。

図4-11　統合リスク管理指標（必要資本充足率）

必要資本充足率【健全性】 ＝ 自己資本 ／ 統合リスク量（信頼水準 99.5％、保有期間1年）

必要資本充足率【健全性】の種類	保険負債評価の金利・死亡率などの前提	自己資本【分子】	統合リスク量【分母】
経済価値	直近	自己資本（経済価値）＝資産－負債＋劣後負債	統合リスク量（経済価値）＝市場、保険、オペレーショナルリスクなどのリスク量の総額
会計	契約時	自己資本（会計）＝株主資本＋資産含み損益など	統合リスク量（合計）＝市場、保険、オペレーショナルリスクなどのリスク量の総額
規制（※）	契約時	ソルベンシーマージン総額＝自己資本（会計）＋解約返戻金相当額超過部分＋劣後負債など	リスク相当額＝資産運用、保険などのリスク量の総額（規制で規定）

（※）ソルベンシーマージン比率の分母はリスク相当額を2で割ったもの

　統合リスク管理では、健全性をコントロールするため、リスク量と自己資本の水準に応じてA～Eの5段階の評価レベルを設定し、レベルに応じた対応がトップダウンで図られる態勢としている。なお、レベルAとしては、国際的に活動する保険会社と遜色ない水準として、信頼水準99.95％に相当するリスク量に対する自己資本の確保を中期経営計画目標上設定し、健全性確保に向けた諸取組を検討・実行している。また、内外環境の変化や目標の達成状況等を踏まえ、諸取組の規模等を見直す等により、PDCAサイクルを回している。

　なお、計測頻度は、詳細で精度の高い数値を四半期ごとに計測し、月次、日次についても、インデックスの変動や感応度を用いて概算値を計測している。

図4-12 自己資本（経済価値）

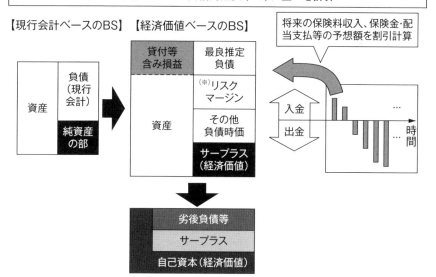

（※） 市場参加者がリスクの引受等に対して、最良推定負債に上乗せして要求する資本

図4-13 統合リスク量(経済価値)

統合リスク量(経済価値)の構成項目

(1) 市場関連リスク量

　市場リスク量
　信用リスク量
　不動産リスク量
　最低保証リスク量

(2) 保険リスク量

　死亡リスク量
　入院・障害リスク量
　解約リスク量
　事業費リスク量
　更新リスク量
　大規模災害リスク量

(3) オペレーションリスク量

　場所→上記のリスク量を相関を加味して加算

※上記(1)は最低保証リスクを除き、当社独自モデルにより計算。
最低保証リスクはソルベンシー・マージン比率で使用するリスク量を元に算出。
(2)・(3)は欧州ソルベンシーⅡを参考に計算

6.3 ストレステスト

　第一生命のストレステストは、「計量化によるリスク量の認識・把握手法を補完し、経営判断時の参考とすること」を目的としている。

　前述した統合リスク管理に用いているリスク量は、今後1年間に信頼水準99.5%で被りうる損失額で、過去の実績などをもとに計測モデルを作成して計算されている。従って、リスク量は絶対的に正しいものはなく、計測モデルで収益率の分布の形状に前提を置いていたり、過去と大きく環境が変わった場合はモデルが有効でなくなるといった、限界・弱点がある。

　こうした統合リスク量の計測手法の限界・弱点を踏まえ、会社が大きな影響を被る状況を把握し、経営判断に活用するため、リスクの種類別および各リスクを統合した包括的なストレスシナリオにもとづくストレステストを実施して

図4-14 ストレス・テスト全体像

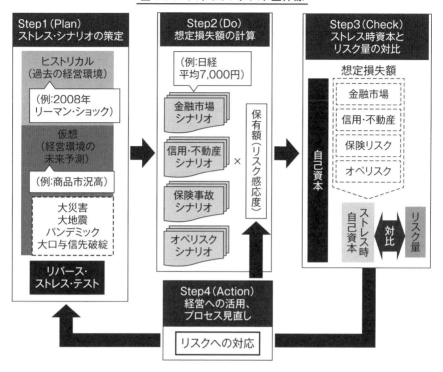

いる。ストレステストは「経済価値ベース」、「会計ベース」および「規制ベース」について、ストレスシナリオに基づいた「必要資本充足率」を算出している他、第一生命の健全性が悪化する株価や金利水準等の経営環境を逆算するリバース・ストレステストも実施している。

実施プロセス　ストレステストは、図4-14のように、まずストレスシナリオの策定を行い(Step1)、そのシナリオのもとでの想定損失額を計算する(Step2)。次に、ストレス時の自己資本とリスク量を対比し(Step3)、その結果を踏まえてリスクへの対応を検討するなど、経営に活用する(Step4)。また、それらの結果を次回のプロセスに反映させて改善を図っている。

ストレスシナリオ　ストレスシナリオは、自社のリスクプロファイルの特徴が市場リスク量の大きさ、特に株式リスク量と金利リスク量の大きさにあることを考慮した上で、計測手法の限界および弱点の補完を目的に設定している。ストレステストに用いるシナリオとしては、足元の自己資本に最大損失を与える過去の経営環境を用いる「ヒストリカル・シナリオ」だけでなく、経営環境の将来予測に基づいたフォワードルッキングな「仮想シナリオ」を設定している。また、大規模災害等（大地震、パンデミック、大口与信先破綻等）シナリオについても設定している。シナリオ設定については客観性確保のため、グループ内のシンクタンクである第一生命経済研究所が作成している。なお、経済価値ベースと会計ベース・規制ベースは特に金利変動等の影響が大きく異なることから、シナリオも各ベースで異なるものとなっている。

ストレステスト結果の活用状況　ストレステストは四半期に一度（ただし大規模災害等は不定期）実施し、ALM委員会、経営会議および取締役会に報告し経営判断の参考として活用している。具体的には、ストレステストの結果等を踏まえ、短期的リスク対応によりストレス時の健全性を一定程度維持しつつ、中長期的に資本効率の向上と健全性の強化を図る計画を遂行している。経営報告にあたっては、経営判断の参考として活用しやすいよう、概念図や表を利用し、わかりやすい資料となるよう工夫している。

　また、ストレスシナリオ作成におけるフォワードルッキングな視点の強化するため、10年程度の将来の変化を予想して、新たに発生するエマージングリスクを捉え経営戦略に反映する枠組みとともに、ストレステストの網羅性向上についても経営レベルで認識し改善に取り組んでいる。

6.4　リスク量の計測と信頼性の確保

　統合リスク管理が有効に機能するためには、使用されている計測モデルの信頼性や妥当性が確保されていることが不可欠である。グループ会社を含めたリスク量計測モデルを適切に管理し必要なレベルアップを行う枠組みとして、近

年、モデルガバナンスがクローズアップされている。

　モデルガバナンスとは、モデルリスクを管理し、コントロールする一連のプロセスである。モデルリスクとは、モデルの限界の理解不足等が原因で起こる、不正確なモデルやモデルの誤用から得られる結果により、不利益を被るリスクである。第一生命では、第一生命本体、および主要な子会社・関連会社について、リスク量計測モデル又は計測手法ごとに以下の項目について一覧表（モデルインベントリー）を作成している。

　　・リスク量計測システムの名称、所管部署
　　・自社開発／外部ベンダー（ベンダー名）の別、使用領域（計測リスク等）
　　・モデルの長所や使用する妥当性、モデルの限界・弱点、限界・弱点に対する対応策（バックテスト等の妥当性検証態勢（検証手法、検証部署）
　　・限界・弱点に関する経営レベルの認識（経営への報告内容、経営からの指示など）

　モデルガバナンスについては、リスク量計測モデルの検証、導入・改定における確認事項やこれらの経営報告について統合的リスク管理規程に規定している。

　具体的には、市場リスク、信用リスク、不動産リスクなどの重要なリスクに係るリスク量計測モデルについては、定期的に検証を行い、必要に応じて第三者の検証を行う他、リスク・カテゴリーごとの特性を踏まえ、「リスク・ファクターの検証」「パラメータの検証」「バックテスト」「代替的な手法に関する検証」「保守性の担保」を行うこととしている。

　例えば、市場リスク量については、次のように信頼性確保に努めている。

リスク・ファクターの検証　市場リスク量計測の際に使用するリスク・ファクターの妥当性を検証するため、第一生命の保有資産とリスク・ファクターとの価格変動性について四半期ごとに検証を行っている。

　具体的には、国内株式、外国株式、投資信託、ヘッジファンド、外貨建債券

を対象として、保有資産とリスク・ファクターの価格変動の相関の確認や標準偏差の比較などを行っている他、保有資産とリスク・ファクターの相関が低いなど、その連動性が低いと判断される場合にはリスク・ファクターを見直すこととしている。また、保有資産とリスク・ファクターの標準偏差の比による感応度の調整を行うなど、過小なリスク量とならないための取組を行っている。

代替的な手法に関する検証　代替的な手法を用いて市場リスク量を計測する場合は、代替的な手法を採用することによって市場リスク量が過小とならないよう保守的な取り扱いを行うことを基本とし、代替的な手法による影響を四半期ごとに確認している。

　具体的には、公社債（邦貨建債券）、買入金銭債権などについては、市場リスク量計測に市場価格を使用せず、理論価格を用いているため、市場時価と理論価格の乖離やその乖離が市場リスク量に与える影響について確認し、必要に応じてリスク量に対する加算や計測手法の見直しなどの対応を行うこととしている。

バックテスト、市場環境のモニタリング　バックテストは、市場リスク量の妥当性確保、計測モデルの有効性の確認を目的として、四半期ごとに実施している。具体的には、様々な採用期間において、損益実額とリスク量を比較し、損失額がリスク量を超過する回数が想定する範囲内に収まっているか確認している。このバックテストの実施結果については定期的に経営層に報告している。リスク量を超過する損失事例が確認された際には、超過事例の要因分析を行い、超過回数が評価基準を超えた場合には、リスク量に対する加算や計測手法の見直しなどについてリスク管理統括部担当執行役員がその対応を定めることとしている。さらに、市場環境の変動を早期に検出するための枠組みとして、週次で市場環境のモニタリング（代表的なリスク・ファクターの短期間のボラティリティやインプライド・ボラティリティ、相関などの確認）などを行っている。

7. ERM推進における課題

　第一生命グループのERMは未だ開発途上にあり、経営の柱としてのさらなる有効活用に向け、PDCAサイクルを回している。第一生命におけるERMの当面の主な課題について以下に挙げる。

7.1　本格的な資本配賦運営の導入

　資本配賦の目的は、資本をリスク・カテゴリーや事業別に配賦することにより、健全性を確保しつつ資本対比のリターンを評価し向上させることにある。

　銀行業においては、資本配賦は市場リスクや信用リスク等、リスク・カテゴリーをベースにして行われることが多いようであるが、第一生命では、顧客や商品特性に応じた資産・負債の区分やそれにもとづく収益管理が行われている事業、すなわち、個人保険事業や団体年金事業などの事業の推進に積極的に活用するため、主に事業単位での資本配賦をベースにしている。

　第一生命の資本配賦は、2014年度に試行的に導入し、2015年度より本格運営を開始する。2015年度の本格運営では、第一生命本体については、各事業のリスク量を踏まえつつ事業ごとに仮想資本を配賦し、子会社等については、会社ごとに仮想資本を配賦することとしている。管理指標としては、経済価値ベースの資本やEVおよびリスク量をベースとした運営とし、各事業のEV増加額をリターンとする予定である。

7.2　エマージングリスクへの対応

　第一生命では、中長期の経営戦略や中期経営計画の策定に際して、景気動向等の経済的要因だけでなく、生産年齢人口の減少・ライフスタイルの変化・お客さま行動の変化等の社会的要因、社会保障制度改革等の政治的な要因、チャネルや価格等の競争要因も含めてリスクを把握し、戦略策定に役立ててきた。

本章の6.3節でも述べたように、今後、新たに発生するエマージングリスクに関する特定・評価・報告プロセスをより適切なものとし、より明示的にエマージングリスクへの対応を図るため、長期的視点で第一生命グループの存続に影響を与える重要リスクの把握・管理やエマージングなビジネスチャンスの発掘等を行う部門横断的なプロジェクトチームを組成している。今後、本プロジェクトチームの検討結果について、適宜中長期の経営戦略やリスクテイク方針、ストレステスト等へ反映していく予定である。

7.3　グループERMフレームワークのレベルアップ（地域統括機能・拠点の設置）

　第4節で見たとおり、第一生命グループでは、第一生命本体を含め国内外10社の主要グループ会社を有し、2014年度中には、ネオファースト生命および米国のプロテクティブ社が加わる予定である。特に、プロテクティブ社は総資産で約7兆円という規模であり、また、国内子会社である第一フロンティア生命も順調に成長し、総資産4兆円に近づいている。

　こうした状況下、従来以上にグループ経営の枠組みを整備し実効的な管理・運営を推進する必要性があると考えている。特に海外の子会社等の管理機能強化を目的とし、北米においては、ニューヨーク拠点の機能・体制の拡充等による地域統括機能を設置するとともに、北米に本社執行役員を配置しプロテクティブ社の取締役としても派遣することで、時差・地理的制約を克服しつつ、直接的かつ適切なガバナンス態勢を敷くことを想定している。

　また、アジア・パシフィック地域においても、シンガポールに地域統括拠点を設立し、域内のグローバル人財を積極的に採用・活用することで、現地の市場特性・成長性を踏まえた経営管理・支援体制を早期に構築し、域内シナジーの発揮と更なる高成長の実現を追求することを検討している。

　以上のような地域統括拠点も活用した子会社・関連会社等の管理・運営については、今後、PDCAを回しながら、より効率的、実効的となるよう、各組織の役割分担や報告・指示体制等について継続的に改善を図っていく予定である。

120　　4 生保のERM

7.4 リスク量計測のレベルアップ

　グループベースのリスク管理指標の算出に当たっては、海外生保子会社等各社におけるリスク管理に係る規制や手法、インフラの整備状況の違い等を踏まえ、現在は第一生命のリスク管理統括部が計測に必要なデータの提出を各社に求め集計・算出を行っている。

　今後は資本配賦運営において、各事業、各社のリスク量を横並びで評価する必要があることから、モデルガバナンスやインベントリーの議論を進める中で、各社のリスク量計測の考え方や使用するモデルについても共通のものを採用し収斂させていくことも長期的な検討課題として認識している。この点に関してはIAISによる規制のコンバージェンスの動き等もにらんで検討をすすめていく必要があろう。

　また、オペレーショナル・リスクについては、現在第一生命本体においてもグループ各社においても内部モデルにもとづく先進的手法は採用しておらず、簡易な方法で定量化している状況であるが、作業負荷も考慮しつつレベルアップについて継続検討していく予定である。

8. 小括

　筆者は、第一生命のERMの推進に大きく影響を与えたイベントとして、「海外生命保険市場への進出」と「株式会社への転換」があると考えている。勿論、これら二つは密接に結びついた一連の経営戦略であり、前者を本格化し機動的に推進するための経営形態として後者の選択に至ったという関係性がある。すなわち、生命保険商品を通じた安心とより高品質なサービスをお客さまへ提供し続けるという、生命保険会社としての社会的役割を果たし続けるためには、持続的な価値創造による成長が不可欠であり、新たな成長分野への進出を狙いとして、2007年のベトナムをはじめ、オーストラリア、タイ、インド等の生命保険市場におけるビジネス展開を図っていた第一生命が、これらをより一層

121

加速するためには相互会社よりも株式会社がより適しているという判断に至ったということである。

　海外の保険会社への出資にあたっては、会社の資本コストを明確に認識して投資対象ごとにハードルレートを定め投資金額と想定リターンを確認し、また、これに伴うリスクを見極めストレスシナリオに基づくテストを行い、投資実行後は計画と実績の差異を分析し新たなアクションを採るというプロセスを経る訳であるが、これらは、まさにERMのPDCAサイクルに他ならない。

　当然のことながら、従来、国内生保ビジネスにおいても事業分野別の管理は行ってきたが、個人保険、団体保険、団体年金といった国内事業には相互補完的な部分もあり、資本の論理をストレートにはワークさせにくい構図となっていたところ、事業ドメインの全く異なる海外の保険会社と対比することで国内事業のリスクプロファイルについても再認識し、リスク・リターン・資本により事業ポートフォリオ全体と各事業の運営を捉え直すことにつながったと考える。

　「リスク管理」という言葉には「リスク回避」や「保守性」といったニュアンスが付きまとうが、リスクの種類とスケールを見極め、「どのリスクをとってリターンを得るか」を検討・議論し決断するための前向きな経営ツールとしてこそERMは機能していくべきものであると考える。これは、株式会社となった第一生命にとって、資本効率というまさにDisciplineに基づき株主への説明責任を果たしてゆくためにも有効なツールであると考えている。

　第一生命は2014年6月に米国プロテクティブ社の買収を決定し、併せて北米とアジアにおける地域統括機能の設置についても公表を行った。同社の買収が完了すれば生命保険ビジネスとしての進出国は6カ国となり、海外事業のウェイトは利益ベースで3割を超える見込みである。現在、各国の保険市場はそれぞれに発展段階が異なり、資本やリスク管理の規制もまちまちである。第一生命グループ内においても、各保険会社のリスク・資本管理はそれぞれ独自のものを採用しており、第一生命においてこれを統合しているのが実態である。今後、これらの統一や、また、統合するためのインフラについても検討していく必要があると考えているが、一方で、IFRSやIAISにおいて現在検討されてい

122　　4 生保のＥＲＭ

る会計や資本・リスク管理の制度見直しにより各国規制のコンバージェンスが進むことで、国際的な展開を行う保険会社にとって効率的な事業運営と管理が可能となることも期待したい。

5

損害保険会社のERM

1. はじめに 日本の損害保険会社のERMの発展

　損害保険事業は、保険契約者から様々なリスクを引き受ける対価として保険料を受け取り、収益を上げることを業としている。さらに、受け取った保険料等を運用し、運用収益を上げている。すなわち、損害保険会社にとってのコアリスクは保険引受リスクと資産運用リスクであるが、こうしたリスクをどうコントロールして、適正な収益を上げるかが保険会社の経営の要諦である。従って、損害保険会社にとってERMは経営そのものであるといっても過言ではない。

　1996年に施行された保険業法の改正によって、子会社方式による生損保の相互乗入が可能になり、多くの損害保険会社は生命保険事業に進出し、現在では日本の生命保険業界において損保系生命保険会社は一定の地位を確保している。また、今世紀に入って、日本の損害保険会社は、合従連衡によりおおむね3メガと呼ばれる大手三社に集約された感があるが、各社は、アジア・欧州・アメリカ等の海外保険事業への進出や、金融事業、一般事業等への展開・多角化を進めてきており、その結果、各社の事業ポートフォリオの多様化が顕著になってきている。

　一方、リーマンショック、欧州債務危機に代表される金融環境の著しい変化や、国内外における自然災害の多発など、損害保険会社の経営をとりまくリスク環境はますます複雑化し、損害保険会社の経営にとって、将来の見通しに関する不透明感が増してきている。日本の損害保険会社が経営レベルでERMを意識し始めたのは、早い会社でも2000年代の半ば以降であるが、損害保険会社が事業戦略上とるリスクが多様化していく一方で、金融環境の変化や自然災害の多発など、損害保険会社のリスク環境が複雑化してきていることが大きな要因となっている。

　欧州のERM先進保険会社のERMは、ソルベンシーⅡに代表される新しい資本規制の制度構築と連動しながら論議され発展してきた面がある。日本の銀行・証券業界のERMは、バーゼル規制の進展を背景に、規制先行型で発展し

126　　5 損害保険会社のERM

てきた感が強い。これに対して、日本の損害保険会社のERM態勢の構築は、海外ERM先進保険会社や銀行・証券など周辺業界の動向を意識しながらも、上記のような各社の経営もしくは事業の実態の変化やリスクの複雑化といった実情を背景に、規制の動きとは一線を画しながら進められてきたのも特徴と言えよう。従って、日本の損害保険会社のERMは各社各様であり、一概に論じ難い面もあるが、以下、筆者が携わってきた東京海上グループのERMを中心に、日本の損害保険会社のERMを論じることにしたい。

なお、本項において意見にわたる部分は筆者の個人的なものであり、所属する組織のものではないことをあらかじめお断りしておきたい。

2. ERMのコンセプト

ERMはいまだ新しい経営手法であり、現時点で普遍化された、あるいは確立された定義はない。東京海上グループでは、ERMを、「リスクという概念を基軸に経営の意思決定を行うというプロセスを、経営のあらゆる局面に組み込むことによって、健全性（リスク対比での資本の充分性）、および収益性（リスク対比での収益）を維持向上し、企業価値の持続的な拡大を図る経営手法」と定義している。これはERMが、倒産防止やサプライズの抑止、あるいはリスクの低減、危機対応などを目的にした伝統的なリスク管理の枠組みに止まらず、保険会社がリスクを定性・定量の両面から網羅的に把握し、このリスク情報を有効に活用して、会社全体の「リスク」、「リターン」、「資本」を適切にコントロールして、保険会社の健全性を維持しながら、収益性の向上や資本の有効活用を図り、企業価値の最大化を目指す、経営の意思決定の仕組みであることを意味している。

先述の通り、損害保険会社のコアリスクは保険引受と資産運用であるが、それ以外にも事務リスク、ITシステム関連リスク、事故災害犯罪に関わるリスク、人事労務関連リスク、レピュテーションリスクなど様々なリスクにさらされている。こうしたノンコアリスクについては、リスクを極小化するような努力が

必要であるが、コアリスクについては、損害保険会社が取るリスクが資本に対して著しく大きいと経営の安定性・健全性が維持できないことになり、逆にこれが過少であると株主の期待に応えるようなROE（Return on Equity）が確保できないことになる。

　損害保険会社には様々なステークホルダーが関与しているが、各々のステークホルダーは損害保険会社に対して各様の関心事を持っていると考えられる。保険契約者は、巨大災害や金融危機などが発生した場合でも損害保険会社の健全性が維持され、滞りなく保険金等を受け取れることを期待している。株主・投資家は健全性に加えて、投資リスクに見合ったリターンや成長性が確保できるかに関心がある。格付機関はこれらに加えて、リスク・リターン・資本を適切に管理するガバナンス態勢の評価も重要なポイントにしているであろう。＜図1＞は、こうしたステークホルダーの関心事を踏まえて、ERMのコンセプトを図示したものである。利益と資本の関係を表す指標がROEである。資本とリスクの関係が損害保険会社の健全性であるが、これはソルベンシーマージン比率などが代表的な指標になる。損害保険会社はリスクに見合った適正な利益を上げることが求められる。これを表す指標がROR（Return on Risk）である。こうした資本・リスク・利益の関係は以下の算式に整理できる。

$$\frac{リスク}{資本} \times \frac{利益}{リスク（ROR）} = \frac{利益}{資本（ROE）}$$

　保険会社は資本十分性を確保しつつ、ROEを高めるため、コアリスクについては、リスクに見合った適切な利益を上げることが期待される（RORの確保）。ノンコアリスクについては、必要性やコストなどを踏まえながら、リスクの削減等の対応を検討する必要がある。こうして上げた利益は、一部は株主等に還元され、一部は資本の蓄積に貢献し、新たなリスクテイクすなわち収益機会の余地をもたらす。以上のようなサイクルを実現することによって、保険会社の健全性を維持し、収益性を確保しながら、持続的成長の実現を図る、というのがERM経営のコンセプトである。

　ステークホルダーの内、行政当局は、従前は主にリスクと資本の関係、すな

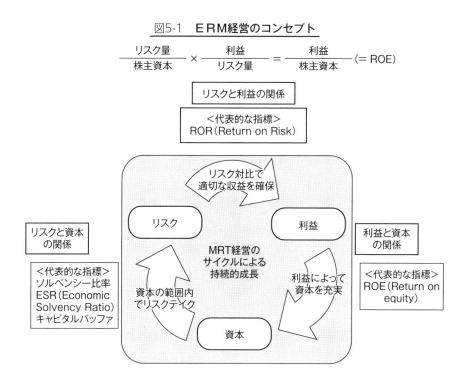

図5-1　ERM経営のコンセプト

わち健全性に力点を置いていた感があるが、近年では、ERM全体に視点を広げてきている。2011年2月に改定された保険検査マニュアルでは、保険会社にも「統合的リスク管理」の概念を導入し、「統合的リスク管理とは、保険会社の直面するリスクに関して、潜在的に重要なリスクを含めて総体的に捉え、保険会社の自己資本等と比較・対照し、さらに、保険引受や保険料率設定などフロー面を含めた事業全体としてリスクをコントロールする、自己管理型のリスク管理を行うことをいう。保険会社の統合的リスク管理態勢は、収益目標及びそれに向けたリスクテイクの戦略等を定めた当該保険会社の戦略目標を達成するために、有効に機能することが重要である。」と述べている。

3. ERMの経営への活用 「守り」の側面

　前項で、ERMとは、損害保険会社の健全性を維持しながら、収益性・資本の有効活用などを追及する経営の意思決定の仕組みそのものである、と述べたが、具体的にはどのように経営に活用するのか。以下、ERMの経営への活用について、(1)リスク管理・倒産防止といった「守り」の側面と、(2) 収益性の向上・資本効率の追求といった「攻め」の側面から論じたい。

　ここでは便宜的に「守り」「攻め」と分けているが、必ずしも厳密な区分ではない。例えば、リスク管理・倒産防止に対して必要な措置を講じ、合理的な意思決定をすることは、破綻確率を低下させ、ステークホルダーから見て破綻コストの期待値を引き下げ、企業価値を向上させる効果も持つ。その意味で「攻め」の側面もある。

3.1　資本の十分性検証（統合リスク管理）

　リスクが顕在化し実際に損失として発生した場合でも、企業が事業を存続させるためには、その損失額が資本の範囲内に収まっていることが必須である。もし、損失額が資本の額を超えてしまうと、企業は実質的に債務超過の状態となり、保険会社は破綻する。格付機関もリスクと資本の関係には注目しており、リスクと資本の関係が一定割合を割り込んでしまうと格付引き下げに向けた見直しが行われることになる。資本はリスクに対するバッファー（緩衝材）としての役割を果たしているが、資本とリスクの水準を把握・管理することにより健全性をチェックし管理する手法を、「資本の十分性検証」もしくは「統合リスク管理」と呼んでいる。

　ERM経営を行っている保険会社グループにおいても、グループ全体のリスクを定量的に把握し、たとえリスクが顕在化した場合でも、資本の範囲内で十分に損失が吸収できるように統合リスク管理を行っている。

　図5-2は統合リスク管理の概念図である。経済価値ベースの資本とリスク量の差分のことを「キャピタルバッファ」と言い、計測したリスク量に対する資

130　　5 損害保険会社のERM

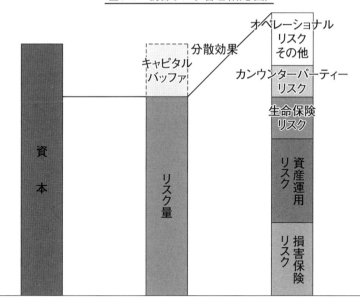

図5-2 統合リスク管理(概念図)

本の比率をモニタリングするのが一般的である。とりわけ、資本とリスク量を対比した指標をESR（Economic Solvency Ratio）と呼ぶが、内部管理上の数値ではあるものの、欧州や日本の上場保険グループでは、自社の資本十分性や資本調達の可能性などの判断材料として、投資家・アナリスト向けなど対外的に公表している。

資本とは通常の想定を超える損失が生じた場合の利用可能資本であり、連結財務諸表（連結貸借対照表）における純資産額をベースに、異常危険準備金や価格変動準備金のような利益留保性の準備金のほか、生命保険や積立保険等の保有契約価値などを加算する一方で、子会社等に関する「のれん」を控除し、時価評価されていない負債等があれば調整して算出された実質純資産を活用するのが一般的である。

リスク量については、東京海上グループでは、目標格付をAA格と置き、それを確保するために、過去のAA格の倒産確率（0.05%／年）等を参考に、信頼水準を99.95%VaRに設定してリスク量を測定している。

ESRは一定程度100%を上回る、換言すれば一定程度のキャピタルバッファを確保する必要がある。これは、通常の想定を超える損失が生じた場合、例えば大規模な自然災害や金融市場の混乱などが発生した後でも、損害保険会社が格付を維持し、適正な事業運営を継続するためである。

　現時点では、保険会社には銀行のようなグローバルに統一された資本規制が存在しておらず、こうして測定されるリスク量（リスク尺度など）についても、それに対比される自己資本（自己資本の定義・計測方法など）についても、グローバルに統一されたルールや慣行に基づいて算出されているものではなく、あくまでも各保険会社における内部管理としての自己資本管理・リスク管理の位置付けであり、各社から公表されているESRなどの指標は、外部から見た比較可能性が担保されていないことに留意する必要がある。

　ERM経営における統合リスク量算出の実務についても簡単に触れておこう。保険会社、特に損害保険会社は、他の金融業態と比べると、リスクの種類においても地域的に見ても多様なリスクをとって収益を上げている。東京海上グループにおける統合リスク量算出の実務はおおむね図5-3のイメージある。

　グループのリスクを「損保リスク」「資産運用リスク」「生保リスク」「カウンターパーティ・デフォルトリスク」「オペレーショナルリスク」等の5つのカテゴリーで区分している。各リスク区分の下にはサブリスク区分があり、例えば損保リスクは「自然災害リスク」「自然災害以外のリスク」「リザーブ（支払備金等）リスク」に分けられる。さらに、地域別、保険種目別、あるいはリスク種類別といった細かい区分ごとにそれぞれ確率分布を予測してリスクカーブを描き、リスク量を計測する。個々のリスク種類ごとのリスク量算出にはリスクモデルを活用している。個別のリスクカーブは、サブリスク区分、さらに上位のリスク区分に統合され、最終的にはグループ全体の統合リスクカーブとなり、リスク量を算出する。

　リスクモデルは日々進化し、改善が進んでいる。例えば自然災害リスクについては、工学モデルを活用しているが、自然災害のデータや知見の積み上げにより高度化を図り、カバーできていなかった地域でも新たに開発を進めている。資産運用リスクにおいても、従来は、例えば金利リスク、為替リスク、株

132　　5 損害保険会社のERM

図5-3 統合リスクの管理の実務

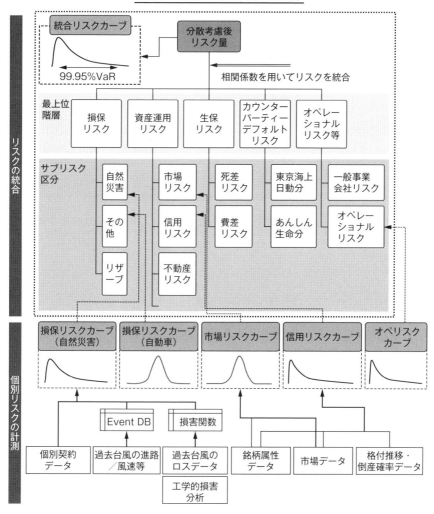

価変動リスクなど、個々のリスク種類ごとにリスクカーブを描きリスク量を算出し、統合するというプロセスであったが、現在ESG（Economic Scenario Generator）の導入に向けて検討・準備を進めている。ESGとは、将来の経済環境について、多様なシナリオを想定することによって、金利・株価・為替レー

ト・インフレ率などの経済指標を有機的にシナリオ設定し、経済指標間の適切な相関関係を反映したリスク量の計測を図るものである。

3.2 ストレステスト

前項の資本十分性検証は、VaR等のリスク指標を活用してリスク量の計測を行っているものである。だが、こうしたリスク指標は過去のデータ等から求めた期待値や予想変動率（ボラティリティ）に基づいており、リスク間の相関についても高度化が進んでいるとは言え、一定の前提をおいた数値にならざるを得ないことを踏まえると、こうしたリスク指標にのみ立脚して自己資本水準の十分性の検証を行っているのみでいいのかという課題がある。

また、損害保険会社の経営者等の目線から見ると、VaR等のリスク指標を活用して算出されたリスク量は、リアリティのある数字として捉え難いという課題もある。

そこでこうしたバックワードルッキングな面がある資本十分性検証（統合リスク管理）の弱点を補完し、資本の十分性を複眼的に検証するため、ストレスシナリオを用いたストレステストが重要な役割を果たしてきている。ストレステストの活用によって、例えば、大規模自然災害や世界的な金融危機のような、まれにしか生じないイベントが発生した場合、希少なリスク同士の相関関係も考慮し、こうした事態に対する資本面等の備えが十分かどうかを検証することが可能になる。また、経営の健全性に重大な影響を及ぼし得るシナリオを逆算して想定するリバースストレステストも実施している。

ストレステストでは、ストレスシナリオをどう設定するかが課題になる。あまりに極端なシナリオ（と思われるもの）を設定すると、現実感が乏しいとして経営判断に活用されないし、反対に過度に軽微なシナリオでは充分なストレステストにならない。シナリオ設定の段階から経営陣が関与することも有効であろう。

単に資本の十分性を検証するだけでなく、そのシナリオに対して、事前に何が準備できるか、例えばストレスシナリオで想定したリスクが発現した場合、もしくは発現可能性が高まってきた場合の損失見込み額を軽減するために、平

時から可能な措置を検討し、可能なものについては準備をしておくことが重要である。リスクが実際に発現した場合もしくはリスクの発現可能性が高まってきた場合の具体的なアクションプラン（リスク削減や資本調達など）を、その実現可能性も含めてあらかじめ検討し、経営レベルで論議しておくなど、平時からの準備にもストレステストは有用である。

ストレスシナリオの設定について、あらゆるリスクシナリオにおいて資本の十分性が確保できるようにあらかじめ十分な資本を確保しておくことは、資本の有効活用の観点からも現実的ではない。そこで、例えば、格付けの低下を覚悟するシナリオ、事業継続性維持の断念を覚悟するシナリオ、破綻を覚悟するシナリオなどを経営レベルで論議し、必要な資本を準備しておくことも、重要な経営判断であり、ストレステストの実施を通じてそれが可能になる。

4. ERMの経営への活用～「攻め」の側面

4.1 リスクアペタイトフレームワーク

リスクアペタイトはリスク選好とも訳されるが、会社がリスクキャパシティの範囲内で、どのようなリスクをどの程度取り、どの程度の収益を上げるかという経営の基本的な方針・戦略である。リスクアペタイトステートメントは、上記のリスクアペタイトを文書化したものである。保険会社に限らず金融機関経営において、リスクアペタイトをリスクアペタイトステートメントとして明文化し、経営レベルで組織決定を行い、それを起点として事業を運営していくという考え方が主流になってきている。リスクアペタイトフレームワークという言葉もあるが、これはリスクアペタイトが社内で構築され、伝達され、モニターされるアプローチ全体を指す（方針、プロセス、コントロール、システムを含む）。リスクアペタイトフレームワークには、リスクアペタイトステートメント、リスクリミット、リスクアペタイトフレームワークを導入し統括する者の役割・責任のアウトラインまで含まれる。ちなみにリスクキャパシティと

図5-4 リスクアペタイトステートメント

は、保険会社が、これ以上リスクを取ると経営の安定性が損なわれると経営者もしくは監督当局が判断するリスク量のレベル。換言すれば、保険会社の経営戦略上、あるいは規制の観点から取り得る最大のリスク量のレベルであり、リスクリミットとは、事業単位やリスクカテゴリー単位で、経営管理上リスクの上限を定めているものである。

図5-4はリスクアペタイトステートメントの構造図である。上位概念として、グループレベルで、リスクキャパシティの考え方（守るべき資本十分性のレベル）、どのようなリスクをどの程度取ってどの程度の収益を上げるかという経営の基本方針等を記載する。次に、その下位に位置づけられるレベルで、リスク区分別、場合によってはその下位のリスク下位区分別に、リスクテイク方針等を記載して行くのが一般的である。

東京海上グループでは、リスクアペタイトステートメントの上位概念として、以下の文章を策定し公表している。

> - グローバル保険グループとして、主として保険引受と資産運用におい
>   てリスクテイクを行います。
> - 保険引受リスクでは、グローバル展開による持続的成長、リスク分散
>   （安定化）、資本効率の向上を目指します。
> - 資産運用リスクでは、資産負債管理（ALM）を軸として、流動性と
>   利益の安定的確保を目指します。
> - AA(Aa)格を維持できるリスクと資本のバランスを遵守しつつ、資本
>   コストを上回る収益性の確保を目指します。

　最初の文章はコアリスクが保険引受と資産運用であることを明確化し、この2つのリスクを取って収益を上げることを明らかにしている。2つ目と3つ目の文章は各々のコアリスクのリスクテイク方針を述べている。最後の文章で、会

図5-5　東京海上グループのリスクアペタイト

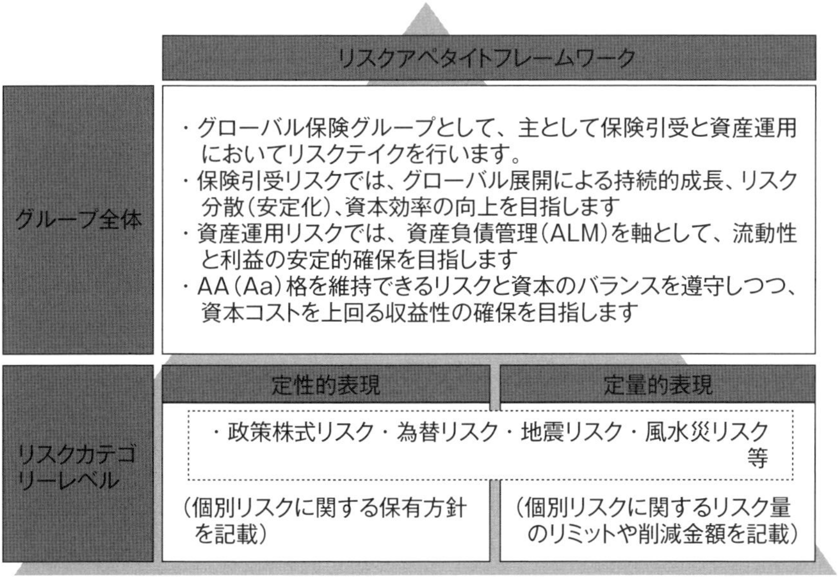

社が目指すリスク・資本のバランス、すなわちリスクキャパシティの考え方（守るべき資本十分性のレベル）と、目指す収益水準を明確にしている。

東京海上グループでは、その下位の概念として、各々のリスクカテゴリーレベルで、リスクテイク方針や収益獲得方針を明確にしている。

4.2　資本配分制度・事業計画

資本、リスク、リターンの最適化に際しては、有限の経営資源である資本を有効活用し、資本の効率性を高め、グループ全体の収益性を高めるために、リスクの分散効果も考慮しながら、よりRORの高い事業に資本を配分しビジネス展開を図って行くことが有効な経営管理手法である。これを資本配分制度、あるいは資本配賦制度という。

東京海上グループにおける具体的なプロセスは以下の通りである。

①保険グループの中長期計画の策定、年次計画の策定にあたっては、グループの経営企画部門が、グループ経営目標とリスクアペタイトステートメントを策定し、各事業部門と共有する。個々の事業部門（資本配分単位）はこれらを踏まえて事業計画を策定する。

②グループの経営企画部門（CFO）は、各事業の計画を、実現可能性（過度に楽観的もしくは保守的になっていないか等）を精査の上、その事業のリスク量、収益、RORを予測する。

③グループの経営企画部門（CFO）はグループ全体の各事業計画を取りまとめ、グループ全体のリスクアペタイトと整合しているか（グループ全体で見て過度にリスクを取り過ぎていないかあるいは少な過ぎないか、収益性・ROEは目標対比で十分な水準か、リスクの偏りはないか、収益のブレは許容範囲か、流動性に問題はないか等を検証する。必要に応じて、各事業の事業計画の修正等を通じて、グループの全体最適を図る。）

④グループのリスク管理部門（CRO）は上記③をリスク管理の観点から問題がないか検証し、経営会議、取締役会付議等を経て、事業計画が確定する。

⑤事業計画の遂行後、各事業、及びグループ全体のリスク、収益等の実績が、

図5-6　東京海上グループの事業計画策定

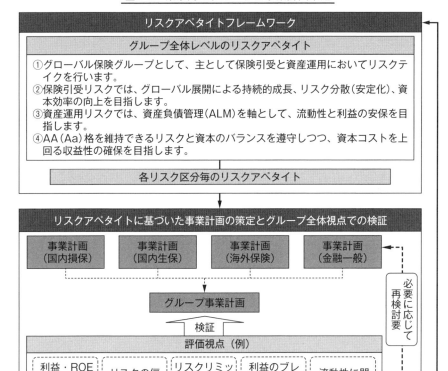

当初の事業計画に照らして乖離がないか等を検証する。

この検証結果が各事業の経営者の評価・報酬や事業選別を含む翌年度以降の事業計画に反映される。

4.3 リスクポートフォリオ

保険会社がグループ全体としてどのようなリスクを取っているかを示したものがリスクポートフォリオである。

保険会社は、コアリスクについては、資本の範囲内で積極的にリスクを取り、収益を上げる必要がある。個々のリスクに対して、適正なRORを確保するによって収益を上げていくことは極めて重要であるが、グループ全体で見て、資本の有効活用のためには、リスク種類の面あるいは地域面等を勘案して、できるだけ相関の低いリスクテイクを行うこと、換言すれば極力分散効果を享受できるようなリスクテイクを実践することが有効であり、こうした観点で最適なリスクポートフォリオを追求することも、ERMの大きな目的の一つである。

欧州のERM先進保険会社といわれる会社の開示資料等からは、こうした会社のリスクポートフォリオについて、突出したリスクをとる、あるいはリスクが特定地域に集中することなく、リスク種類面、地域面等で、おおむね良好に分散されたリスクポートフォリオが確保されているように見える。

一方で、日本の損害保険会社のリスクポートフォリオについては、政策株式リスクと日本の自然災害リスクへの集中傾向が強いことが課題認識されている。とりわけ、日本の自然災害のうち地震リスクについては、株式リスクとの相関が高いと考えられることも懸念材料である。本章の冒頭で述べたとおり、ここ数年、日本の損害保険会社が、生命保険事業を積極展開し、欧米やアジアなどの海外保険ビジネスへの拡大を図り、あるいは金融事業・一般事業への展開を行うなど、急速に事業の多角化を図っているが、これは事業拡大による収益追求の面とともに、リスクポートフォリオの分散を進め、資本の有効活用を図ることも目的にしていることは言うまでもない。

リスクポートフォリオは、その保険会社のビジネスの実態と不可分であり、ERM的な考え方だけで判断できるものではないが、ERMの推進によって、経営レベルでリスク分散もより意識したリスクポートフォリオの改善、資本効率の向上に近づけていくことが重要である。

140　　5 損害保険会社のERM

4.4 リスクベースプライシング

ERMは、個別リスクのRORの向上にも活用することができる。ここでは、保険会社における保険料率設定や保険商品の収益性の評価への活用について論じたい。

伝統的な保険会社の保険料設定は、危険保険料部分についてはその保険商品の保険金支払いの期待値とし、それに事業費の見込み額や予定利潤を加算するというものであった。これが、ERM的な発想に立つと、例えば以下のような考え方になると想定される。

図5-7の左側の曲線は、その保険商品について保険会社が想定している保険金支払額の確率分布を示したものである。現実の保険金の支払額は期待値に収斂するとは限らず、金額が大きくなることも小さくなることもあり得る。自動車保険のように大数の法則が効きやすい保険商品については、確率分布曲線はバラつきの少ないシェイプになるであろうが、そうでないリスクを担保する商品については裾野が広い曲線になる。特に自然災害リスクを補償するような保険商品の場合には、大規模損害（テールリスク）も想定されることから、確率分布曲線は期待値を中心にした左右対称ではなく、いびつな曲線になる。また、

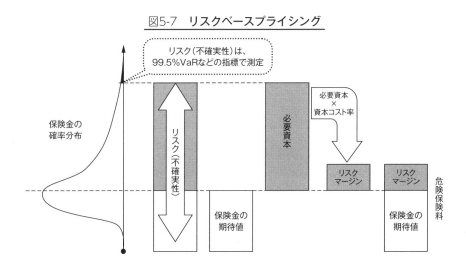

図5-7 リスクベースプライシング

例えば長期の医療保険のようなケースでは、長期的な医療技術の進歩等による保険金支払額の増加の要素も織り込む必要があろう。

　このケースでは99.5%VaRのリスク量を図示している。例えばその保険会社が200年に1年のリスクまでは資本を確保しておくべきと判断すれば、資本として99.5%VaRのリスク量に相当する金額を確保する必要がある。資本にはコストがかかるが、確保した資本に資本コスト率を乗じたものをリスクマージンと呼び、期待値にリスクマージンを加算したものが、ERM経営における保険料の設定の基本的な考え方である。これを（保険料における）リスクベースプライシングと呼ぶ。

　こうした考え方は、2018年の基準書発効を目指す、保険契約の国際会計基準（IFRS）における保険負債の考え方とも整合している。保険IFRSがいまだ最終的に確定しておらず、また保険IFRSは原則主義（Principle Base）であり、期待値やリスク量の計測に各保険会社の見積もりに依存すること、近い将来に導入が予定されている経済価値ベースのソルベンシー規制における保険負債の考え方との整理が未済であること等から、欧州のERM先進保険会社においても、再保険専門会社の一部の保険料設定を除き、現時点では一般的な保険料設定方式として定着しているとは言い難い。

　日本の損害保険会社においても、保険IFRSや経済価値ベースのソルベンシー規制導入とともに、こうした考え方・手法が徐々に定着してくるものと考えられる。まずは、こうした考え方に基づいて、まずは社内の保険商品の収益性の分析・評価から始め、徐々に保険料の設定に活用されていくというのが現実的な流れであろう。保険市場の競争環境下で、リスクに見合った適正な保険料を設定することが難しい状況にあるのも理解できるが、日本においても各社におけるERMマインドの浸透とともに、保険料設定においても商品の収益性評価においても、リスクベースプライシングの考え方の浸透が図られていくことが望ましい。

5. ERMの基盤

　ここまで、損害保険会社のERMの仕組みの概要について述べてきたが、ERMが損害保険会社の経営に浸透するためには、こうした仕組みを構築することは必要条件であって、十分条件を満たすものではない。ERMに関する種々の基盤面の整備が必要になる。ERMを遂行していくためには、一定レベル・数の専門人材の確保は欠かせない。また、ERMにおいてはリスクの検証やリスク量の測定のために内部モデルの重要性が増している。そこで、一定のITインフラも必要であるし、内部モデルの開発態勢だけでなく、確認・検証プロセスの構築も必要になる。ERMにおいては、ERMダッシュボードの整備も進んでいる。ダッシュボードとは、自動車等では諸計器やスイッチ・レバーなどが一覧できる装置であるが、ERMに関しても、グループ全体のリスク・収益状況などについて一覧性を持った経営情報を定期的に経営陣にレポートするものである。こうした説明資料の整備のためにも、一定程度の要員とIT資源の確保は必要である。こうした基盤面については、保険会社の業容や業態、具体的にはどのようなリスクをどの程度取っているのか等によっても異なる。ここでは、ERMの基盤の内、ERMのガバナンス態勢とERMカルチャーについてコメントしたい。

5.1　ERMのガバナンス態勢

　ERMが、伝統的なリスク管理の枠組みではなく、保険会社の健全性を維持しながら、収益性や資本の有効活用を追求する経営意思決定の仕組みである点については、本章でも何度か述べたとおりである。欧州のERM先進会社の例を見ても、ERM態勢の構築については経営のトップダウン型で判断され遂行されることが多いようである。

　ERMは経営態勢そのものであるが、実務レベルでそれを遂行する部門が必要である。内外の保険会社の例を見ても、ERMをリスク管理部門が単独で遂

行するというよりも、経営企画部門とリスク管理部門が一体となって協働し、基盤整備・態勢構築を行い、経営の意思決定に結び付けている例が多いようである。

東京海上グループにおいても、ERMを持株会社の経営企画部とリスク管理部の共管と位置付け、両部が中心となって持株会社社内や各事業子会社にERMの浸透を図っている。

5.2 リスクプロファイルの把握（エマージングリスクの洗い出し・重要なリスクの特定）

ERMを遂行する前提、もしくはスタートラインとして、保険会社が現時点でどのようなリスクを取っているのかをグループ全体を俯瞰して客観的に評価し、現状のリスクプロファイルを把握することが必要である。このプロセスは、リスクの洗い出しと重要なリスクの特定の2つに分けて論じることができる。

エマージングリスクの洗い出しとは、保険会社にとって、これまで認識されていなかったが、新たに発生したあるいは将来発生する蓋然性の高いリスク、または既に発生し認識されているリスクではあるが、今後その重要性が増し、何らかの管理が必要となる可能性が高いと認識できるリスクを、定期的に洗い出しを行い、経営レベルで認識するプロセスである。欧州のERM先進保険会社においては、リスク管理上の目的だけでなく、新たなビジネスチャンスを検討する機会・材料として活用している保険会社もある。

重要なリスクの特定は、エマージングリスクも含めた保険会社グループをとりまく諸リスクを俯瞰して、特に組織横断で、または経営レベルで認識し管理する必要があるような、当該保険会社グループにとって、財務の健全性や業務継続性等に極めて大きな影響を及ぼしうるリスクについて「重要なリスク」として定期的に特定するプロセスである。特定すべき重要なリスクには、そのリスクが発現した場合、資本や収益に与える影響が極めて大きいもののほか、事業継続性やレピュテーションなどの面でも多大な影響を及ぼしうるリスクも該当する。

なお、経営陣にとって重要なリスクを分かりやすく把握するために、重要な

144　　5 損害保険会社のERM

リスクや対応状況等を列挙したリスクレジスターを作ったり、リスクマップ、あるいはリスクヒートマップを作成する取り組みがERMにおいて行われてきている。マッピングにあたっては、リスクを損失規模と発生頻度といった定量的な評価軸で作成されるのが一般的であるが、最近では、これらの定量的な評価軸に加えて、当該リスクが発生した際の保険会社への業務継続性やレピュテーションへの影響等といった定性的な評価軸を加味したり、当該リスクに対する保険会社のコントロールのレベル（十分に管理できているかどうか）を加味してマッピングされることも試みられている。

5.3　ERMカルチャー

ERMが保険会社の経営の意思決定の仕組みとして真に組み込まれるためには、これまで述べてきた種々のスキームや要員その他のインフラ基盤が整っているだけでは不十分で、資本配分を含む事業計画のPDCAはもちろんのこと、商品開発（含む価格設定）、保有・再保険政策、保険商品の引受方針・販売方針、資産運用、さらにはM&Aに至るまで、保険会社がリスクを取る際のすべての局面における判断がリスクベースの考え方でなされていることが望ましい。これは、経営レベルの判断に止まらず、保険営業や資産運用のフロントなど現場レベルにおける保険の引受や運用の判断においても同様で、こうした判断がリスクベースの考え方でなされていることが望ましい。そのためにはERMに関する知識やERM的な考え方がCEO、CFO、CROなどのERMを担う立場にいる経営陣や経営企画部門、リスク管理部門はもちろん、それ以外の経営陣、商品開発部門、営業推進部門、資産運用部門、さらには現場の第一線のメンバーまで浸透していることが望ましい。このような企業文化を、ERMカルチャー、あるいはリスクカルチャーと呼ぶ。

東京海上グループでは、2009年度からスタートした中期計画（3カ年計画）においてERMを経営の重要課題の一つに掲げ、ERM態勢の整備を進めるとともに、種々の経営の重要な課題についてERMの考え方を取り入れて意思決定を行ってきている。先述の資本の十分性検証（統合リスク管理）や資本配

分などはルーティンの意思決定であり、経営会議や取締役会で報告・論議がなされているが、リスクや収益性に関する個別具体的なテーマや事業ポートフォリオなどについては、経営会議・取締役会での意思決定に先立ち、持株会社のERM委員会で徹底論議をするようにしている。ERM委員会は、社長以下関係役員等で構成され、例えばリスクテイクに関する個別課題について、個々のリスクについて適正な収益を期待できるか、グループ全体の健全性や資本効率にどのような影響を与えているか、どうしていくのが望ましいか、等々、論議を尽くすようにしている。こうした論議を繰り返し積み重ねることが、まずは経営レベルでのERMカルチャーの高度化・浸透につながっている。

また、ERMを中期計画の主要課題に掲げて以降、経営レベルだけではなく、実務担当者のレベルでも、種々の職場単位あるいは階層別の研修・勉強会等を通じて、ERMに関する知識やERM的な考え方が浸透するようにしている。

ERMカルチャーの醸成はERMの基盤整備以上に時間がかかるプロセスではあるが、ERMについて経営資源を投じては態勢整備等を行っても、ERMカルチャーの浸透がないと、絵に描いた餅にとどまってしまう。

6. 小括

スタンダード・アンド・プアーズは保険会社の保険財務力格付の一部としてERM態勢の評価を位置付け、かつ、ERM評価についても公表している。ERM評価は上から"Very strong"、"Strong"、"Adequate with Strong Risk Control"、"Adequate"、"Weak"の5段階である。世界的に見ても多くの会社が"Adequate"の評価のなかで、東京海上グループの中核保険会社である、東京海上日動火災保険（損保）と東京海上日動あんしん生命保険（生保）が日本の保険会社では数少ない"Strong"の評価を得ている。

しかしながら、ERMは国際的に見てもまだ歴史が浅く、テクニカルな面でも経営判断レベルでも発展途上にあり、当社においても、その基盤整備・高度化や社内・グループ内の浸透等、まだ道半ばと認識している。

ERMの基盤構築のためには、ITシステム開発キャパシティや専門性を有した人材など一定の経営資源の確保が必要である。さらに、経営の意思決定にERMの考え方を織り込んだり、経営層から実務者クラスにまでERMカルチャーを浸透させるなど、ERMを進めていくには、ある程度トップダウン的な要素も必要である。東京海上グループにおいて、ERMの検討や基盤整備、経営への浸透などにおいて、少なくとも国内では先行し、格付機関からも高い評価を得ることができているのは、こうした面も大きく影響しているように認識している。

　現在、保険監督者国際機構（IAIS）を中心に、保険監督の国際的な枠組みの検討が本格化してきている。その中で経済価値ベースの資本規制やOSRA（Own Risk and Solvency Assessment）を活用したERMの監督規制などが論議されている。日本においてもこうした流れの中で、グローバルな枠組みの中での資本規制などが検討されていくことになろう。こうした新たな規制・監督の考え方が、本来あるべきERMの枠組みと整合的であれば、保険会社のERMの普及・浸透・高度化の促進に寄与していくことになり望ましいことである。

6

バンカシュランスの
商品開発とERM

前章までは、保険会社のERMについて、いわば総論を論じてきた。この章ではスコープを絞り、バンカシュランス商品、特に変額年金商品[※1]について、リスク管理の実務を論ずる。変額年金のリスク管理については、特にリーマンショックを契機とする金融危機のなかで撤退を余儀なくされた会社もあり、保険会社のリスク管理の失敗例とされることもある一方、大きな損失を出さず事業を継続している会社もある。変額年金のリスク管理の巧拙はどこにあるのであろうか。

本章ではまず、バンカシュランス商品一般についてその特徴を論じたのち、変額年金商品の特性を概説する。そののち、変額年金の個別のリスク管理とそれをふまえた商品開発について実務上の課題と対応を述べ、最後に変額年金商品のERMフレームワークにおける取り扱いを考える。

1. バンカシュランス商品の特徴

1.1 バンカシュランス

バンカシュランス（Bancassurance）とは、ここでは、銀行等の保険会社以外の金融機関を代理店として保険を販売することと定義する[※2]。販売する商品は多岐にわたり、保障性商品も販売されているが、やはり貯蓄性商品、投資性商品の販売量が多い。

バンカシュランスは、フランスで始まったと言われ、世界的に行われているが、日本では長年にわたって事実上禁止する規制が行われてきた。しかし、2000年6月の保険業法改正を契機に、2001年4月に販売する商品を限定する形で解禁され、段階的に販売可能な商品を拡大し、2007年12月以降は全面解禁されている[※3]。特にエポックメイキングであったのは、2002年10月の「第2次解禁」と呼ばれる販売可能商品の拡大であり、このとき個人年金商品の販売が認められたことにより、保険会社各社は銀行を代理店として変額年金商品の販売を開始した。これが日本における本格的なバンカシュランスの始まりと言

えよう。

日本のバンカシュランスには他国と比較して以下の特徴が見られる。

・保険会社と銀行に強い資本関係・支配関係がみられない。銀行の多くは複数の保険会社の商品を取り扱う乗合型代理店である。

・従来の、そして今でも販売シェアの大きな営業職員チャネルでも伝統的な貯蓄性商品（養老保険、定額個人年金保険、単純な終身保険）が販売されている。

・顧客の元本保証志向が強い。

・解禁後、市場金利が低金利のまま推移している。

このため、2つの意味で市場競争力の強い、つまり、顧客に価格訴求力があり、かつ代理店（銀行等）へ手数料を多く支払うような商品が求められ、さらに元本保証または保守性の高い商品に人気がある。引受保険会社では、低金利下において、保険会社、銀行、顧客の三者でどのようにリターンとリスクをシェアするかが、商品開発、さらには収益管理・リスク管理上の課題となっている。

1.2　バンカシュランス商品のリスク特性と対応

保険商品を含む金融商品に対しては、損失の期待値に対する管理（ロス・コントロール）を適切に行うことが第一だが、損失（あるいはリターン）のボラティリティ、すなわちリスクをどのように管理するかが重要となる。

リスクへの対応については、様々な分類がある。Sweeting[2011]は削減（reduce）、排除（remove）、移転（transfer）、受容（accept）の4つに分けている[4]。そして、リスクへの伝統的な対応は、同じ金融業であっても、その商品特性に応じて業界や、また、国によっても異なっている。

生命保険業では、伝統的に保険を引き受けてこれをプールする。上記の分類では主に受容と削減（分散）によっていて、移転はあまり行わない。これは、生命保険業では、大数の法則を利用し、つまり大量かつ均質のリスク[5]をプールすれば、分散効果により契約の保有量が増えれば増えるほど損失期待値に対するリスク[6]の比率が減っていくことによる。特に、日本の生命保険業では

151

規制にも助けられ、伝統的に保険料に大きなマージンを加えることができることから、契約をプールすればプレミアムのマージンが比較的容易に必要資本のコストを超え、移転せずに受容する方が合理的であったといえる。

一方、投資銀行などの金融市場参加者は、金融商品販売に伴って保持することになるリスクに対し、削減にも努めているが、基本的には自らの所有する資本に照らして移転（ヘッジ）と受容を組み合わせるロスファイナンスで対応している。これは、保有する市場リスクの多くが分散不能リスクであり、また事業会社に固有な分散可能リスクは、すでに十分に分散されていることが多いためである。このようなリスクは保有量が増えても比例的に増えるのみであり、これを減らすにはヘッジするしかない。

さて、バンカシュランス商品は、そのなかに保険リスクと市場リスクの両方を含有している。ここで保険リスクを$X = \sum_{i=1}^{n} \dfrac{X_i}{n}$（$X_i$は各被保険者の死亡事象を表す0または1の値をとる確率変数であり、互いに独立である）、市場リスクをYとすると、バンカシュランス商品の損失の期待値と分散は概念的に以下のように表される[※7]。

$$E\left[Y \cdot \sum_{i=1}^{n} \frac{X_i}{n}\right] = E[X]E[Y]$$

$$Var\left[Y \cdot \sum_{i=1}^{n} \frac{X_i}{n}\right] = E[Y^2]\frac{Var[X]}{n} + (E[X])^2 \cdot Var[Y]$$

松山［2005］で述べられているように、分散の第1項はnを大きくすることにより減少し、ゼロに収束するが、第2項は変わらない。そのため、バンカシュランス商品に対しては伝統的な生命保険会社流の受容と削減（分散）によるリスク対応では不十分である。

一方、金融市場で行なわれているようなリスク移転による対応はどうであろうか。これは確かにリスクを減少させる。しかし、期待値および分散の全ての項に非市場性のXが含まれており、市場への完全な移転（ヘッジ）が困難となっている。具体的に言えば、将来のペイオフが保険リスクにより安定しておらず、必要なヘッジ量が確定しないのである。これはバンカシュランス商品の市場へ

の完全なリスク移転（ヘッジ）は困難であることを意味する。

　バンカシュランス商品のリスク管理の難しさは、保険リスクと市場リスクの両方を含み、生命保険会社流の受容と削減（分散）だけでも金融市場流の移転（ヘッジ）だけでも不十分である点にある。このため、複数のリスクを複数の方法論で総合的に管理する必要があり、個別のリスクをそれぞれ管理するサイロ型のリスク管理では対応できない。全社レベルの本格的なERMでなければ対処できないということではないが、少なくともERM的な発想が必要なのである。第2節以降では、特に複雑なリスク管理が必要な変額年金にしぼり、さらに具体的に論じることとする。

1.3　現行会計と監督規制の考慮

　ERMは経済価値評価に基づくことが原則である（第8章参照）。バンカシュランス商品のリスク管理も、前項で述べたとおり金融市場流の方法論が必要であり、経済価値評価[8]が基本となってくる。

　しかし、一方で、バンカシュランス商品管理の実務ではいわゆる現行会計（経済価値評価でない法定会計）や監督規制の考慮も重要となってくる。

　バンカシュランス商品に対しては、どの国でも当初は監督規制の対応が遅れる。しかし、リスクの大きさが分ってきたり、あるいは不幸にもリスク管理の失敗により経営に支障の出る保険会社が現れ、やがて規制が強化される。通常の商品よりも厳しい責任準備金規制や資本規制が与えられることが多く、これらの影響もリスクとして考慮する必要がある。

　後に変額年金のケースでも述べるが、現行の（少なくとも日本の）会計基準は保険商品へのヘッジ会計を極めて限定的にしか認めていない。そのため、保険商品のリスクを移転する際は、経済価値評価ではヘッジされていても、会計上は予期せぬ損益が発生する可能性がある。

　本質は経済価値であり、現行会計や監督規制のみにベットしたり、会計・規制を過度に優先したリスク管理には問題があるが、風評リスクも考えれば、会計上や規制上でどのように取り扱われるかも配慮する必要がある。

153

2. 変額年金商品の特徴

2.1 商品特性

　個人年金保険は、一般的には一時払または平準払の保険料[※9]をある時点（年金開始）まで積み立て、年金開始以降は、この積み立てた資金（年金原資）を原資に年金を支払っていくものである。変額年金は、この積立を保証した利率ではなく、ファンド運用（日本では特別勘定を設定）で行うものであり、本来は年金開始時の年金原資は保証されていない。

　顧客から見れば、通常の個人年金保険に比べた変額年金の意義はインフレヘッジにある。ファンド商品でなく、年金として売られているのは、各国の個人年金商品への税制優遇が背景にある。

　一方、保険会社としては、長期の予定利率の保証は大きな金利リスクの要因となることから、本来は年金原資を保証しない変額年金はリスクが少なく魅力的である。

　個人年金商品の特徴は、本来年金を被保険者の生存している限り支払う、つまり終身年金であることにあり、ここに個人年金の「保険」としての特性があるのだが、変額年金では、年金を一定の期間に限って支払う確定年金も多い。

　このような商品の保険性はどこにあるかといえば年金開始前における死亡時の給付にある。変額年金のほぼ全ての商品では、年金開始前に被保険者が死亡した場合、そのときの当該契約に属する資産残高（日本の場合、特別勘定資産）と一定の保証金額（多くの場合、一時払保険料と同額）を比べ、大きい方を払う。この死亡保障を行うことによって保険性を保っている。この最低死亡給付保証（GMDB = Guaranteed Minimum Death Benefit）が初期の変額年金の機能である。

　さて、本来はファンド運用のリスクは顧客に帰属するものである。しかし、老後の資産形成目的のリテール商品として元本保証のないものは敬遠されやす

154　　6 バンカシュランスの商品開発とERM

い。そのため、死亡時だけでなく、年金にも最低保証をする商品が現れた。この最低生存給付保証（GMLB = Guaranteed Minimum Living Benefit）は現在ではほとんどの変額年金についている。[10]

　もともと、保険会社から見た変額年金の利点の一つは、市場リスクが顧客に転嫁されていることだったはずである。しかし、給付に最低保証をつけることで、通常の予定利率を保証する保険商品よりもリスクが複雑な形で自分に帰ってきている。これが、変額年金の最低保証リスクである。

　GMLBは、何を保証するかによってさらにいくつかのカテゴリにわかれるが、典型的なのは最低年金原資保証（GMAB = Guaranteed Minimum Accumulation Benefit）、つまり、保険期間満了時に当該契約に属する資産残高と一定の保証金額（多くの場合、一時払保険料と同額）を比べ、大きい方を年金原資の金額とするものである[11]。

　すぐわかるとおり、これは特別勘定資産を原資産、最低保証額をストライクプライスとするプットオプションの売りポジションである。したがって、その対価（プレミアム）をとる必要がある。日本では、「保険関係費」、「保険契約関係費」等の呼称で、予定事業費と合わせて、特別勘定から定率で毎日控除することが多い。

2.2　監督・会計上の扱い

　最低保証リスクに対し、各国が会計上または監督上の規制を行っている。しかし、これが新たなリスク要因ともなり、また、規制の内容は各国で異なる。変額年金の引受を行うにあたっては、その国の規制をよく理解する必要がある。

　日本の場合、規制の中心となっているのは最低保証にかかる標準責任準備金の積立義務である。責任準備金の積立・戻入は損益となり、しかも基礎利益に計上されるため、標準責任準備金の変動はそのまま基礎利益の変動となる。この制御が日本における最低保証リスクの管理で重要となる。

　標準責任準備金に関する規制は、平成8年大蔵省告示第48号「標準責任準備金の積立方式及び計算基礎率を定める件」に定められているが、最低保証のあ

155

る変額商品については「一般勘定における最低保証に係る保険金等の支出現価」から「一般勘定における最低保証に係る純保険料の収入原価」を控除した額を積み立てる旨規定されているだけで算式は示されていない[※12]。その後に割引率や資産ごとのボラティリティが示されているが、これらだけでは責任準備金の計算はできない。

実は、変額年金の標準責任準備金規制を制定するにあたり、金融庁は日本アクチュアリー会に責任準備金等の積立ルールの原案を検討する旨の依頼を行っている。これに対して、日本アクチュアリー会は「変額年金保険等の最低保証リスクに係る責任準備金等の積立等について」（変額年金保険等の最低保証リスクに係るワーキンググループ[2004]。以下、単に「報告書」とする）を報告し、この報告書に示された計算方法が事実上の規定となっている。

次項以降で標準責任準備金について詳しく述べるが、日本ではこのほか危険準備金Ⅲと呼ばれる危険準備金の積立やソルベンシー・マージン比率における最低保証リスクの計算などの規制がある。

2.3　変額年金の最低保証リスクにかかる標準責任準備金

以下、報告書による標準責任準備金の計算を示す。

（記号の定義）

S_0：評価日時点の特別勘定資産評価額

X：最低保証額（死亡 or 満期）

r：割引率［連続複利］

ε_1：特別勘定資産1当たりの保険費用中の最低保証分［連続複利］

ε_2：特別勘定資産1当たりの保険費用中の予定事業費［連続複利］

ε_3：特別勘定資産1当たりの信託報酬［連続複利］[※13]

（$\varepsilon = \varepsilon_1 + \varepsilon_2 + \varepsilon_3$とする）

μ：特別勘定の（各種チャージ前）期待収益率［連続複利］

σ：Sのボラティリティ（$\dfrac{\Delta S}{S}$の標準偏差）

$l_x,\ d_x$：生命表における生存数、死亡数。出生時の人数をl_0（例えば100,000）

としたとき、x 歳に生存している数が l_x、x 歳から $x+1$ 歳までに死亡する数が d_x である。すなわち、$l_{x+1} = l_x - d_x$ である。

（**収入原価**）「一般勘定における最低保証に係る純保険料の収入原価」は以下のとおりである。

$$\sum_{t=0}^{m-1} \frac{d_{x+t}}{l_x} E\left(\overline{a}_{t+1/2}\right) + \frac{l_{x+m}}{l_x} E\left(\overline{a}_m\right)$$

ただし、 $$E\left(\overline{a}_T\right) = \frac{\varepsilon_1}{\varepsilon + r - \mu} S_0 \left\{1 - e^{-(\varepsilon + r - \mu)T}\right\}$$

（**支出原価**）「一般勘定における最低保証に係る保険金等の支出現価」は以下のとおりである。ここで、「最低保証に係る保険金等の支出」は、保険金または年金原資等の最低保証のために保険会社（一般勘定）が支出するペイオフであり、最低保証額と当該契約に属する資産残高との差額である。

評価日年齢 x 歳、残存 m 年で、最低生存給付保証が X の場合、支出原価は、

$$\frac{l_{x+m}}{l_x} \cdot A_m$$

また、評価日年齢 x 歳、残存 m 年で、最低死亡給付保証が X の場合、支出原価は、

$$\sum_{t=0}^{m-1} \frac{d_{x+t}}{l_x} A_{t+1/2}$$

ただし、 $$A_T = e^{-rT} \cdot \left\{X \cdot N(-d_2) - S_0 \cdot e^{(\mu-\varepsilon)T} \cdot N(-d_1)\right\}$$

$$d_1 = \frac{\ln(S_0/X) + \left(\mu - \varepsilon + \dfrac{\sigma^2}{2}\right)T}{\sigma\sqrt{T}}, \quad d_2 = \frac{\ln(S_0/X) + \left(\mu - \varepsilon - \dfrac{\sigma^2}{2}\right)T}{\sigma\sqrt{T}}$$

この支出原価は、予定発生率に基づく将来の死亡給付または生存給付を確定したキャッシュフローとみなし、それに対する最低保証を、特別勘定資産を原資産とするブラック＝ショールズ式を擬した算式で評価しており、「リスク調整済み期待値アプローチ」（松山［2005］）となっている。

先に述べたように、この支出原価から収入原価を差し引いたものを標準責任準備金として積み立てる[14]。また、最低保証料 ε_1 は、契約時において、収入

原価≧支出原価となるように設定される。

　実際には、告示は、期待収益率 μ ＝割引率 r とし[15]、割引率とボラティリティ σ の値を指定している。したがって、標準責任準備金は特別勘定資産評価額 S_0 によってのみ変動する。もともと日本の標準責任準備金は、計算に用いるパラメータ（予定死亡率や予定利率等）について原則として契約期間中一貫して固定値を用いる、いわゆる「ロックイン」の考え方に基づいている。そういう意味では、この最低保証にかかる標準責任準備金は経済価値（無裁定価格）を評価するブラック＝ショールズ式と「ロックイン」を折衷したものとなっており、従来の標準責任準備金の考え方を維持しつつ、経済価値的な評価を導入したといえる。

　また、これは変額年金に限ったことではないが、当該契約を再保険に付した場合は、責任準備金を積み立てなくてもよい（保険業法施行規則第71条）。ただし、再保険でないリスク移転手段を取った場合は積み立ては免除されない。

2.4　標準責任準備金の課題点

　変額年金の最低保証にかかる標準責任準備金の計算は、本来短期の株式デリバティブを評価するブラック＝ショールズ式を長期の[16]デリバティブの評価に用いており、精緻な経済価値評価とは言い難い。主なものだけでも以下のような批判ができよう。

・長期のデリバティブの評価で対数正規分布を前提としている
・特別勘定資産には株式だけでなく債券も含まれているが、ブラック＝ショールズ式で評価している
・r と σ に固定値を用いているが、評価時点の市場整合的な値を用いるべきである。r も σ も期間構造を考慮する必要がある。また、σ は S_0/X によっても変動する（いわゆるボラティリティ・スマイルがある）。金利が低下する局面、市場のボラティリティが拡大する局面では、標準責任準備金は経済価値評価より小さい可能性が高い
・l_x と d_x は実際には固定値でなく、確率変数である[17]。死亡率だけでなく、

158　　6 バンカシュランスの商品開発とERM

解約の影響もある

だからといって、標準責任準備金の積立には意義が認められないということではない。経済価値評価に近いものを会計上の負債として計上するため、保険会社がこれを制御しようとするインセンティブが、経済価値制御につながっていると考えられる。

むしろこの規制により、最低保証料が固定的となっている点に問題があるだろう。最低保証料はオプションに対するプレミアムに相当するものであるから、契約時の金利やボラティリティによって変動するものである。しかし、上述のように、基本的には責任準備金と整合的に設定されるため、責任準備金の計算パラメータと大きく異なるものとすることは難しい[18]。

また、たとえ最低保証料を変更するとしても、これを頻繁に行うことは難しい。最低保証料は保険会社の基礎書類（保険業法第4条第2項）の一つである「保険料及び責任準備金の算出方法書」に規定する必要がある。このため、あらかじめ最低保証料の水準について一定の幅を算出方法書に記載しておいて、その範囲内で届出により変更するのが一般的であり、手続きが必要である。

2.5 変額年金のリスク特性①—最低保証リスク

変額年金にはどのようなリスクがあるのだろうか。詳細は次節で述べるが、ここでは概括する。まず、中核的と言えるであろう最低保証リスクについて整理する。

変額年金の最低保証リスクの本質は、年金開始時に保証した額に特別勘定（ファンド）の額が足りず、保険会社が不足分を支出するということである。

ただし、会計上では前項で述べたように責任準備金を積み立てているし、経済価値評価をベースとした内部管理（リスク管理または資本管理）を行っていれば、やはり内部管理でも負債認識（資本の控除）をしているはずである。

そうすると、実際には最低保証リスクは、

・急激に負債（標準責任準備金または経済価値評価）が大きくなり、大きな損失または資本減少が起こる

・収受している最低保証料では標準責任準備金の積立または経済価値評価が賄えない

こととなる。

前節で紹介した日本の標準責任準備金の支出原価の算式は適切な経済価値評価とはなっていないが、最低保証の評価とリスクを理解するのには役に立つ。整理して再掲すると、評価日年齢x歳、残存m年で、最低生存給付保証がXの場合、支出原価は、

$$\frac{l_{x+m}}{l_x} \cdot e^{-rm} \cdot \left\{ X \cdot N(-d_2) - S_0 \cdot e^{(r-\varepsilon)m} \cdot N(-d_1) \right\}$$

ただし、

$$d_1 = \frac{\ln(S_0/X) + \left(r - \varepsilon + \dfrac{\sigma^2}{2}\right)m}{\sigma\sqrt{m}}, \quad d_2 = \frac{\ln(S_0/X) + \left(r - \varepsilon - \dfrac{\sigma^2}{2}\right)m}{\sigma\sqrt{m}}$$

告示ではS_0以外のパラメータを固定値としているが、長期的にはこれらも確率変数であり、ここに着目すればリスクの所在はわかりやすい。

すると、金融デリバティブにかかる市場の各パラメータ、いわゆるGreeksのリスクは全て無視できないことがわかるであろう。特に、長期デリバティブと考えれば、金利リスク、つまりρ（ロー）リスクとボラティリティのリスク、つまりν（ベガ）リスクが重要である。

2.6　変額年金のリスク特性②——各パラメータに関連するリスク

ρは、金利の変化に対するデリバティブ（この場合、最低保証）の価値変化率である。金利が下落すれば支出原価が増加するので、最低保証にかかるρのリスクとは、金利が下落することにより最低保証の価値が上昇するリスクである。概念的には$\dfrac{\partial S}{\partial r}$であるが、実際の金利には期間構造がある。なお、金融市場においてデリバティブの評価に用いる金利はOIS[19]ベースであり、保険会社が内部管理において通常使っている金利（国債またはLIBORスワップ）と異なることには注意が必要である。

160　　6 バンカシュランスの商品開発とERM

νは、原資産（この場合、特別勘定資産）のボラティリティの変化に対するデリバティブ（この場合、最低保証）の価値変化率である。最低保証にかかるνのリスクとは、特別勘定資産のボラティリティが上昇することにより、最低保証の経済価値が上昇するリスクである。概念的には$\frac{\partial S}{\partial \sigma}$であるが、先述のとおり$\sigma$は期間構造があり、また、$S_0/X$によっても変動する（いわゆるボラティリティ・スマイルがある[20]）。

εは、最低保証料（ε_1）、予定事業費（ε_2）、信託報酬（ε_3）の合計だが、特別勘定資産（ファンド）から日々定率で控除されている。これは、配当のある株式のオプションと同様に考えて、期待収益率を控除するように考えればよい[21]。したがって、εが大きくなることもリスクファクターとなる。現在のような低金利では$r-\varepsilon$が負値となることも珍しくはない。

最も大きな事業費は代理店（銀行）へ支払う手数料である。これに対する財源は、保険料に含まれる予定新契約費とε_2があり、このバランスは会社によって、また商品によって異なっている。ε_2を大きくすれば期待収益率が小さくなり、支出原価が多くなってしまうが、予定新契約費の方を大きくすれば、特別勘定に投入されて運用されるのは保険料から新契約費を控除した金額であるため、契約直後からインザマネーとなり、やはり支出原価が大きくなってしまう。

最低保証料（ε_1）は契約時において収入原価≧支出原価となるように設定されるが、ε_1が大きくなれば支出原価が大きくなるため、必ずしも解があるとは限らない。金利が低い、またはボラティリティが高いなどのときには解がない可能性があり、こうなってしまうと商品が成立しないということになる。

保険給付のパラメータであるl_xは、死亡率によって変動し、通常は保険リスクの文脈で管理されるが、解約率の動向によっても変動する。リスク管理を難しくしているのは市場リスクのファクターと保険リスクの間にも関係があることである。すなわち、特別勘定資産が最低保証額より小さいインザマネーのときは、解約率は低く、特別勘定資産が最低保証額より大きいアウトオブザマネーのときは解約率は高くなる。これは経験的にも実証されている。銀行窓販チャネルの顧客動向は市場への感応度が高く、これまでの営業職員チャネルのもの

161

とは違う関数に従うと考えるべきである。

2.7 その他のリスク

このほか、詳細は述べないが、変額年金は、通常の保険商品以上にオペレーショナルリスク（事務、法務・訴訟、IT、風評）を伴うことは留意すべきである。また、変額年金は登場して日が浅いため、誰も経験していない未知のリスクが潜在している可能性も念頭に置くべきであろう。

3. 変額年金商品の商品開発とリスク管理の実務

本節では、保険会社が変額年金を発売するにあたって、本格的なERMフレームワークを導入していないとしても、実行する－あるいは実行すべき－リスク管理の考え方や手法を整理する。

とはいっても、前節でみたとおり、変額年金のリスクは多様であり、また、複合しているため、リスクを個別に管理する、いわゆるサイロ型の管理では対応は難しい。また、これからみていくように、リスク管理の過程で新たなリスクも発生する。このため、結局は全体を総合したERM的なリスク管理が必要となってくる。変額年金のリスク管理を実践しようとすれば、ERM的な考え方やフレームワークが必要となってくるということかもしれない。

3.1 リスク管理方針の決定

変額年金に限らず、新商品、あるいは新規事業に取り組むとき、つまり、新しいリスクが想定されるときに言えることだが、リスク管理に関する方針を決定する必要がある。まず大きな方針として、リスクに対して（Sweetingの分類に従うならば）削減、排除、移転、受容の4つのうち、どれを適用するかを検討する。変額年金を発売するということは、リスクの排除ではないというこ

とになるが、先に述べたようにバンカシュランス商品では受容、削減、移転の一つだけを単純に選択できない。

リスク管理方針は経営の意思によるものであり、変額年金の商品特性には様々なバラエティがあるためそれによるところもあるが、ここでは典型的に以下を想定する。

- ・変額年金を売る＝リスクをとる（リスク排除ではない）。
- ・保険リスクは、他の保険商品と同様に受容と多件数の引受による削減によって対応する（最低保証リスクの移転に伴い、保険リスクが移転することはある）。
- ・最低保証リスクは可能な限り削減、移転する。
- ・最低保証リスクの削減は難しく、移転がリスク管理戦略の中心になる。
- ・金利とボラティリティの変動に対するリスクの削減を行う。
- ・リスク移転により新たなリスクをとることになるため、これらへの対応も行う。
- ・経済価値ベース評価を基本とするが、会計に現れる損益にも留意する（会計での損失のぶれもリスクととらえる）。
- ・最低保証リスクおよびそのリスク移転から派生するリスクは移転しきれずに一部残存するため、それは受容する。

3.2 リスク移転①—ヘッジ

リスク移転には大きくわけて、デリバティブ等を用いて自社の勘定でヘッジする方法と再保険を用いて他者にリスクを完全に移転する方法がある[22]。まず、ヘッジによるリスク移転について詳しくみてみよう。

デリバティブ等によるヘッジのメリットには以下のようなものがある。

- ・直接リスクをコントロールできる。
- ・後述するように、特別勘定の内容等によっては再保険に付すことができないようなものがある。そのようなものでも何らかのリスク移転が可能となる。例えば、先物によってデルタヘッジをするだけでも実はリスクはかな

163

り減らすことができる。

・自社またはグループ内で既に自社の市場リスクを大規模かつ恒常的にヘッジしており、フロント、ミドル、バックの（人的）リソース、インフラがあれば、ローコストで実施可能である。

・自社の既存の市場リスクポジションと併せてリスクを管理することにより、ローコストで分散可能かもしれない。

一方、デリバティブ等によるヘッジのデメリットには以下のようなものがある。

・長期のポジションに対するヘッジであり、当然ダイナミックヘッジが必要だが、将来のキャッシュフローに顧客動向を含むリスクがあり、キャッシュフローの情報も考慮して常にダイナミックなヘッジが必要となる

・保険リスクは残存する。

・ベーシスリスクが大きい。移転は不完全であり、残ったリスクは受容せざるを得ない。特に店頭デリバティブを用いる場合にはシステミックリスクに留意が必要である[23]。

・（人的）リソース、インフラが必要であり、構築には相当のコストがかかる。

・必ずしも特別勘定がヘッジ可能なポートフォリオとは限らない。

・会計上のミスマッチ。最低保証にかかる責任準備金は負債（貸方）にのみ計上され、資産（借方）には計上されない。その一方で（少なくとも日本では）保険負債に対するヘッジ会計は一部を除いて認められない。このため、特別勘定の運用が好調で、プットオプションとしての価値が会社（売り手）にとって正値であるとき、保険からは利益が計上されない一方でデリバティブからは損失（金融派生商品費用）が計上されてしまう[24]。

・最低保証料が固定的である一方、ヘッジコストは変動するため新たなリスクがある。これについては後述する。

・カウンターパーティリスクの管理が必要となる。

既にダイナミックヘッジに関するリソースやインフラがグループ内にあり、会計上の利益の変動が気にならないほど小さく（あるいは会計上の利益を経営上重要視していない）、残存するリスクは別の方法で管理可能と判断すれば、

ヘッジを選択することになるであろう。また、再保険の受け手がいない場合、ヘッジを選択するしかないであろう。しかし、そうでないときは再保険によるリスク移転が典型的である。

3.3　リスク移転②—再保険

再保険のメリットには以下のようなものがある。

・最低保証リスクと保険リスクが完全に移転する。経済価値ベースでみれば最低保証リスクそのものが消える。会計でも最低保証にかかる標準責任準備金そのものを積む必要がない。

・最低保証リスクに加え、保険リスクも移転する。

・管理するための特別なリソース、インフラが不要である。

一方、再保険のデメリットには以下のようなものがある。

・再保険の引受要件は厳しく、再保険に付すことのできる商品性は限られている。特に、特別勘定（ファンド）の内容については、ベーシスリスクを最小としたヘッジができることが求められる。アクティブ運用は論外であり、パッシブ運用であってもトラッキングエラーが大きければ受け入れられない。

・再保険料はヘッジコストより高い。

・100％の移転は受けられないことがある。この場合、残った割合は自社で受容することになる

・最低保証料が固定的である一方、再保険料は変動するため新たなリスクがある。これについては次項で述べる。

・引受可能な商品とし、また、再保険料の変動を抑えるためには、商品設計段階から再保険の引受条件を考慮する必要がある。

・近年では、カウンターパーティリスクの管理が必要となる。

3.4 ヘッジコストまたは再保険料が上昇するリスク

　最低保証料は、契約時において支出原価（プットオプションとしての価値）と見合うように設定される。しかし、（ダイナミックな）ヘッジでリスク移転する場合、契約した後に市場の変動によりヘッジコストが上昇し、最低保証料では賄えなくなるリスクがある。一方、再保険に契約時に出再する場合、再保険料は最低保証料とほぼ同水準であり、不足することはない。その後に市場が変動し、ヘッジコストが上昇するリスクもまた、再保険会社に移転されている。

　しかし、最低保証料は本来は常に変動するものであるにもかかわらず、頻繁に改定することは難しい。市場価格から計算される必要な最低保証料と実際の最低保証料が乖離していれば、市場と連動する再保険料に対し、最低保証料は不足する。

　最低保証料が変動する主なファクターはやはりボラティリティと金利であり、これらのリスクコントロールはリスク移転を実施していても必要となる。

3.5 ベガリスクのコントロール

　長期のデリバティブの性質をもつ変額年金の最低保証に対しては、ボラティリティが上昇して最低保証の価値が上昇するリスク、また、ヘッジコストが上がるリスクは大きい[25]

　このベガリスクのコントロールのための方法の一つとして、特別勘定（ファンド）のボラティリティを長期に安定させるボラティリティコントロール型（またはリスクコントロール型）運用がある。様々なタイプがあるが、典型的なのは、資産のボラティリティ（ヒストリカルまたはインプライド）に応じ、ポートフォリオ全体のボラティリティが一定水準以下となるように資産配分を調整するものである。このような運用をトラックするインデックスやインデックススワップも存在する。保険会社が特別勘定（ファンド）の運用のなかで実現することは実務上は難しく、このような運用を行っている投資信託あるいはインデックススワップに投資することが多い。

このボラティリティコントロールは、通常定められたアルゴリズムに従って行われる。再保険によってリスク移転を行う場合は、この内容を再保険会社に開示する必要がある。商品開発段階から、ボラティリティコントロール型運用を提供する運用会社および再保険会社と協働することが効率的である。

ボラティリティコントロール型運用により、ベガリスクは大きく削減される。ただし、ファンドの運用方針を保守的なものとすること、また、複雑な運用方針により新たなコストが発生することにより、特別勘定（ファンド）の運用効率が下がり、商品の魅力が下がってしまうことにも留意が必要である。

3.6 金利リスクのコントロール

最低保証リスクの主要なファクターであるが、あまり理解されていないのが金利である。最低保証は長期のデリバティブであり、経済価値に対する金利の感応度＝リスクは大きい。特に近年の世界的な金利低下局面では影響が大きくなっている。

通常、金利リスクに対しては先物等によるヘッジを行う。最低保証リスクをダイナミックなヘッジによって移転している場合は、その一環として実施する。しかし、再保険を利用していて、最低保証料が金利低下により再保険料に対して不足するリスクについては、ヘッジは難しい。なぜなら、このリスクは新契約時に発生するため、ヘッジのためにはまだ販売していない将来の新契約の量を予想する必要があるが、乗合代理店チャネルである日本のバンカシュランスでは販売量の予想・コントロールは難しいのである。

そうであれば、頻繁に変えることは難しいが、最低保証料を定期的に金利に連動させて変更するのもリスク管理の方法の一つとして考えられるであろう。ただし、代理店への説明の必要性やコスト等も考慮する必要がある[26]。

もう一つの方策として、ε_2 または予定新契約費は固定としつつ、代理店（銀行）手数料を金利に連動させる（金利が下がれば手数料を下げる）ことが考えられる。これにより、最低保証の価値、あるいは最低保証料ないし再保険料の金利感応度を抑えることができる。ただし、代理店手数料の変動は当然販売動

向に影響を与える。

　会計上の収支だけを考えるのであれば、出再比率を下げるのも方法の一つである。支払う再保険料は下がり、最低保証料で賄えることになる。もちろん、経済価値ベースでは何も解決していない。リスクを受容することになり、会計上も最低保証にかかる標準責任準備金の積み増しが増える可能性がある。全てのリスクに対し経済資本を配賦し、その資本コストを管理するようなERMの視点では認めにくい選択肢であるが、現時点では会計上の収支も経営上の重要な指標であり、優先度が高い場合もありえる。

3.7　カウンターパーティーリスク

　これは変額年金に限ったことではないが、リーマンショックに引き続く金融危機以降、リスク移転ではカウンターパーティーリスクの管理が重要となっている。

　エクスポージャーの管理は従来より実施していたが、デリバティブはもちろん、再保険取引でも以前は必要のなかった担保の差し入れとその管理が必要となっている。また、規模が大きければ、今後はCVA評価[27]が必要となってくるかもしれない。

　このため、カウンターパーティーリスク管理のために新たなリソースとインフラが必要となってきている。これは再保険でも同様であり、あまりインフラを必要としないという再保険のメリットが薄くなってきている。

　なお、変額年金の再保険を引き受ける再保険会社は大きな金融グループの子会社である場合があり、このときはエクスポージャー管理に注意が必要がある。

4. 変額年金商品のERMフレームワークにおける管理

　前節では、変額年金固有のリスク管理について考察した。では、生命保険会社が本格的なERMフレームワークを導入したとして、変額年金とそのリスク

管理はどのように位置づけられ、また、扱われるのであろうか。

4.1 リスクアペタイト

　リスクアペタイト決定のためには、次項に述べるリスク認識を適切に行う必要があるが、変額年金に関しては、その前にまず、根本的なリスクアペタイトを考える必要がある。つまり、そもそも変額年金の販売・引受を行うか、行うとすれば会社の主力商品とするか、それとも限定的に取り組むか、ということについて、十分な検討が必要である。

　見てきたように、変額年金のリスクは複雑であり、しかも十分にそのリスクのコントロールまたは移転ができるとは限らない。分散できないリスク受容をせざるを得ず、その必要資本に見合った利益を得られないこともある。リスクの排除、すなわち変額年金を販売しないというリスクアペタイトもあり得る選択肢である。

　そのうえで、3.1節で考察したようなリスク管理方針の検討を行い、変額年金に関連するリスクアペタイトを決定する。リスクの受容を伴うため、当然リスクリミットの設定が検討されるであろう[28]。

　併せてリスク管理の運用方針についても検討した方がよいであろう。ここでいうリスク管理の運用方針は、受容や移転という方法論でなく、簡単に言えば「どこまでまじめにリスク管理をやるか」ということである。変額年金のリスク管理を経済価値ベースの本格的なERMの文脈のなかで実現しようとすれば、複雑なモデル、ひいては高コストのリソースやインフラが必要となる可能性がある。変額年金を主力商品とするのであれば、時間とコストをかけて構築し、むしろコアコンピタンスとすることも考えられるだろうが、会社全体のなかで販売量もリスクも明らかに小さな場合は、簡便な方法で代替することは決して劣ったリスク管理とは言えない。リスク管理あるいはERMの目的を見失わなければ、実務上の制限とコストは考慮されるべきである。

4.2 リスクの認識

説明の都合上、リスクアペタイトについて先に述べたが、実務上はリスク認識を適切に--一貫した手法で、会社全体にわたって包括的に-行い、これに基づいてリスクアペタイトの詳細を決定することになる。

変額年金には前節で述べたように様々なリスクファクターに対し、様々なリスクが発現する。単にこれらを列挙するだけでなく、リスク間の関係を分析し、その関連や構造を認識することが重要てある。

また、前節では変額年金のみに注目してリスクについて考察したが、他の保険商品や資産等との関係でどのようなリスクがあるかについても分析する必要がある。

4.3 リスク管理の統合

ERMに対比されるものとしてサイロ型リスク管理がある。リスクカテゴリーごと、あるいは部門ごとにはリスク管理を行っているのだが、会社あるいはグループのなかでバラバラであり、統合されていない状態である。

変額年金のリスク管理では、様々なリスクを合わせて管理する必要があり、そういう意味ではサイロ型でなく統合しているといえる。ただし、変額年金のリスク管理はその特殊性ゆえに独立して実施されていることが多く、これ自体が「サイロ」となっている可能性がある。

つまり、変額年金の金利リスクやベガリスク、あるいは再保険会社のカウンターパーティリスクの管理は、資産運用におけるそれらと統合的に行なわれているだろうか。死亡率のリスクは他の伝統的保険商品と一貫した形で管理されているだろうか。

ERMフレームワークで重要なのは実はこのようなリスク管理の統合である。国際的に展開する金融コングロマリットなどでは困難なこのテーマも、日本の国内生命保険会社ではあまり難しく考えられていないように見受けられる。生保専業であり、リスク管理も統一されたセクションで行われていることが多い

ためである。しかし、金利や死亡率などの生命保険会社の業務全般に影響する
リスクファクターを、組織や商品、あるいは資産と負債の境界を越えて一貫し
て管理することは簡単なことではない。

変額年金のリスク管理がサイロとなっている理由の一つには、この商品では
ITインフラが伝統的商品と分離されていることがある。リスク管理の統合の
ためはITインフラも見直す必要があるかもしれない。

4.4 経済価値の計測

生命保険会社のERMで特に重要とされるのが、保険負債を含めて資産と負
債を一貫して経済価値で評価することにある。前節でみたように、変額年金の
リスク管理も変額年金の最低保証をデリバティブととらえ、これを経済価値
ベースでリスク管理するべきである。

しかし、実は変額年金（最低保証）を経済価値で厳密に評価することは簡単
ではない。実際、現実に販売されている変額年金は商品性が複雑なため、パラ
メータの多くを固定している標準責任準備金であってもclosed formで表すこ
とができず、モンテカルロ法などの確率論的手法か近似式を利用して求めてい
る。

経済価値評価では、パラメータは常に変動するものとして計算することにな
る。特にボラティリティが確率的に変動すると考えれば、モデルは複雑になる。
また、保険リスクにかかるパラメータは仮説的なモデルを導入せざるを得ない。

ERMフレームワークでは、単に現時点の経済価値評価やリスクを知るだけ
でなく、様々なシナリオのもとで、将来的に経済価値がどのように変動するか
を把握することが重要である。理想的にはこれらのシナリオを確率論的に生成
するとよいとされているが、そうすると確率論的に生成されたシナリオのもと
で、変額年金（最低保証）の価値を確率論的に計算する、いわゆる"stochastic
on stochastic"の計算が必要となる。これを実現するためには相当のリソース
を投入してモデルを構築することになる。

変額年金の経済価値が会社全体の経済価値に比してどの程度あるか、または

（ダイナミック）ヘッジを行っているかによるが、少なくともリスク管理で重要なのは、各パラメータが変動した時に経済価値がどの程度変動するかにある。標準責任準備金の計算モデルを利用し、パラメータを市場の値として近似すれば十分となる場合もあると考えられる[29]。いずれにしても、モデルリスクは常に存在することに留意が必要である。

4.5 リスクの定量化

経済価値を厳密に、あるいは近似的に計算できたとして、次に必要なのはリスクの定量化である。

ダイナミックヘッジを行っていれば、各パラメータのGreeksを求める必要があるが、そうでなければ、リスクの定量化はリスクリミットの設定・管理または資本配賦のために用いられる。

最も用いられているリスク尺度は定められた信頼水準のもとでのバリューアットリスクであろう。しかし、リスクが複雑で経済価値を確率論的に計算する変額年金では、正規分布等を仮定したパラメトリックな方法は難しい。

むしろパラメータの悪化シナリオを想定してこれを当てはめた場合の経済価値の増分を計算する、ストレステスト的な方法でリスク量を求める方が現実的であり、かつ有効であろう。この場合も、標準責任準備金の計算モデルを利用することが考えられる。

5. 小括

変額年金のリスク管理は多くの専門的な知見を必要とする。また、変額年金を専門に販売している一部の会社を除けば、ERMフレームワークのなかで変額年金のリスク管理を適切に実施している保険会社はまだ少数かもしれない。

しかし、もともと変額年金のリスク管理がERM的であり、ERMへの親和性は高いといえる。むしろ、単純な保険商品や資産運用のリスク管理手法の通用

しない複雑なリスクに対し、理論と実務の折り合いをつけながら管理する必要のある変額年金のリスク管理は、本格的なERMのパイロット版としてみることはできないであろうか。

変額年金の販売は金融危機の反動や低金利もあって、2014年現在は、かつての勢いはないようである。しかし、インフレ率が高まってくれば、必ずニーズのある商品であり、再び市場が活性化することもあるであろう。そのときにERMフレームワークのなかで適切なリスク管理態勢を実現できていれば、リスクをコントロールしつつ、変額年金を販売することもできるのである。

今回はバンカシュランス商品のなかで、変額年金を中心にとりあげたが、他のバンカシュランス商品、例えば一時払終身保険においても、営業職員チャネルの同種の商品とは全く違ったリスク管理が必要となる。その場合においても、本章で述べたERM的なリスク管理の考え方は有効である。バンカシュランス商品のリスクについては、軽視することはできないが、過度に恐れる必要もない。適切にコントロールすることは可能であり、そのもとでバンカシュランス商品を販売することができれば、人口動態の変化により停滞しつつある生命保険市場の発展にも資すると考える。

※1　日本の監督上は「変額年金保険」だが、以下は簡単に「変額年金」とする。
※2　広義には、例えば保険会社が銀行業に参入するといった保険業と銀行業のクロスオーバー全般を指す。
※3　村上[2011]。
※4　この分類では、リスクの分散は削減に含められている。
※5　この「リスク」は被保険者の損失の可能性を言っている。
※6　このリスクは、損失期待値の分散あるいは標準偏差である。
※7　松山[2005]における変額年金給付の期待値と分散の表現によった。
※8　（後述するように）あるいは、経済価値評価の考え方。
※9　変額年金には平準払商品もあるが、ほとんどが一時払である。以降は、一時払のみを論じることとする。
※10　さらに、ラチェット（またはステップアップ）などと呼ばれる、特別勘定資産評価額が一定額を超えると、最低保証額を切り上げるような商品もあるが、詳細は省略する。
※11　なお、元本を保証する「変額年金」には、割引債のような一時払定額年金をベースとし、割引債でいう償還価格と発行価格の差額に相当する額を特別勘定運用するものもあり、実はこのタイプの方が保険会社に大きなリスクを負担させずに最低保証を実現できるが、ここでは取り上げない。
※12　ここでは告示に定める「標準的方式」について述べる。告示では標準的方式によらない「代替的方式」も認めているが、標準的方式により計算される責任準備金の債務履行を担保する水準と同等であることを求めている。
※13　変額年金では、特別勘定が資産のほぼ全額を投資信託に投資している場合が多い。
※14　ラチェット等のある複雑な商品では、モンテカルロ法のような確率論的手法を用いる必要がある。その場合でも、同様の考え方で計算する。
※15　定額保険に適用される標準利率の水準とされている。
※16　変額年金の運用期間は10年程度が中心であり、生命保険としては短いが、デリバティブとしては極めて長期である。
※17　割引率と死亡率を固定値としている点（ロックイン）については、変額年金に限らず、一般に標準責任準備金の原則であり、また、議論を呼ぶ点でもある。
※18　保険料のパラメータは責任準備金のものと同じである必要はないが、計算の考え方等を別のものとすることは難しい。
※19　Overnight Index Swap。翌日物金利と固定金利のスワップ。
※20　ボラティリティ・スマイルについては例えばHull[2008]を参照。単純化して概念的に捉えるのであれば、特別勘定資産の評価額が低下して最低保証の金額と乖離していくと、より強く最低保証の経済価値が上昇するということである。
※21　配当のある株式のオプションについては、例えばHull[2008]参照。
※22　中間的なものとして、キャプティブを用いるがあるが、会計でもリスク管理でもグループ（連結）ベースで管理、開示していく方向のなかでは自社ヘッジの派生とみるべきであろう。
※23　リーマンショック後の金融市場の混乱下において、店頭デリバティブの流動性が低下し、ヘッジが機能しなかった実例がある。
※24　キャプティブを使えば、単体ではこれは解消できる。
※25　なお、計算上のボラティリティを固定している会計上の標準責任準備金は、市場のボラティリティの変動の影響を受けない。
※26　非常に実務的なことであるが、最低保証料を含む「保険関係費」（または「保険契約関係費」）は顧客に開示しているため、その変更にはパンフレットやWebサイト改訂等のコストがかかる。
※27　Credit Value Adjustment。デリバティブの評価にカウンターパーティーの（場合によっては自己の）信用リスクを反映させる。
※28　定量化しにくい様々なオペレーショナルリスクに加え、未知のリスクが潜在する可能性も考慮すれば、保守的なリミット設定を検討すべきであろう。
※29　とはいえ、ボラティリティの変動を時間の経過のみ（$\sqrt{t}$）で変化させる部分については、なんらかの改良をする必要があるであろう。

【参考文献】

川崎俊彦、松山直樹 [2005]「変額年金の最低保証リスクに係るヘッジについて」『日本アクチュアリー会会報』第58号（第一分冊）、pp. 37-77.

日本アクチュアリー会 [2009]『保険1（生命保険）第5章　変額年金』日本アクチュアリー会

松山直樹 [2005]「変額年金保険のリスク管理」『日本保険・年金リスク学会誌』vol.1 No.1、pp.69-82.

村上隆晃 [2011]「生保銀行窓販の展開と課題」『生命保険経営』第79巻第5号、pp.3-30.

森本祐司 [2000]「金融と保険の融合について」『金融研究』第19巻別冊第1号、pp.289-342.

変額年金保険等の最低保証リスクに係る特別部会 変額年金保険等の最低保証リスクに係るワーキンググループ [2004]『日本アクチュアリー会会報別冊第213号　変額年金保険等の最低保証リスクに係る責任準備金等の積立等について』日本アクチュアリー会

Hull, J.C. [2008], *Options, Futures, and Other Derivatives,* 7th Edition, Prentice-Hall（三菱UFJ証券市場商品本部訳 [2009]『フィナンシャルエンジニアリング（第7版）』金融財政市場研究会）

Sweeting, P. [2011], *Financial Enterprise Risk management,* Cambridge University Press（松山直樹他訳 [2014]『フィナンシャルERM』朝倉書店）

7

ストレステストとストレスシナリオ

―テールリスクとシナリオ構築の現場、
　リバース・ストレステストの実務

1. はじめに

2008年のリーマン・ショックや2010年からの欧州ソブリン危機、2011年の東日本大震災やタイの大洪水など100年に一度といわれるようなイベントが近年次々と発生している。こうしたテールリスク（もしくは非連続なリスク）への対応ツールのひとつとしてストレステストが注目を集めている。

ストレステストの考え方は極めてシンプルである。すなわち、ある事象（シナリオ）が起きた場合に、自社にどのような影響が発生するのかを検討するというものである。全社的なストレステストを行うことで、従来型のリスク管理手法では捉え切れなかった各種の資産間もしくは資産と負債の相関の崩れを把握し、可能性は低いが将来起こり得るリスクへの対応を考え、そのような場合に発生する悪影響を和らげることができる。また、ダウンサイドリスクへの対応だけでなく、収益をあげるための自社のビジネスモデルのあり方やどの程度までのリスクテイクを行うべきかという経営戦略に係る本質的な議論を行ううえでも、ストレステストは有益な材料となる。

このように、ストレステストには複数の目的が存在するが、その発生可能性（蓋然性）と発生した場合の影響の大きさ（ストレス程度）という2つの軸で考えると、大きく3つに分けられる（図7-1および表7-1）。これらのうち、本章では、ORSAの中核をなす資本充実度の検証のためのストレステストと再建破綻処理計画を策定するためのリバース・ストレステストに関して、考え方や実施方法について紹介する。

なお、本章では焦点を当てないが、通常のストレステストでもリバース・ストレステストでもカバーされていない（換言すれば、ストレス程度は大きくないが、蓋然性は高い）領域に属するシナリオは、ベースラインシナリオもしくはメインシナリオと呼ばれ、事業計画や経営戦略を検討するうえで重要な役割を担う。

178　7 ストレステストとストレスシナリオ〜テールリスクとシナリオ構築の現場、リバース・ストレステストの実務

図7-1 通常のストレステストとリバース・ストレステストの関係

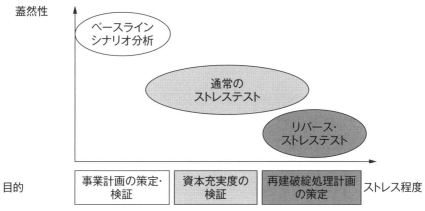

(出典) 筆者作成

表7-1 各種ストレステストの比較

全社的ストレステストの実施目的	事業計画の策定・検証	資本充実度の検証（ORSAの実施）	再建破綻処理計画の策定・検証
算出する最終指標の例	収益、費用、ソルベンシーマージン比率、その他の主要な財務項目やKPI	ソルベンシーマージン比率	流動性指標、ソルベンシーマージン比率
主な活用方法	・KPI等が環境変化等に伴い計画値からどの程度解離するのか把握する	・ストレス環境下でソルベンシーマージン比率がどの程度毀損するのか把握する	・再建計画を策定する前提となる外部環境を想定する ・策定した再建計画の実行可能性を検証する
ストレス程度	小〜中	中〜大	極めて大
発生可能性	中	小	ほぼゼロ
シナリオのイメージ	・日本の不況 ・日本の景気過熱	・欧州債務危機の再燃 ・日本国債金利の急騰	・世界的金融不安と日本国債のデフォルトとパンデミックの同時発生

(出典) 筆者作成

2. ERMとストレステスト

2.1 ストレステストの役割と金融規制

　ストレステストはVaR等統計的手法で捕捉できない極端なリスクの影響度を計測するためのリスク管理手法の一つであり、BISグローバル金融システム委員会（Committee on the Global Financial System、以下CGFS）[2000]では、「例外的ではあるが起こり得るイベントに対して金融機関がどの程度脆弱であるかを測るために用いられる様々な手法の総称」と定義されている。

　具体的な議論に入る前に、ストレステストに関連する分野を中心に、リーマン・ショック後の世界的な金融危機およびその後の国際金融規制改革の経緯を簡単にまとめておきたい。

　ストレステストは従来よりリスク管理ツールの1つとして各々の金融機関で取り組まれてきたが、2000年にCGFSによって主要金融機関を対象としたストレステストに関する世界規模での初めてのサーベイがまとめられた[※1]。本調査以降もCGFSは2001年、2005年と定期的にサーベイを公表している。これら調査では、主要金融機関のリスク管理におけるストレステストの役割の理解やテールリスクイベントの把握などが主な実施目的に挙げられており、金融危機以前の世界ではテールリスクイベントの把握や個別リスクの計測などに主な関心が集まっていた。一方で、全社的なストレステストは、その必要性は指摘されているものの、必ずしも高い関心が払われていたとは言えず、リスク管理における先進的な取り組み事例の1つとして考えられていた。

　全社的なストレステストに注目が集まるようになった契機は、リーマン・ショック後の一連の世界的な金融危機の発生であった。世界の主要金融機関の収益・リスク管理がVaRに過度に依存していることが明らかになり、「100年に1度」と表現されるようなテールリスクの顕在化によって、VaRなどヒストリカルデータに基づく従来の統計的なリスク計測手法に頼るリスク管理の問題点が露呈した。具体的には、VaRでは過去の値動きから算出される95%値、

180　　7 ストレステストとストレスシナリオ～テールリスクとシナリオ構築の現場、リバース・ストレステストの実務

99%値を上回るテールリスクの影響の計測、定量化が困難なリスクが捕捉されず、将来顕在化し得るリスク要因が考慮されないなどの問題点が指摘された。これらVaRの欠点を補足する手段としてストレステストが注目を集めるようになった。ストレステストは、フォワードルッキングな視点で将来起こり得る一連の事象をシナリオとして決定論的に想定し、このシナリオが実現した場合の影響度計測する手法であり、VaRで捕捉が困難なリスクを計測対象に含めることができる。

金融危機への応急措置的な対応としては、バーゼル銀行監督委員会（Basel Committee on Banking Supervision、以下BCBS）が2009年7月に「バーゼルIIにおけるマーケット・リスクの枠組みに対する改訂」を公表し、日本では2011年12月31日より適用された（通称「バーゼルII.5」）。改定案の一つとして、内部モデル方式におけるストレス・バリュー・アット・リスク（ストレスVaR[※2]）の導入が含まれ、VaRの問題点に対して応急措置が施されている。

また、金融危機以前のストレステストの取り組みに対する反省を踏まえ、金融危機後の2009年5月にBCBSは「健全なストレス・テスト実務およびその監督のための諸原則」[※3]を公表した。本文書では、金融危機以前のストレステストの問題点として以下の4項目を指摘している。

① ストレステストの利用およびリスクガバナンスとの統合
② ストレステスト手法
③ シナリオ選択
④ 特定リスク項目、特定の金融商品のストレステスト

主に銀行セクターを想定してまとめられたものではあるが、文書内で言及されている大部分の論点は、保険セクターにも該当する指摘事項である。

金融危機発生後、再発防止に向けた一連の金融規制改革では、ストレステストの重要性が強調され、金融当局が主導してストレステストを実施する。また、金融機関が実施したストレステスト結果について監督報告を求める潮流が確認される。金融危機の最中の2009年にFRBが実施したSCAP（Supervisory

Capital Assessment Program）が金融システム不安の緩和に一定の成果を示したこともストレステストが重視される一因となった。

　なお、保険セクターでも銀行セクターと同等の厳格な規制が求められるようになった理由には、金融危機の発生によって一部の保険会社が金融システムのシステミックリスクに組み込まれていることが明らかとなった点が挙げられる。国際的な大手保険会社の一社がその関連会社を通じ自社の支払能力をはるかに上回るクレジット・デフォルト・スワップ（CDS）プロテクションを引き受けていたことがシステミックリスクを引き起こし、公的資金による支援を仰いだことは、その後の保険会社に対する監督方針に大きく影響していると考えられる[※3]。こうしたシステミックリスク削減の取り組みの一環として、保険監督者国際機構（International Association of Insurance Supervisors、以下IAIS）はグローバルなシステム上重要な保険会社（G-SIIs）を選定し、選定された会社に対して再建破綻処理計画の策定を義務付けた。

2.2　ERMフレームワークにおけるストレステスト

　続いてERMフレームワークおよびORSAにおいてストレステストに求められる役割を確認する。金融庁が2014年6月に公表した「保険会社に対する統合的リスク管理態勢ヒアリングの実施とその結果概要について－ORSA レポートの作成及び提出に関する試行－」では、ERMを「保険会社が自らの経営戦略と一体で、全てのリスクを統合的に管理し、事業全体でコントロールする統合的リスク管理態勢」、ORSAを統合的リスク管理態勢におけるリスク管理・資本管理を中心とした「リスクテイク戦略等の妥当性を総合的に検証するプロセス」と定義している。この定義に基づくと、ストレステストは、リスク管理・資本管理ツールのひとつというよりは、PDCAサイクルを通じてORSAを実践していくための中核的な役割を担うと考えられる（図7-2）。

2.3　ストレステストの手法と目的による分類

図7-2 ERMフレームワーク

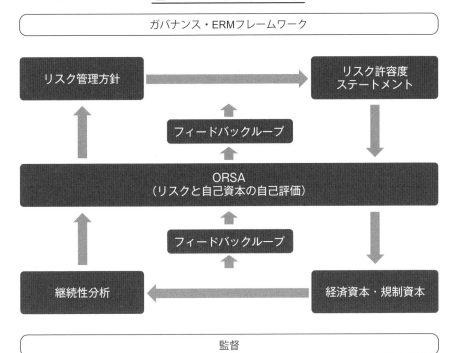

(出典)IAIS 'Insurance Core Principles, Standards, Guidance and Assessment Methodology' (October 2011)
(一般社団法人日本損害保険協会訳「保険基本原則」)[※4]より筆者作成

　前掲の図表7-1で示したように、金融機関が主体的に実施するストレステストは事業計画の策定・検証を目的とするシナリオ分析も含めると3種に大別される。ただし、近年は様々な場面でストレステストが実施されるようになり、それに応じて内容も多様化している。様々な接頭語とともに「ストレステスト」というワードが用いられ、また、登場する文脈によっても、そのニュアンスは微妙に異なる場合がある。以下では、手法、目的の観点より、金融機関で実施されている代表的なストレステストを分類・整理を行う。

手法による分類　先に紹介したCGFS[2000]では、代表的なストレステストの手法を、ある特定の市場性リスクファクターの変動が金融機関全体や各部署の

ポートフォリオに与える影響を計測する手法（感応度分析）と、将来発生し得るとリスク管理者が考えているイベントについて、これを複数のリスクファクターが同時に変動する形で表現し、ポートフォリオに与える影響を計測する手法（シナリオ分析）の2つに分類している。

　また、シナリオ分析に用いるシナリオは、過去に経験したイベントに基づいて決められるシナリオ（ヒストリカルシナリオ）と、将来的に起こり得る一連のイベントを想定するシナリオ（仮想シナリオ）に分けられる。

表7-2　手法によるストレステストの分類

大分類	小分類	内容
感応度分析	―	特定のリスクファクターを変動させた場合のポートフォリオの変動を計測し、自社のバランスシートの脆弱性を把握。
シナリオ分析	ヒストリカルシナリオ	過去のストレス事象を参照し、その際のリスクファクターの変動幅を想定したシナリオの下でのポートフォリオの変動を計測し、自社のバランスシートの脆弱性を把握。
	仮想シナリオ	例外的ではあるが起こり得るイベントをストレス事象として仮想し、その際のリスクファクターへの影響を計測。

(出典) CGFS 'Stress Testing by Large Financial Institutions: Current Practice and Aggregation Issues' (2000) を参考に筆者作成

目的による分類　国際金融規制改革のなかでストレステストが監督上も重要視されるようになることに伴い、ストレステストの目的は多様化している。例えば、IMF[2014]では、金融セクターに対して実施されているストレステストを、「マクロプルーデンス・サーベイランス（macroprudential surveillance）」、「ミクロプルーデンス監督（microprudential supervision）」、「危機管理（crisis management）」、「リスク管理（risk management）」の4つにその実施目的を分類し、これに加えて、事業継続が困難となるストレス程度を逆算的に把握する目的で実施するリバース・ストレステストを加えた5つに大別している（表7-3）。[5]

このうち、「マクロプルーデンス・サーベイランス」、「ミクロプルーデンス監督」、「危機管理」目的でのストレステストは、それぞれ、金融システムの安定性、個社の脆弱性、（危機発生時における）潜在的な必要資本額の特定の目的で、監督当局が主導して実施するストレステストである。この分類に基づくと、上記のSCAPは「危機管理」目的で実施されたストレステストに分類できる。

一方、「リスク管理」目的でのストレステストは、経営管理の一環として金融機関が自ら主体的に実施するストレステストに該当する。このため、監督当局の設定する共通シナリオに基づいて実施するストレステストと異なり、自らがストレステストを設計する必要があり、大きな影響が及びうる仮想ストレスシナリオを設定し、内部データや内部モデルを駆使してその影響度を計測、結果の検証を経て経営対応を検討していくことが求められる。

リバース・ストレステストは、再建破綻処理計画を策定するための重要なツー

表7-3 目的によるストレステストの分類

分類	実施目的	実施者	内容	具体例
通常の ストレステスト	マクロプルーデンス・サーベイランス （Macroprudential surveillance）	監督当局	金融システムのショックに対する耐久性を測定	FSAPs (IMF)
	ミクロプルーデンス・監督 （Microprudential supervision）		個社のストレスに対する脆弱性を測定	CCAR (FRB) EU-wide stress testing 2014 (EBA, ECB)
	危機管理 （Crisis management）		経営危機に陥った企業の潜在的／実際の必要資本の把握	SCAP (FRB) EU-wide stress testing 2009 (CEBS)
	リスク管理 （Risk management）	自社	自社の事業ポートフォリオ、事業計画のフォワードルッキングな管理	―
リバース・ストレステスト	自社の経営が危ぶまれるショック程度の認識		自社の経営が危ぶまれるような特定の閾値を設定し、それに抵触するようなストレスショックの大きさを逆算	

注：IMF(2014)では、CCARは「危機管理」目的のストレステストに含めているが、現在は監督上のストレステストとして定期的に実施されているため、「ミクロプルーデンス・監督」目的のストレステストに分類している。
（出典）MF Working paper WP/14/133 'Macroprudential Solvency Stress Testing of the Insurance Sector' (July 2014) を参考に筆者作成

185

ルとなっている。リバース・ストレステストは、シナリオの発生可能性を度外視し、事業継続が困難となる状況を特定することを主たる目的に実施されるストレステストである。

目的は異なるが、その後のプロセスは通常のストレステストとおおむね共通する。

ERMフレームワークで求められるストレステストでは、主に「リスク管理」目的でのストレステストやリバース・ストレステストを保険会社自身がどのように設計・推進していくのかに焦点が当てられる。

2.4 監督当局のストレステストの着眼点

金融庁の平成26年度「保険検査マニュアル」および「保険会社向けの総合的な監督指針」より、「統合的リスク管理態勢」の一項目として「ストレステスト」が新設された。「平成26事務年度金融モニタリング基本方針（監督・検査基本方針）」では、重点施策のひとつとしてストレステストの実施・活用等を含めた統合的リスク管理態勢が挙げられている[6]。このうち、平成26年度「保険会社向けの総合的な監督指針」では、ストレステストの「主な着眼点」は以下のように記されている。

「保険会社は、将来の不利益が財務の健全性に与える影響をチェックし、必要に応じて、追加的に経営上又は財務上の対応をとって行く必要がある。そのためのツールとして、感応度テスト等を含むストレステスト（想定される将来の不利益が生じた場合の影響に関する分析）及びリバース・ストレステスト（経営危機に至る可能性が高いシナリオを特定し、そのようなリスクをコントロールすべく必要な方策を準備するためのストレステスト）が重要である。特に市場が大きく変動しているような状況下では、VaRによるリスク管理には限界があることから、ストレステストの活用は極めて重要である。保険会社においては、市場の動向等も勘案しつつ、財務内容及び保有するリスクの状況に応じたストレステストを自主的に実施することが求められる。（以下、省略）」（金融庁「保険会社向けの総合的な監督指針 平成26年11月 Ⅲ-3統合的リスク

管理態勢」より転載)[8]

　保険会社各社は、主体的に将来の自社の経営に不利益が生じるようなシナリオを想定するストレステスト（上記の「リスク管理」目的のストレステストに該当）と、経営危機に至る可能性が高いシナリオを特定するリバース・ストレステストの2種類のストレステストを実施することが求められている。これら2種類のストレステストはその実施目的や活用方法が異なるため、それぞれについて、その実施手順や実施手法をまとめる。

3. ストレステストの手順と手法

3.1　全社的なストレステストの実施プロセス

　通常のストレステストは、主に「リスク管理」目的で実施され、財務の健全性評価における活用が念頭に置かれている。近年では、ストレステストの事業戦略への活用の検討も進められている。ストレステストがORSAのPDCAサイクル実践の中核的な役割を担うことを踏まえると、財務の健全性の検証にとどまらず、リスク選好やリスク許容度の反映、リスク調整後の収益性の向上など経営戦略への活用が期待されている。全社的なリスクの計測が求められるため、必然的にリスク管理部門が単独で実施するのではなく、関係部門が横断的に関わる全社的な取り組みが求められ、また、経営の意向を反映させる必要性から経営層の関与も望まれている。

　全社的なストレステストの実施プロセスは図7-3に示される。主な実施手順は、目的・計測対象の設定（Plan）、ストレスシナリオ策定、自社への影響度計測（以上、Do）、結果の検証、経営へのフィードバック（以上Check）、経営対応の決定（Action）というプロセスに分けられ、PDCAサイクルが形成されるように実践していくことが望ましい。このPDCAサイクルは、保険基本原則（ICP 16）で求められるORSAプロセスそのものに該当し、ORSAにおけるストレステストの重要性を確認することができる。これらストレステストの

図7-3　ストレステストの実施プロセスとPDCAサイクル

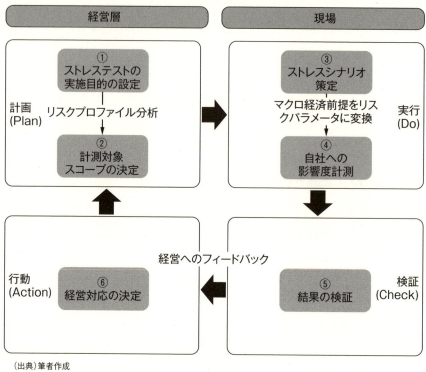

(出典)筆者作成

プロセスが一貫的・整合的に実践されることによって、ORSAおよびERMの有効性の向上が期待できる。ストレステストの各プロセスの概要と考慮すべき論点は以下のようにまとめられる。

3.2　ストレステストの計画

　ストレステストを実施するにあたって最初に検討すべき項目は、ストレステストの実施目的や計測対象の設定である。ストレステストの実施計画にあたり、何を検証するのか、また、その目的を果たすために計測対象とするエンティティ、事業ライン、計測項目などをどのような範囲に設定すべきかを検討する

プロセスに当たる。

このプロセスで重要なのは、実施目的や計測対象が全社的なリスクプロファイルを踏まえたうえで設定されている点である。このため、実施目的や計測対象の検討段階では、自社のリスクプロファイルを分析することが求められる。リスクプロファイルの分析では、VaRなどで定量化が可能なリスクだけでなく、計量化が困難なリスクも分析対象に含めるなど、全社的なリスクが網羅されていることが望ましい。目的設定の検討が不十分であると、計測対象の設定、ストレスシナリオ策定での焦点がかすんでしまい、結果的に計測結果の検証や経営対応の決定など、ストレステスト結果を経営に活用する余地を狭めてしまうと考えられる。

ERMフレームワークにおけるストレステストはORSAの一環で実施されるため、その目的には財務の健全性の検証が設定されることが多い。ただし、単年の財務の健全性の確保を求めるソルベンシー規制と異なり、ORSAでは自社の事業計画と整合的な期間の財務の健全性の自己評価をすることが要求されている。このため、ストレステストでも複数年を想定した期間設定が前提となる。

3.3 ストレステストの実施目的の設定

ストレステストの実施目的の設定では、ERMの指針として定めるリスクアペタイト（Risk appetite）、リスクキャパシティー（Risk capacity）との関連性を踏まえた目的を設定することが重要である（前掲の図7-2参照）。すなわち、経営方針としてどのようなリスクをどの水準まで許容するのかを定めるこれら指針と整合的な目的を設定することが求められる。

リスクアペタイトやリスクキャパシティーをストレステストの実施目的に反映させるため、このプロセスにおいては、必然的に経営層の主体的な関与が必要となる。目的が適切に設定されることで、ストレステストの結果が自社のリスクアペタイトやリスクキャパシティーに抵触するのかどうかを検証でき、経営方針としてのリスクアペタイトの適切性の確認、および必要に応じた見直しなど、経営の意思決定へのフィードバックを促す素地が整うと考えられる。

3.4 計測対象スコープの決定

ストレステストの計測対象とするスコープ（エンティティ・事業ライン、および計測項目）は、設定された実施目的の検証が可能となるように設定することが原則となる。自社のリスクプロファイルを踏まえたうえで、外部環境の変化に伴って自社の損益や経済価値バランスシートの変動など潜在的に大きな影響を及ぼし得るリスクファクターの大部分がカバーされるように、エンティティ・事業ラインおよびその計測項目が含まれるように計測対象が設定されなければならない。複数のリスクカテゴリーが計測対象となることが想定されるため、実務上の計測においては、リスク管理部門が単独で実施するのではなく、関連部門の関与など部門横断的な実施が重要となる。

3.5 ストレステストの実行―ストレスシナリオの策定および自社への影響度計測

ストレステストのPDCAサイクルにおける実行（Do）プロセスにあたるのが、ストレスシナリオの策定および自社への影響度計測である。

ストレスシナリオ策定 ストレステストでは、フォワードルッキングな視点でエマージングリスクも含めた包括的なリスクの捕捉が求められる。このため、感応度分析やヒストリカルシナリオによる検証に加えて、仮想ストレスシナリオによる検証を行うことが望ましいと考えられる。

このような決定論的な手法による検証のメリットには、主に設計の自由度の高さ、理解のし易さが挙げられ、シナリオ策定においては、これらのメリットを享受できるように設計することが重要になる。一方で、シナリオ設計の自由度が高い反面、担当者の裁量の余地が大きく恣意性が働きやすい。実施目的や計測対象との整合性、経営層の意向を反映しつつシナリオの納得感を高めるために、一定の客観性を保つことがポイントの一つとなろう。

自社のリスクプロファイル分析の結果を踏まえ、大きな影響が生じ得る（自

社のウィークスポットを突く）事象をシナリオとして検討することも重要となる。自社のウィークスポットをストレスシナリオに反映することによって、自社の経営に本当の意味でストレス負荷がかかった際の影響度を把握することが可能となる。経営層の関心を高めることにもつながるため、その後のプロセスにおいて現実性の高い対応策の検討も可能になる。

また、ストレスシナリオ策定では、計画段階で設定した目的および計測時間を踏まえたうえで、極端な事象ではあるものの一定の蓋然性が認められるシナリオ（extreme but plausible stress scenario）を設計することが求められる。

ストレスシナリオの設定とは、将来のテールリスク、もしくはテールイベントを想定する作業である。しかしながら、一方でシナリオ設定においてあまりにも非現実的な前提を置いてしまえば、そこから得られるストレステスト結果についても仮に想定するような極端な状況が生じた場合の非現実的な仮定のうえでの結果と捉えられてしまい、ストレステストの計測結果が経営の意思決定に活用される可能性は大幅に低下してしまう。このような事態を避けるために、シナリオ策定の担当者は、経営層の定める実施目的を反映し、また経営層の関心を引きつけるようなシナリオを描くことが求められる。

このようなシナリオを策定するために、自社に大きな影響を及ぼしうる極端な事象のみを想定するだけでなく、その実現可能性についても一定の蓋然性を備えていることが必要条件となる。例えば、経済トレンドや景気循環を考慮した複数年をダイナミックに描く必要があろう。

極端な事象が発生しうる背景や、そのトリガーとなるような事象、その後の波及経路を含めた一連のストーリーを有していることが望ましく、シナリオのストーリー展開を想定することによって、シナリオと自社のリスクアペタイトやリスクキャパシティーに結びつけられることも期待される。

逆に、極端な事象ではあるものの、一定の蓋然性が認められるシナリオでなければ、計測される影響度は参考情報扱いとなってしまい、ストレステスト結果の検証や経営への活用が真剣に検討される可能性が低下してしまう。このため、シナリオ策定では、極端な事象に至る過程やその後の展開も含めたストーリー展開と、発生の蓋然性を押さえることがポイントとなる。

例えば、本章を執筆している2015年1月時点では、日本で事業展開している保険会社にとっての「極端だが一定の蓋然性が認められる」仮想ストレスシナリオとして、経常収支の赤字定着等を契機とする日本財政不安および国債価格暴落（金利リスク）、大きな経済被害が推定されている首都直下型大地震や東南海トラフ巨大地震の発生（巨大災害、流動性リスク）、国際的な金融緩和政策により醸成された資産価格バブルの崩壊（株式リスク、信用リスク、スプレッドリスク等）などが候補に挙げられよう。

自社への影響度計測　上記プロセスで設定したストレスシナリオでの計測対象項目の影響度を計測するプロセスである。ストレスシナリオで想定する外部環境の変化を自社のリスクパラメーターへ転換するプロセスと言い換えることができる。

　一般的には、統計モデルなどを用いて外部環境の変化から想定される変数（マクロ経済変数など）から自社の財務リスクパラメーターへの転換を行う（図7-4）。財務リスクパラメーターのモデリングでは、理論上の関係性に基づいて変数選択が行われていること、パラメーターの符号条件、統計的な有意性など、一定の条件を満たしている必要があるが、必ずしも精緻かつ複雑な推計モデルが求められている訳ではない。むしろ、ストレステストにおいては、説明の容易性、透明性、再現可能性などを考慮して、複数の部門にまたがる多くの関与者が広く理解できるような設計が好ましい。

　このプロセスにおいて重要なのは、外部環境と自社の財務リスクパラメーターの関係性が俯瞰でき、どの財務リスクパラメーターのモデリングが必要なのかを押さえることである。全てのリスクファクターをモデル化することは実務的な負担が大きいため、自社のリスクプロファイルや想定するストレスシナリオの展開を踏まえつつ、影響度計測において大きな影響を及ぼし得るような重要なリスクファクターにモデリングの対象を絞ることがポイントとなる。

　比較的少数の説明変数によるシンプルな推計式によってストレステストモデルが構築されることで、マクロ経済変数と自社のリスクファクターとの関係性が明確になる。外部環境の変化による自社へのリスクの波及経路やその影響度

図7-4 マクロ経済変数・金融変数から財務リスクパラメーターへの変換のイメージ

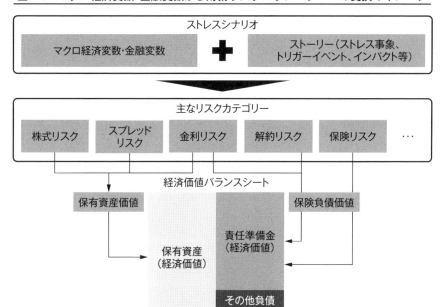

(出典)筆者作成

が想定しやすくなること、計測の透明性が増すことなどが挙げられる。

3.6 ストレステスト結果の検証

　結果の検証は、文字通りPDCAの検証（check）プロセスに該当し、前工程までに計測された結果の検証・確認が行われる。ストレステスト自体は、金融危機以前も各金融機関で実施されていたものの、リスク管理部門単独で実施されていた事例が多く、全社的な結果の検証や経営対応のプロセスが欠落していたため、金融危機時のリスク管理ツールとして有効に機能しなかった。この反省を踏まえ、金融危機以降は、検証および後述する行動のプロセスが重視される潮流にある。

　ストレステスト結果の検証では、自社の設定するリスクアペタイト、リスクキャパシティーの適切性を確認することが重要となる。仮に自社が設定してい

るリスクキャパシティーを上回る影響が生じることが見込まれる場合は、全社的なリスク管理方針の見直しが必要となる。また、自社が設定しているリスクアペタイトを上回っている場合には、リスク選好方針の見直しやソルベンシーの確保などの対応策を検討することが求められる。

4. 経営対応の決定と実務上の論点─保険会社特有の検討課題

　経営対応の決定は、ストレステストの実施手順の行動（action）プロセスに該当する。検証結果を踏まえ、経営としてどのような意思決定に活用していくのかを検討するプロセスである。このプロセスの意義については、本章のまとめとしてリバース・ストレステストも含めて改めて検討する。

　ここまで、主にストレステストの手順と手法に焦点を当て、その原則論をまとめてきたが、以下では、現時点で特に保険会社特有の検討課題として必要となる実務上の論点を示したい。

　先に紹介したIMF[2014]では、銀行セクターと保険セクターの事業構造の違いを踏まえ、銀行向けのストレステストアプローチが必ずしも保険セクターで有効とは限らないことを指摘している。両セクターの具体的な違いとして、流動性・マチュリティー、マクロ経済変数に対する感応度、ファンディング構造など、事業構造とそれに伴う負債構成の違いが挙げられており、これらは銀行セクターの中核業務である預金・融資業務と保険セクターの中核業務である保険引受業務の違いに起因すると考えられる。

　資産運用業務は両セクターに共通する業務であるため、これまで記してきたような、マクロ経済変数・金融変数に対するショックによる自社の資本十分性等に対する影響を計測するアプローチが適用できる。一方で、保険引受業務では、マクロ経済や金融市場に対するショックとは独立したイベントに基づくショックも想定される。マクロ経済要因で説明できるリスクと、マクロ経済要因とのリンケージが弱く、説明が困難なリスクを区別することは、保険引受リスクに関するストレスシナリオの作成では重要である。

以下では、特に両セクターの違いに焦点を当て、保険会社特有の検討課題についての考察を述べたい。

4.1　生命保険事業での検討課題

　生命保険会社は、銀行等他の金融セクターと比べて、資産・負債の感応度がともに大きいため、資産・負債を総合的な評価が特に重視される。資産サイドは金融商品中心のポートフォリオ構成であり、主にリスク分散、リスクヘッジなど金融理論に基づくポートフォリオ管理が行われている。一方、負債サイドは将来の保険金支払いに対して積み立てられている準備金が中心となっており、大数の法則や収支相等の原則などを前提とした保険技術によって管理されている。金利リスクなど資産・負債に共通するリスクはALMなどで管理されているが、その他のリスクは資産と負債で別々の管理が行われている。このため、資産、負債の片方に強いストレス負荷が加わった際に、保険会社の脆弱性が顕在化する可能性は否定できない。ストレステストは、資産、負債の双方への影響を同一の前提で検討することが可能なツールである。

　例えば、大災害が発生するシナリオを想定する場合、災害発生から影響の波及までを想定した一連のストーリー展開に従って、ソルベンシーの観点で主に負債サイドに焦点を当てた保険金支払のための準備金の所要額の計測に加えて、流動性の観点で資産サイドに焦点を当てた保険金支払いに必要な流動性ポジションの検証も一連のストーリーに沿って実施可能となる。このような共通のシナリオに基づく、資産、負債の両サイドへの影響の検証は、保険会社のストレステストにおいて論点の一つと考えられる。

金利リスク　生命保険会社の事業構造やリスクプロファイルを踏まえると、日本で事業を展開している保険会社に共通するテールリスクとしてまず挙げられるのは、金利リスクである。

　生命保険事業は、短期の景気変動に対して比較的安定したキャッシュフローが見込まれる長期性資金を長期性資産で運用している事業構造のため、銀行等

195

の他の金融セクターと比べて金利変動に対する資産と負債の感応度は大きい。このため、資産と負債の金利感応度を管理するALMが資産運用の基本的な発想となっている。

　超長期の円金利資産の発行・流通量を踏まえると、今後も生命保険会社はALMの中核的な運用資産として超長期国債への投資を続けることが見込まれる。ALMを推進している限りマチュリティーミスマッチが抑制されるため経済価値ベースの純資産の変動は限定的であり、また、マチュリティーミスマッチが存在する場合でも負債サイドのマチュリティーが超過していれば金利上昇時には経済価値にはプラスに作用する。すなわち、毎期の決算期末など特定の一時点のソルベンシーのみに着目すると、経済価値ベースでも金利上昇時に健全性が危ぶまれる可能性は低くなる。このため、国債金利が緩やかに上昇するシナリオはストレステストでの検証には適していない。しかしながら、ここには短期的な金利急騰が生じないなど暗黙の仮定が置かれている。

　例えば、財政リスクプレミアムやインフレ期待を短期間で急激に織り込む形で長期、超長期金利が急上昇する場合、保険会社の経営にとって、保有する国債価格下落の方が強く影響することが想定される。複数年の計測期間のうち、仮にある時点で、金利急騰により現行基準のソルベンシーマージン比率が規制水準を下回り健全性が危ぶまれる状況に陥った場合、それ自体が、保険契約の解約急増を招くという別のストレス事象のトリガーを引く可能性がある。この場合、新たなリスクファクターに対するストレスを追加したシナリオ検討する必要が考えられよう（図7-5）。加えて、その後の展開も長期金利のみにストレスが加わるシナリオとは全く異なる展開となる可能性も想定される。

　上記のようなシナリオはあくまで一例だが、仮想シナリオ型のストレステストでは、極端な事象ではあるが一定の蓋然性が認められるストレスイベントを起点とし、一連のストーリーに基づいてその波及経路や影響を想定することで、長期金利の動態的な変動を検証することが可能である。

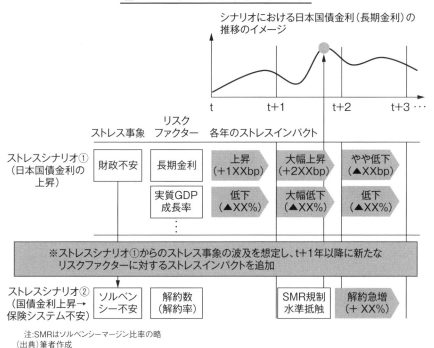

図7-5 ストレスシナリオのイメージ

注:SMRはソルベンシーマージン比率の略
(出典)筆者作成

解約急増リスク 生命保険会社の保険引受リスクは、大数の法則、収支相等の原則等に基づいた保険技術によって管理されているため、マクロ経済や金融市場に対するショックが想定を上回るような保険金支払いに直接結びつく訳ではない。ただし、マクロ経済に対するショックが間接的に保険引受業務のリスクを引き起こす波及経路についてはストレステストでの検討事項に値しよう。とりわけ、契約者行動の変化による解約急増リスク(Lapseリスク)は大きな検討課題に挙げられる。

マクロ経済環境と契約者行動のリンケージを踏まえると、マクロ経済ショックが保険契約の解約急増を促す波及経路は主に2つのルートが考えられる。1つは、資産価格の急落により保険会社の保有資産の含み損が拡大し、支払能力に懸念が生じるルートである。これは過去の保険会社の破綻事例でも多く確認

されている波及経路であり、主に資産価格の変動要因（市場リスク）を対象と
しているストレスシナリオにも組み込みやすいと考えられる。

　一方、別の波及経路として、金融商品としての相対的な魅力度が低下するケー
スが挙げられる。生命保険を長期確定利回りの金融商品と捉えると、金利が大
きく上昇する局面では、他の金融商品と比較して生命保険の相対的魅力が低下
し、生命保険契約の解約率が上昇する可能性が指摘できる。このケースでは、
保有資産の金利リスクが顕在化するなかで、解約返戻金の急増に対応するため
に流動性の確保を要求されることが想定される。固定金利資産の価格が下落す
るなかでの資産売却を迫られ、通常の感応度分析での想定を上回る負荷が生じ
る可能性が考えられるため、ストレステストにおいて生命保険事業特有の検討
事項の一つに挙げられよう。

　本稿を執筆している2015年1月現在では、日本経済はアベノミクス政策によ
るデフレ脱却の成否の過渡期にあるが、この先インフレが定着するのか、デフ
レに逆戻りするのかの違いによって、保険会社経営の前提は大きく異なる。

　物価動向は前述のような金利リスクに大きな影響を及ぼすことに加えて、保
険商品に対する消費者ニーズにも影響しうる。仮にインフレ期待が定着し、イ
ンフレ耐性の低い保険資産からインフレ耐性の高い投資商品に家計の金融資産
残高のアロケーションシフトが生じた場合、この影響は、将来の新規契約動向
のみならず、保有契約の解約率にも表れる可能性が見込まれる。実際にアベノ
ミクスによって株式や海外資産の投資収益が改善した2013年には（金利水準
はむしろ安定していた中で）一部の変額年金保険の解約が増えるなど、将来的
なこのような動き示唆する兆候も確認され始めている。全てが物価要因で説明
できる訳ではないものの、極端な事象については、ストレスシナリオでの検討
が必要となる可能性も考えられよう。

　このような動きは、特に、伝統的な保障性保険商品よりも、投資性の強い保
険商品の販売比率が高い保険会社においてより強く生じることが見込まれる。
これまでの低金利環境の長期化によって投資性保険商品の販売がここ数年、注
目されてきた背景などを踏まえると、自社の商品戦略やリスクプロファイルに
照らしてウィークスポットに該当するような会社では、ストレステストでの検

討対象になり得る。

　日本国内でも金融商品としての生命保険契約の認知度は徐々に高まってきており、保障型の生命保険商品中心の従来の保険契約者の行動は今後変化する可能性が考えられる。特に、一定の契約期間が経過し、解約返戻金が元本を上回るような契約では、保険契約者の解約に対する心理的ハードルが低下することが見込まれる。また、生命保険市場自体に大きな変化がない場合でも、より魅力的な金融商品が登場すれば、資産代替が進み、保険契約の解約率に影響を及ぼすことになるかもしれない。このような事象においては、保険の契約者行動の代わりに投資信託等の金融商品の投資行動を参考とした解約率を想定することも検討することも一案であろう。

　国内で保険契約の大量解約が生じた過去事例が極めて少なく、ストレスシナリオにおいて、契約者行動の想定は非常に難しい課題である。保障性商品を中心とする負債構成の保険会社においてストレステストでの契約者行動をどのように想定すべきかどうかは意見の分かれる問題、かつ専門性の高いテーマでもあるため、コンセンサスを得るのは容易ではないだろう。ストレステストでは解約率を決定論的に定めるため、経営層を含む関与者の間で広く認識を共有することができ、仮想水準ではあるものの、シナリオのストーリーに基づく検証や経営対応の想定が可能となる。

　決定論的に定めた想定の妥当性は別途検討が必要になるが、逆に言えば、モデルやパラメーターなど一部の関係者のみ理解ができるような専門的な議論に終始してしまい経営対応の検討に結びつかない事態を避けることができるため、ほとんど先例がないような事象に対してフォワードルッキングな対応を検討するためのコミュニケーションツールとしての役割を担うとも期待されよう。

4.2　損害保険事業での検討事項

巨大自然災害リスク　損害保険会社のリスクプロファイルを踏まえると、特に大地震、台風等の巨大自然災害リスクに対する対応が論点となる。これら巨大

自然災害リスクは、発生確率は非常に低いものの、災害が発生した際の損失額は極めて大きくなるという特徴（カタストロフ性）がある。また、損害データの十分な蓄積がなく大数の法則が働かないため、損害保険会社は、引き受けたリスクを移転する、自己資本を積み立て損失を吸収するなどの対応が必要となる。一般的に、個々の損害保険会社が単体でこのようなカタストロフィーリスクを全て引き受けることは難しいため、再保険を通じてリスクを移転し、保険システム全体で分散保有されている。

　ストレステストでは、受／出再保険も含め自社で保有するカタストロフィーリスクのエクスポージャーを主な計測対象とし、巨大自然災害が発生した際の自社の財務健全性を検証することが主な課題となる。

　ただし、カタストロフィーリスクの顕在化により保険会社の健全性が危ぶまれる場合、保険システムに対する不安を引き起こしシステミックリスクを引き起こす可能性があるため、様々な制度的バックアップ[9]が整えられている。適切なリスクコントロールが行われている限り、保険会社の財務健全性に抵触するのは、極めて強いストレス程度を想定するケースになる。

　健全性検証の観点では、後述するリバース・ストレステストのアプローチに近いと考えられる。一方、通常のストレステストでは、保険金支払いのための流動性の必要額の計測や、損害調査、保険金支払いなどための人員確保など事業継続性（BCP）の観点での経営対応を検討することが論点に挙げられよう。

　ただし、近年では、保険デリバティブ、証券化などリスクファイナンス手法の活用も増え、これらリスクの移転先は資本市場にも広がっている。リスクファイナンス市場の拡大は保険システムと資本市場のリンケージを強める要因となっており、リーマン・ショック後の金融市場の混乱を踏まえると、マクロ経済や金融ショックの発生が保険デリバティブや保険リンク証券の市場流動性を枯渇させる波及経路はストレステストにおいて検討対象の一つに挙げられよう。例えば、資本市場でのリスクテイカーが減少し、保険会社が引き受けたカタストロフィーリスク等の資本市場へのリスク移転のコストが大幅に上昇する、もしくは移転することができなくなることがストレスシナリオの一つとして想定される。

5. リバース・ストレステストの実務

　2008年のリーマン・ショック後の金融危機以降、リバース・ストレステストがシステミックリスク削減を標榜する金融当局によって特に重要なツールと認識されるようになり、実務界でもそうした要望への対応が図られてきた。しかし、ストレステストとの名称はついていても、リバース・ストレステストの目的や実施方法は、前節で述べた自己資本の充分性検証を目的とした通常のストレステストとは大きく異なる部分も存在し、こうした差異がリバース・ストレステストを深く理解するうえで1つの阻害要因となっている。また、こうした理解の難しさが、組織的にリバース・ストレステストに取り組む際の困難の原因ともなっている。そこで、本節では、通常のストレステストとの比較を通じてそれらの差異を明らかにしたうえで、リバース・ストレステストの考え方やその実施方法の解説を行う。実施手順については、リバース・ストレステスト特有のプロセスについて、特に入念な説明を行うこととする。

5.1　リバース・ストレステストの目的と考え方

　通常のストレステストの主な目的が健全性の検証である一方で、リバース・ストレステストの主な目的は、事業継続が困難となる状況の把握、及び、そのような状況に陥ることを回避するための手段、その有効性、そうした手段の発動タイミングを検討し、自社の弱みとそれを緩和する手だてを特定することである。

　こうした考え方が現れた背景の一つとして、前述の金融危機以前のストレステストにおいて、充分なストレス程度が設定されていなかったことが挙げられる。特に、グローバルに様々な要因が複雑に絡み合って系をなしている現代の金融経済では、極端ではあるが起こり得る最悪の事象を見極めるのは非常に難易度の高い作業である。すなわち、どんなに万全を期してストレスシナリオを

作成しても、それが本当に自社にとって最悪の事象を捉えているのか、それ以上最悪の事態は発生し得ないのかという問いに対して、明確にYesと答えられる経営者もしくはストレスシナリオの作成担当者はいないであろう。そうしたストレステストの本源的な難しさをカバーするために提唱されたのがリバース・ストレステストである。

このようにリバース・ストレステストは通常のストレステストとは異なる目的を有しているため、そのシナリオの作成方法は通常のストレステストと考え方が大きく異なる。前節で述べたとおり、通常のストレステストでのシナリオには

① 可能性が低いが実際に起きても不思議ではないイベントによって発生するシナリオ

② 発生した場合に自社に大きな影響が発生するシナリオ

の両者が求められる。この2つの視点からみると、通常のストレステストにおけるシナリオ作成のアプローチは、②を意識しつつ①を満たすイベントを特定して、それに起因するストーリーを展開する、ということになろう。直感的に言うと、①により重点を置いた考え方となる。

他方、リバース・ストレステストでは、②として事業継続が困難となる状況をもたらすシナリオは何から出発し、それはどんなイベントによってもたらされるのかというアプローチでシナリオが作成される。従って、リバース・ストレステストは、②により重きを置いた考え方であり、外部環境や自社のリスクテイクの状況次第では、①の要件は必ずしも満たされる必要がない。このように、インパクトの大きさからスタートして、それがもたらされるイベントは何かという時間の流れとは逆のプロセスを辿る方法であるがゆえに、"リバース"ストレステストという名称で呼ばれることとなった（図7-6）。

各論に入る前に、リバース・ストレステストで作成されるシナリオの全体的な流れを紹介する。例えば、シナリオを起動させるイベント（本節では、以下、トリガーイベントと呼ぶ）として、グローバルに活動する大手金融機関の破綻、首都直下型大地震、自社職員の不適切な保険勧誘行為によるレピュテーションの悪化が同時に発生することを想定する。その後の展開としては、以下のよう

図7-6 リバース・ストレステストにおけるシナリオ作成のアプローチ

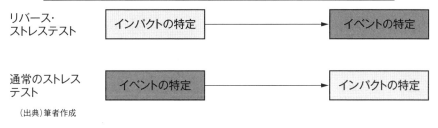

(出典) 筆者作成

なものが一例として考えられる（図7-7）。

　トリガーイベント発生後、まず金融面で大幅かつ急速な信用収縮、株式や不動産といった資産価格の下落がみられる。経済面でも、首都機能不全や企業活動の停滞、金融問題によってGDP等に大きな悪影響が発生する。こうした中、日本政府は復興や景気悪化への対策として巨額の支出を計画し、それに伴う財政のさらなる悪化を嫌気した外国人投資家は日本から資金を引き戻す。自社の負債サイドへの影響としては、死亡保険等で想定を大きく上回る支払いが求められる。さらに、レピュテーションの悪化に伴い、保険契約残高も減少する。こうした資産の劣化、大幅なキャッシュ・アウトフローによって健全性が毀損し、自社の格付けは投機的水準にまで低下する。これによって複数の契約で財務制限条項に抵触し、市場では自社のカウンターパーティーリスクが顕在化する。顧客の保険解約に歯止めがかからなくなり、損失を伴う資産の現金化がなされるようになると、ソルベンシー基準に抵触するようになり、最終的に金融庁より営業停止命令等が発動される。

図7-7 リバース・ストレステストにおけるシナリオのイメージ

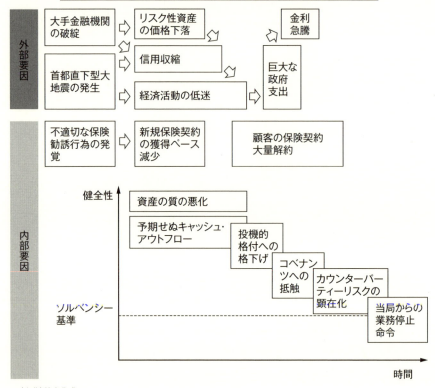

(出典)筆者作成

5.2 リバース・ストレステストの実施手順

　前節で述べたとおり、リバース・ストレステストは、通常のストレステストと比べると、シナリオの作成方法に大きな特徴がある。逆にいうと、それ以外は通常のストレステストと同じプロセスとなる（表7-4）。以下では、リバース・ストレステストの具体的な実施手順に関して、特に通常のストレステストと異なる部分に焦点を当てて解説を加える。

表7-4　リバース・ストレステストと通常のストレステストの実施手順の比較

項目	リバース・ストレステスト	通常のストレステスト
①ストレステストの実施目的の設定	リスクキャパシティーがチャレンジされるような状況	リスクアペタイトがチャレンジされるような状況
②計測対象スコープの決定	感応度分析を踏まえてすべての重要なリスクから選定	すべての重要なリスク
③ストレスシナリオ策定	ストレス程度を満たすシナリオから相対的に蓋然性の高いシナリオを策定	蓋然性とストレス程度の両者を加味して策定
④自社への影響度計測	リスクパラメーターのモデル化と財務モデルによる影響評価	
⑤結果の検証	資本もしくは流動性が毀損する過程を検証	リスクアペタイトがどのような形でチャレンジされるのかを検証
⑥経営対応の決定	再建計画の策定	リスクアペタイトの見直し 健全性の状態確認 アクションプランの検討

（出典）筆者作成

リバース・ストレステストの実施目的の設定　リバース・ストレステストは、事業継続が困難となる状況を想定することから始まる。これは、自社のビジネスモデルを勘案して、各々の会社で検討されるべきであるが、一般的な生命保険会社について言えば、ソルベンシー比率の低下によって規制当局より業務停止を受ける、EVがある一定額を下回ることによって利害関係者の期待を大きく逸脱する（その結果、保険契約残高が急激に減少する）、支払いが不能となる等が挙げられよう。これを行うためには、この段階で自社のビジネスモデルの崩壊の程度を表す指標が何か（本節では、以下、計測対象指標と呼ぶ）を明示的に決めておく必要がある。

計測対象スコープの決定　重要なリスク要因を特定するプロセスは通常のストレステストと同様であるが、リバース・ストレステストでは、リスク要因の変動幅を検討するために、感応度分析を実施する必要がある。

205

このプロセスでは、リスク要因の1単位の変動に対して計測対象指標がどの程度変化するのか（感応度）を計算することから始まる。各リスク要因の感応度を算出した後には、現状の計測対象指標とビジネスモデル破綻時の計測対象指標の差分（直感的に言えば、破綻に必要なインパクトの大きさ）は、どのリスク要因をどの程度を動かせば得られるのかを検討する。

当然であるが、前のステップで10程度のリスク要因を特定したならば、破綻に必要なインパクトを実現するリスク要因の変化幅の組み合わせは無数に存在する。リバース・ストレステストでは、シナリオの蓋然性は低くても良いということを先に述べたが、その結果を活用するためには破綻に必要なインパクトを実現する中では最も蓋然性が高いと考えられるリスク要因の組み合わせを選択すべきである。そうした観点で、過去複数のストレス局面における最大変化幅や、通常のストレステストで想定する複数のフォワードルッキングなストレスシナリオにおける最大変化幅等を勘案して、破綻に必要なインパクトをもたらすリスク要因の変化幅を設定すべきである。

これは経験や知見の必要な作業となるが、実務面でのポイントとしては、地域や構造や制度の差には多少目をつぶり、過去に起きた様々な時代や地域のストレス局面をなるべく多く収集することが挙げられる。例えば、死亡率というリスク要因を考えるに際して、現在の日本では考えられないが、14世紀に黒死病が蔓延したときのヨーロッパの死亡率や1918年から翌年にかけてのスペインかぜ発生時の死亡率は、リバース・ストレステストにおけるリスク要因の変化幅を設定する際には1つの参考情報になり得る。

リバース・ストレスシナリオ策定　このプロセスでは、前節で設定したリスク要因の変化幅がどのようなイベントによってもたらされるのかを検討する。どのようなイベントとなるかは、まさにどの程度のリスク要因の変化幅を想定しているのかで異なるが、相応に健全性の高い保険会社であれば、「大手金融機関の破綻」や「東南海トラフ巨大地震の発生」「首都直下型大地震の発生」、「パンデミックの発生」といったひとつのイベントのみを想定しただけでは、破綻に必要なリスク要因の変化幅は得られないであろう。このような場合には、過

去発生したシナリオもしくは将来発生しえるシナリオの中から、計測対象指標に大きなインパクトをもたらす複数のイベントをピックアップして、それを組み合わせることによって必要なリスク要因の変化幅を得るというプロセスが有効であろう。

例えば、先に例としてあげた「大手金融機関の破綻」と「大地震の発生」と「パンデミックの発生」が同時に起きるというイベントを想定することがこれにあたる。それでも破綻に必要な変化幅が得られない場合は、前ステップに戻ってリスク要因の変化幅の組み合わせを変えた上で、もう一度イベントの想定に挑戦することになる。リバース・ストレステストを初めて実施するときには、こうした試行錯誤は避けて通れない。もっとも、2回目、3回目となれば、知見や勘が蓄積され、こうした試行錯誤に要する時間は大きく減少するであろう。

なお、先にあげた「大手金融機関の破綻」と「東南海トラフ巨大地震の発生」の例のように、複数の事象の間の因果関係が乏しく、互いに独立な事象であればそれらが同時に発生する確率は限りなくゼロに近づく。リバース・ストレステストでは、あくまでインパクトに重きが置かれているので、こうしたゼロに近い発生可能性を持つイベントであっても許容すべきでる点は、ストレステストの設計や説明の際には強調すべきである。

シナリオの発生イベントを特定した後には、それがどのように波及していくのかを想定する。このプロセスは、前節の通常のストレステストと同様である。もっとも、リバース・ストレステストにおけるストーリーを作成するうえで重要なのは、保険業界あるいは金融システム全体の状況に関して想定を置くことである。

極めて大きなストレスを想定すれば、自社のみならず他の保険会社や銀行やその他金融機関でも経営不振先が出てくることは当然であろう。業界全体での保険解約率の上昇、資金調達コストの著しい上昇、長期の資金調達の困難化、資産の市場流動性の著しい低下といった事象がどのタイミングで発生するのかは、後述のリバース・ストレステストの経営での活用で重要になるので、この段階で十分に検討しておく必要がある。

自社への影響度計測　自社への影響度（インパクト）計測は、前節で説明した通常のストレステストと同様であるが、リバース・ストレステストにおける留意点としては、この段階で経営上の特別な対応は想定してはならないことが挙げられる。

外部環境に変化が起きれば、何らかの対応がなされるのは至極当然である。リバース・ストレステストでも通常のオペレーションの範囲内の対応（例えば、ロスカット・ルールの適用による一部資産の圧縮やそれに伴う損失の計上）は加味されるべきである。しかし、それを越えた経営対応（例えば、経営判断による新商品の販売停止や資産ポートフォリオの短期間かつ大幅な入れ替え）はこの段階では想定すべきではない。こうした対応をリバース・ストレステストに含めてしまうと、事業継続が困難となる状況が外部環境の変化によってもたらされたものなのか、稚拙な経営対応の結果もたらされたものなのか、という区別がつかなくなってしまう。

この段階では外部環境の変化の結果もたらされるインパクトの算出を行うべきであり、経営対応の検討は、リバース・ストレステストの結果を踏まえて、経営層で議論されるべき内容である。

結果の検証　ここで言う結果についての議論とは、リバース・ストレステストの結果から、業務の継続が困難となる事態はどのような要因からもたらされて、それはどのタイミングで具現化して、それを回避するためにはどのような手だてが有効であり、その手だてを実務で行ううえでどのような困難があるのか、そしてその困難を克服する体制作りは可能なのかといったことを議論することである。こうした議論及びその議論を経て取られる対応こそが、経営における活用である。これについては次項で詳しく述べたい。

5.3　リバース・ストレステストの活用方法

リバース・ストレステストの目的の1つである「事業継続が困難となる状況の把握」については、前節に述べたプロセスによって実現される。その他の目

図7-8 再建オプションの作成プロセスと経営アクションの検討

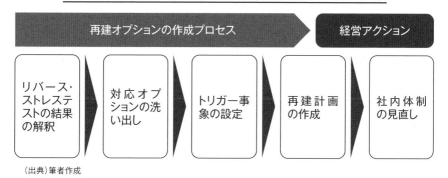

(出典)筆者作成

的、すなわち「事業継続が困難となる状況に陥ることを避けるためにどのような手段が存在するのか」、「それがどの程度有効なものなのか」、「そうした手段をいつ発動させるべきなのか」については、議論の結果を経営アクション（社内ルールや体制の見直し、場合によっては資産の運用方針や商品戦略の見直し等）に結びつけてはじめて達成される。本節では、まず事業継続が困難となる状況を回避するために有効な経営対応（以下、再建オプションという）の検討方法を述べ、それを踏まえてどのような経営アクションが考えられるのかを議論したい（図7-8）。

リバース・ストレステストの結果の解釈　リバース・ストレステストの最大の目的は、事業継続が困難となる状況の把握とそうした事態への対応である。従って、報告を受ける経営者としては、まずは「そんなことが起こり得るのか」といった視点を捨て、どのようなイベントが起きたらどの程度の期間を経て自社が立ち行かなくなるのかを受け止めるところから結果の解釈を始めるべきである。シナリオの展開を検証する際にも、「過去の似たような局面ではそんなことは起きていない」というバックワード・ルッキングな見方よりも、あくまで将来起こりえる展開なのかというフォワード・ルッキングな視点を常に意識すべきである。

　事業継続が困難になるのは、突き詰めて考えれば資本が不足するか、手元の

現金が枯渇するかのいずれか（もしくはその両方）のケースとなろう。とりわけストレス時には、流動性の確保のために損を出しても売れる資産は売る、自社にとって破格の悪条件で資本もしくはそれに順ずるものを調達するといった行動によって、資本と資金の問題は一体化する。したがって、結果を解釈する段階で、資金、資本のどちらが経営破綻のトリガーになり得て、そのときのもう一方の状況（どの程度余裕があるのか）を把握しておくことが肝要である。

対応オプションの洗い出し　経営難に陥る道のりを把握した後の議題としては、破綻に至る各局面で、選択可能な経営上の施策をリストアップし、その中でも経営破綻の回避に大いに有効と考えられるものをいくつか特定することである。そのためにも、（通常であればタブーの領域であるが）どの事業もしくは部門が分離可能であり、最小限の機能で会社の存続を目指す場合にはどの事業を残す必要があるのか、その他の事業をどのように扱うことが可能なのかをあらかじめ分析しておく必要がある。これは分離可能性分析（resolvability analysis）と呼ばれている。

　分離可能性分析のイメージを持つために、グローバルに展開する株式会社形態の架空の生命保険会社を考えてみよう。この会社は、日本の死亡保険をコアビジネスと位置づけているとする。分離可能性分析は、このコアビジネスを守るために、いかなる事業、部門、資産が分離可能なのかを特定する作業となる。

　この架空の生命保険会社は、英国でも別のブランドで保険業を営んでおり、一部の人的交流以外には本社と英国の会社の間でオペレーション上の相互依存は存在しない。このようなコアビジネスから見たら「あったほうが良い」ビジネスではあるが「必須」でないビジネスは、売却（第三者への売却やMBO）を試みるという対応オプションが候補として存在するだろう。実際に、買い手がいるのか、いる場合でもどの程度の価格なのかという実務上の様々な課題はあろうが、この段階ではどの事業が分離可能で、どのように分離することができそうかを検討することが目的となる。そうした経営上の施策が実行可能なものなのかは、後段の対応計画の策定で検討する。

トリガー事象の設定　経営破たんに至る道のりは非連続ではない。すなわち、「通常」の状態から、経営が傾き始める「モニタリング」のフェーズを経て、「再建」するための施策を講じてもなお事態を改善できない場合に「破綻」という状況に陥る。対応計画を適切なタイミングで実行し、それを効果的なものにするためには、こうしたフェーズの移行をいかに判断するのかが肝要となる。このフェーズの移行をもたらす事象はトリガー事象と呼ばれている。このトリガー事象を適切に定め、その状況をモニタリングすることでフェーズの移行、ひいては対応計画の実行を判断することができる。トリガー事象は各社のビジネスモデルや分離可能性分析の結果等を考慮して設定する必要があるが、一般的にはリスクアペタイト指標がある水準に達することをもってトリガー事象とすることが考えられる（図7-9）。

　通常フェーズからモニタリング・フェーズへの移行は、リスクアペタイトへ抵触する可能性の高まりによってもたらされる。リスクアペタイトへの抵触可能性の図り方（すなわち、通常フェーズからモニタリング・フェーズへのトリガー事象）としては、リスクアペタイトの手前にワーニング・ポイントを設けて、リスクプロファイルがそのワーニング・ポイントを越えたことでトリガー事象が発生するとする方法がもっともシンプルかつ分かりやすい方法であろう。

　モニタリング・フェーズから再建フェーズへの移行は、リスクアペタイトへの抵触が挙げられる。経営者は、リスクプロファイルをリスクアペタイトの範囲内に収める手だてを選択する必要がある。この手だてこそ、対応計画と呼ばれるものである。対応計画については、この後詳細を述べる。

　再建フェーズから破綻フェーズへのトリガーはリスクキャパシティーへの抵触である。この段階になると、組織の重要な意思決定は、経営者ではなく利害関係者（当局や債権者もしくはその代理人たる破産管財人等）に支配されるようになる。経営者としては、当局もしくは債権者に対する迅速かつ十分な情報の提供等が求められる。

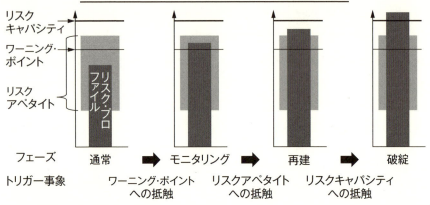

図7-9　リスクアペタイト指標とトリガー事象の関係

(出典) Deloitte(2013)を基に筆者作成

対応計画の作成　これまで述べてきたリバース・ストレステストの結果（事象の発生と破綻までの道のり）、分離可能性分析を踏まえた対応オプション、トリガー事象を用いて、対応計画を作成する。対応計画は、モニタリング・フェーズでのイベント事象が発生することで実行される。従って、そのようなストレス局面においてでも実行可能である（少なくても実行できる可能性が高いと考えられる）計画を策定する必要がある。この実行可能性を判断するうえで重要なのは、前節「ストレスイベントの展開」で想定した外部環境と対応計画との整合性である。

　これを説明するために、先に述べた架空の保険会社の例に戻ろう。この会社は英国の子会社を分離可能としているため、再建フェーズでこの英国の子会社を売却することを対応計画の1つとすることも考えられる。しかし、このとき、グローバルな金融不安が発生しており、保険会社やその他の投資家も購入余力が無いということであれば、この計画の実現可能性は低いと判断される。このような場合には、価格がゼロであっても第三者に事業の譲渡を行うという計画とするか、この英国子会社自体はグループ内に留め他の対応オプションを計画として採用することが考えられる。起きてもいないストレス状況でどのような方法が実行可能なのかを判断することは非常に難易度の高い作業である。しか

し、対応計画を少しでも机上の空論から現実味のある対応策にするためにも、こうした外部環境を踏まえた実現可能性に関する議論は有益と考えられる。

　これまでは対応計画の位置付けや留意点を述べてきたが、以下では具体的な対応計画と考えられる項目を整理する。上段の計画ほど実行に要する期間が短いと考えられるものであり、モニタリング・フェーズや再建フェーズに入ってからでも実行可能性が高いと考えられる手だてとなる。他方、下段の計画ほど立案から実行までに時間を要する。こうした時間軸の観点も踏まえて、再建計画の策定を行う（図7-10）。

流動性計画
手元資金の積み上げ、資金調達先の多様化、資金調達手段の多様化といった対応を検討する。また、運用資産に関しても、シナリオの中で市場流動性を想定して、どの程度の換金性があるのか、そうした資産をどのような手段（アウトライトの売却、レポや現先、譲渡担保、証券化等）で換金するのかを検討する。

再保険計画
再保険のカウンターパーティーの有無、再保険を企図した場合の費用、それを実施したときの効果、費用対効果の基準見直し等が挙げられる。特に、再保険が可能かについては、再保険を検討する局面が自社のみストレス的な状況に陥っているのか、それとも市場全体がストレス状況となっているのかといった視点が重要となる。

運用計画
市場流動性をより重視した運用計画の検討や採用、ストレス時の分散（相関の崩れ）を加味した運用計画の検討や採用等。

リストラクチャリング計画
子会社やノンコア事業の売却、事業の縮小等。

213

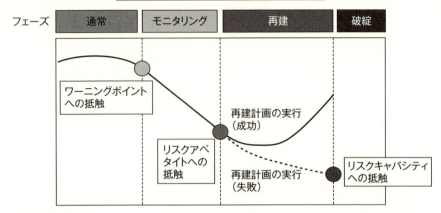

図7-10　フェーズと対応計画のイメージ

商品・販売計画
ストレス時の保険者行動を踏まえた商品の検討、商品設計の際のパラメーターの見直し等。

資本計画
資本性調達の調達基準の見直し、資本に関連するリスクアペタイトの再検討を実施等。

　上記の運用計画、商品・販売計画、資本計画については長期的な対応が必要となるので、平時から危機時も見据えた運用が必要となる。この他の平時に行う経営アクションとしては、社内体制の見直しが挙げられる。具体的には、対応計画に実効性を持たせるような社内規定の新設や修正等が挙げられる。特に、権限委譲に関しては、対応計画のスピード感、どのレベルでどのような判断が求められるのかを加味して、両者のバランスを実現するような設定が必要となる。

6. 小括

　これまで述べてきたように、ストレステストは、経営層に、ストレスシナリオで想定する事象を見据えて、平時にどのような準備を行うのか、また、そのような事象が仮に生じた際にどのような経営判断を下すのかを検討する機会を提供する。どの事象がどのように波及するのかをストーリー仕立てで想定するため、実際の事象に応じて現実的かつ具体的な対応が想定しやすい点がメリットのひとつに挙げられる。大きなストレスが生じる得る事象、もしくはその予兆となるような事象が確認された場合に、どのような経営対応を執るのかについて真剣な検討を行うことこそがERMにおいてストレステストを実施する意義であると言うことができる。このような検討の有無は、将来生じる可能性があるストレス事象への耐久力や、ストレス事象発生後の対応力の差となって表面化することが考えられよう。

　一方で、リバース・ストレステストは事業継続が困難となるという誰もが考えたくない事態を突きつけるところから始まる。「くさいものにはふた」ということわざがある日本の文化を考えると、こうしたタブーにあえて焦点を当てるリバース・ストレステストのアプローチに反発を覚える関係者も多いと考えられる。しかし、究極的な事態を机上とはいえ一度は真剣に考えた経営者と、一度もそうした経験が無い経営者では、起こりえないと考えられていた事象が起きた時の対応に大きな差が出ると考えられる。不確実性が大きく、経営環境の変化も激しい現代社会においては、意思決定に要する時間がその成否を左右する大きな要因となる。事が起きてから対応策を実施するまでの手順を明確にし、必要な情報を収集し、しかるべき議論を経て質の高い意思決定を行うためにも、そしてなにより、自社が事業継続が困難となるような事態に陥る可能性を低めるためにも、リバース・ストレステストは有益なエクササイズとなる。

　保険会社における全社的なストレステストには、技術的に難しい部分が多々存在する。シナリオ策定、そのための外部環境分析、リスク要因の特定やそのモデリング、財務的なインパクトの算出などを実施するためには、経済学、金

融市場分析、統計学、会計、定量分析の知識が複合的に必要とされる。こうした技術的な難しさは、経営者の観点からは、ストレステストのブラックボックス化の原因となっていた。このブラックボックスが存在すると、ストレステストの結果に対する信頼性は低下してしまう。これが、これまで全社的なストレステストが真の意味で経営の道具となっていなかった原因のひとつとも考えられる。

　こうしたブラックボックス化を回避するためには、ストレステストを実施する担当者が分かりやすい説明を行うという努力はもとより、経営者にも会社経営を考えるうえで気になるリスクを特定し、それに対するアペタイトを示し、シナリオの方向性を打ち出し、ストレステストの結果を読み解く力が求められる。ストレステストのプロセスを通じて、技術的な知識を貪欲に追い求め、疑問を疑問のままで終わらせない経営者の地道な努力が、フォワードルッキングで実効的なERMを実施する礎となるだろう。

※1　Basel Committee on the Global Financial System [2000] 'Stress Testing by Large Financial Institutions: Current Practice and Aggregation Issues'（日本銀行仮訳：『大規模金融機関におけるストレステスト:ストレステストの現状とテスト結果の集計に関する論点』）
※2　ストレスVaRとは、連続する12ヵ月間のストレス期のヒストリカルデータに基づいて算出され、リスク評価期間10日、信頼区間片側99%のVaRである。所要自己資本の算出に内部モデルを用いている銀行に対して、通常のVaRにストレスVaRが加算される。
※3　Basel Committee on the Banking Supervision [2009] 'Principles for sound stress testing practices and supervision'（日本銀行仮訳：『健全なストレス・テスト実務及びその監督のための諸原則』）
※4　もっとも、この大手保険グループが経営危機に陥ったのは、主にデリバティブ取引などの非保険業務やその相互連関性に基因しており、伝統的な保険業務がシステミックリスクを引き起こした訳ではない点は留意する必要があろう。この問題を受けて、G-SIIsの選定基準では、未決済デリバティブの総想定金額が対象に含まれる「相互連関性（Interconnectedness）」カテゴリーに40%、CDSプロテクションの売却の総想定金額が対象に含まれる「非伝統的業務および非保険業務（Non-traditional insurance and non-insurance activities）」カテゴリーに45%と、それぞれ非常に高いウェイトが設定されている。
※5　IAIS 'Iusurance Core Principles, Standards, Guidance and Assessment Methodology' [2011]（一般社団法人日本損害保険協会訳：『保険基本原則』）
※6　IMF Working Paper 'Macroprudential Solvency Stress Testing of the Insurance Sector' [2014]
※7　前後の文脈を踏まえると、主な対象には預金取扱金融機関が念頭に置かれているが、保険会社についても「統合的リスク管理の促進」が含まれている。
※8　金融庁「保険会社向けの統合的な監督指針 平成26年11月」
※9　地震については地震保険制度が存在し保険金支払いのための基金が存在する。その他自然災害

についても損害保険会社は異常危険準備金の積み立てが求められており、自然災害発生時に取り崩し損失を吸収させることが出来る。

【参考文献】

トーマツ金融インダストリーグループ編[2012]『保険会社のERM「統合的リスク管理」』保険毎日新聞社

大山剛編著[2012]『これからのストレステスト─金融危機に負けないリスク管理』きんざい

有吉章[2012]『なぜストレス・シナリオの検討が必要なのか─国債危機を例として』金融財政事情 2012年8月27日号

International Actuarial Association [2013] 'Stress Testing and Scenario Analysis'（公益社団法人日本アクチュアリー会訳「ストレステストとシナリオ分析」『会報別冊』第264号）

Basel Committee on the Global Financial System [2000] 'Stress Testing by Large Financial Institutions: Current Practice and Aggregation Issues'（日本銀行仮訳：『大規模金融機関におけるストレステスト：ストレステストの現状とテスト結果の集計に関する論点』）

Basel Committee on the Banking Supervision [2009] 'Principles for sound stress testing practices and supervision'（日本銀行仮訳：『健全なストレス・テスト実務及びその監督のための諸原則』）

Basel Committee on the Banking Supervision [2009] 'Revisions to the Basel II market risk framework - final version'（日本銀行仮訳：『バーゼルIIにおけるマーケット・リスクの枠組みに対する改訂』）

Deloitte LLP 'Risk appetite frameworks, How to spot the genuine article' [2013]

IAIS 'Iusurance Core Principles, Standards, Guidance and Assessment Methodology' [2011]（一般社団法人日本損害保険協会訳：『保険基本原則』）

IAIS 'Global Systemically Important Insurers: Initial Assessment Methodology' [2013]（一般社団法人生命保険協会訳：『グローバルにシステム上重要な保険会社：当初評価方法』）

IMF Working Paper 'Macroprudential Solvency Stress Testing of the Insurance Sector' [2014]

8

ERMと経済価値評価

本章では、保険ERMを語るうえで欠かすことのできない重要な要素である一方、難しくもあり、様々な論点や課題の元となっている経済価値評価について考えてみたい。

　保険ERMにおいて、経済価値評価の定義は、保険監督者国際機構のICP（保険コアプリンシプル）や、保険検査マニュアルに記されている「市場価格に整合的な評価、又は、市場に整合的な原則・手法・パラメーターを用いる方法により導かれる将来キャッシュフローの現在価値に基づく評価」と考えるのが一般的である。ただし、この言葉自体、定義というよりも考え方の原則を表しているにすぎない。そのせいなのか、欧州ソルベンシーⅡ導入検討時にも大きな混乱のもととなったりしているし、わが国でもソルベンシー・マージン規制の中期的改訂において経済価値評価の方向性が打ち出されながら、なかなか前に進んでいない。

　その一方、ERMを高度化し、真に活用するためには経済価値評価の考え方が必須である、ともよく言われている。なぜ、ERMには経済価値評価が必要なのか。何故なかなか浸透しなかったり、活用できなかったりするのか。さらにいえば、本当にうまく活用できているのか、形骸的な活用にとどまっていないか。

　こういった観点について、筆者自身の経験を踏まえながら考察を加えてみたい。

1. ERM最大の難関?

1.1　ALMの基本原則

　筆者自身が経済価値評価という考え方に最初に出会ったのは、1991年、保険会社に入社して3年目のころである。当時所属していた保険会社の財務部門で損保の積立保険に係るALM（資産負債総合管理）に関するプロジェクトが開始されることに伴い、そのプロジェクトに参画したのが始まりであった。未

知の分野であったが、たまたま財務部門に所属していながら、理系出身ということだけでアクチュアリー試験を受けていた筆者が負債を担当することになった。そこで初めて、アクチュアリー試験で習っている責任準備金評価の考え方と債券の時価評価の相違点や共通点といったものを実感した。その際に構築されたALMの考え方については西田（1995）に詳しいので参照していただきたい。

このプロジェクトを通じて、筆者が学んだ大きなことは、

- 保険も含め、金融商品はキャッシュフローから成り立っている（つまり保険会社のバランスシートは右も左もキャッシュフローから成り立っている）
- キャッシュフローが確定している（と考えられる）場合、その現在価値は市場の無リスク金利で割り引くことにより得られる
- キャッシュフローが確定していない場合、その評価技法は様々であり、例えばオプション理論などを用いる（当時はリスクマージンといったところにはでは話が進んでいなかった）

の3つであり、この整合的な評価を資産と負債に行うことが、価値・リスク・リターンを整合的に評価する（唯一の）手法であるということであった。なお、ここ学んだことも、経済価値評価の計算方法といったルールベースではなく、経済価値評価とは何かという原則論であった。

プロジェクトは苦労しながらも進んでいき、ALMフレームワークが完成した。ただし、そこから実務に落とし込むまでがさらなる苦労であった。それは、このALMの考え方、今でいうところの経済価値評価の考え方（リスク、リターン、資本を整合的にとらえるというフレームワーク）を実務で活用するために様々な部門のメンバーに理解してもらう、というステップであった。当時「キャラバン隊」という俗称のもと、多くの部門を何度となく訪れたのだが、そのプレゼン資料の最初が、「1年後の100円の価値は?」という、上述した原則に基づいた、経済価値評価の基本中の基本の考え方であった。この概念の浸透を徹底して行えたことが、後にALMを実務に根付かせる上で非常に重要な要素となっていった。

1.2 投資銀行等での経験

その後、2000年に投資銀行に転職し、ALM上のヘッジなどを顧客に提案する立場となったのだが、ここでは別の意味で面白い体験をした。投資銀行の同僚は日頃から時価ベースにしか接していない人たちが多く、ヘッジするのが当たり前と思っている。一方、顧客である保険会社の方々は、負債を時価ベースで考えていないのでヘッジなど考えていない。その理由が投資銀行の同僚たちには謎であり、何か特別なからくりや制約、簡単に言えば会計や規制があるので、保険会社の人たちはヘッジしたいしヘッジすべきだと思っているのにヘッジができない（ので辛い思いをしている）のではないか、という質問を受けたりした。

その質問はある意味正しいとも思えたのだが、個人的にはもう少し手前の段階で、つまりヘッジの必要性が浸透していない、さらにいえば、経済価値で資産と負債を評価する、ということの意味、さらに言えば、それらが整合的に評価できるといった原則的な考え方が浸透していないことが最大の問題ではないかと感じていた。

その後、主に金利リスクに注目していたALMは、より会社全体のリスクに着目するERMへと広がっていき、経済価値評価に関する議論も、2007年に金融庁から公表された「ソルベンシー・マージン比率の算出基準等について」などで中期的に経済価値ベースでのソルベンシー・マージン基準の導入に向けた検討・調査を実施することに関する提言がなされたことで、より明確化されていった。

ただし、当該ペーパーを見ても、なぜ経済価値評価なのか、という点はそれほど明確にはされていない。「保険会社のソルベンシー評価を行う際には、企業価値を示す指標が重視されているとの観点から、経済価値ベースでの資産価値と負債価値の差額（純資産）自体の変動をリスク量として認識し、その変動を適切に管理する経済価値ベースでのソルベンシー評価を行うことが、計測手法として整合的である」といった記述や、「保険会社にとってリスク測定・管理を高度化するインセンティブが働くよう、速やかに経済価値ベースでのソル

ベンシー評価の実現を目指すべき」という記述はあるのだが、それはなぜか、という理由までは明記されていない。

その理由の一つには検討チームのミッションとして、すでに「中期的には経済価値ベース」という設定がなされていた[1]こと、海外の規制の方向性もそうであった[2]こと、などが挙げられよう。

ただし、そのままでは、なぜ経済価値評価なのか、という点について多くの人たちが完全に納得しないまま、規制の整備だけが前に進んでしまうのでは、という不安もあった。上述したような原則的な考え方が浸透しない場合、「規制がやるのだから仕方なく経済価値ベース」といったことも起こりかねない。

2. ある研究会での議論

2.1 欧州の先進的な保険リスク管理システムに関する研究会

2007年の夏、ソルベンシーのペーパーが出た直後に、ある研究会が発足した。その研究会の名称は、「欧州の先進的な保険リスク管理システムに関する研究会」というもので、金融庁金融研究研修センターの中に設置された研究会であった。ネット等で検索すれば報告書を見ることができるので、ぜひ参考にしていただきたい。タイトルからすると欧州先進企業のリスク管理について調査を行うようなイメージもあるが、実際には当時から欧州で検討・作成が進められていたソルベンシーⅡに関する課題や論点を洗い出し、その一方で、参加メンバーが与えられたテーマごとに「金融機関（特に保険会社）における各リスク管理は本来どのように行えばよいのか」に関してそもそも論を述べる、というものであった。

その研究会で筆者が与えられたテーマが「資本」であった。このテーマからどのように議論を展開するか、考えていた時に思ったのが、「このテーマを借りて、なぜ経済価値が必要かという観点について識者たちとの意見交換をしてみたい」ということであった。そこで、当日は表8-1ようなプレゼン資料を用

223

表8-1　欧州の先進的な保険リスク管理システムに関する研究会での提示資料

資本の考え方

何故経済価値か

■経済価値とは？
- □将来のキャッシュフローの現在価値
- □ただしキャッシュフローは不確実
  - ・発生額
  - ・発生するタイミング
- □さらには将来キャッシュフローの現時点での評価も日々変動する
- □これらの不確実性を考慮して現在価値に換算する

■何故経済価値がよいのか？
- □資産と負債が整合的に評価できる
- □中長期的には会計価値と整合的
- □将来に禍根を残すような隠れた債務などを生じさせない
- □機会損失を的確に把握できる

（出典）筆者作成

意し、議論を試みた。

　ここに書かれている「なぜ経済価値がよいのか？」のうち、「資産と負債が整合的に評価できる」、さらには議論の中で出てきた新たな観点「市場のヘッジ手段と整合的」については、報告書に説明も記載したので、そちらをご参照いただきたい。

　同じく、報告書にも記載しているのだが、個人的には「将来に禍根を残すような隠れた債務などを生じさせない」というポイントが気に入っている。ここでいう「隠れた債務」という言葉はもともと、国際アクチュアリー会が作成した「保険者ソルベンシー評価のための国際的枠組み」の中に出てくる「隠れた剰余や欠損」という表現を借用したものである。この文書は、2004年に公表されたのだが、その目的は保険監督者国際機構に協力し、保険会社のソルベンシー評価の国際的枠組みの確立と保険会社の必要資本要件の決定促進にあった。その意味で、極めて重要な位置づけとして公表されたものであり、実際、現在に至るまで、この文書は国際的なソルベンシー評価において重要な役割を

224　　8 ERMと経済価値評価

果たしてきている。その当時、まだ明確に「経済価値評価」という用語は登場していないのだが、この中で初めて「統合貸借対照表手法」という言葉が登場した。この言葉の意味は文字通り、「ソルベンシー確保のために保険者の真の財務力を正しく評価するためには、統合貸借対照表を総合的に評価する必要がある」ということを意味しているのだが、そこでの評価方法として「現実的な価値や資産と負債両方の一貫した処理をよりどころとし、隠れた剰余や隠れた欠損を生じないシステムに基づいて実施しなければならない」と書かれている。逆に言えば、「使用される会計システムそれぞれに対して、保険者の健全性に関する様々な評価が生じる」のは問題で、その会計システムが生み出す「隠れた剰余や隠れた欠損」は適切に認識しなければならない、と説いているのである。

2.2 興味深い発言

なお、研究会においては、これらの論点については賛同してもらえたし、新たな示唆ももらうことができた。ただし、なぜ経済価値がよいのか、ということが誰にでもすぐに理解できるような説明はなかなか難しいという点についても意見が一致し、このもどかしさは参加メンバーの多くが抱いているという印象を受けた。

そんな中、興味深かったのは、参加メンバーの一人である、森平爽一郎教授（早稲田大学ファイナンス研究科）の次のような発言であった。

「自分も若いころ、海外で勉強しているときに、コーポレートファイナンスか何かの授業で、先生が、企業の目的は価値の最大化であり、そこでいう価値は会計上でも規制上でもなく、経済的な意味での価値である、というようなことを言って、参加している学生がほぼ全員、それは当然、という顔をしていたのに驚いたことがある。売り上げではなく、会計上の利益でもなく、経済的な企業価値を重視するのか、ということについて誰も疑問を挟まないのはなぜなのか。国内であれば、そこでいろいろな議論になりそうな気がするのに、海外ではそこが自明で流れていくことに不思議さを感じた。」

何年も前の話であるので、細かいところは違っているかもしれないが、発言

要旨はおおよそこのようなことだったと思う。これだけのメンバーをそろえても経済価値の必要性をずばり説明できるようなものが出てこない一方で、それを自明と思える人たちもいる。どのようにそのギャップを埋めるべきか、悩みが深まった研究会でもあった。

3. 金融商品の原価を考える

その後、コンサルティングの仕事等を経ながらも、経済価値評価の必要性については考え続けてきている。そんな中、最近考えるようになったのが「金融商品（本節でいう金融商品には保険商品も含む）の原価」という観点である。これについては、森本他（2011）でも触れているので、そちらも参照いただきたいが、基本的には、どのようなビジネスであっても考えるべきである原価について、金融商品についても考えてみようというものである。

3.1 簡単な事例

例えば、シンプルに次のような定期預金を考えてみよう。

- 預入額：100万円
- 期間：3年
- 満期時の受取額：101万円（利息0.33%程度）

これを、一般の商品のように表現すると、販売した商品は3年後の101万円というキャッシュフロー[3]となる。販売価格は100万円。一方、原価はこの情報だけでは出てこない。何が必要か。野菜や魚であれば、その卸売市場での値段が原価となる[4]。ではキャッシュフローの卸売市場はどこか、というと、これがまさに「金融市場」ということになるのである。仮に、金融市場において、3年後の確定的な101万円が99万円で販売されている、とすると、これが原価となり、原価99万円のものを100万円で販売したのでもうけは1万円、ということになる。

226　　8 ERMと経済価値評価

なお、これは金融に限らず卸売市場一般にそうなのだが、商品の値段は時々刻々変わる一方、販売価格は簡単には変えられないことが多いので、その状況に応じて損益が変わる。その損益は商品の卸売時点と販売時点で決まる。これは自明なことなのだが、重要なのでここで再確認しておく。

3.2　金融商品の特殊性

ただし、金融商品は、いくつか特殊な要素があるので、原価を考える際には要注意である。

第一に、金融商品については、必ずしも原材料を今の段階で入手していなくても販売が可能であるという特性がある。したがって、仕入れておかなければ売れないということはないので、卸売時点と販売時点のラグが生じることはない。そこで、一般に金融商品については販売した時点＝卸売時点と想定することになる。

また、仕入れる必要がない、ということなので、3年後の101万円を販売時点で手当てして（仕入れて）いなくても、それを100万円で販売することができてしまう。一般商品ではそうはいかない。商品がないのに販売することは(一般には）できないので、必ず原材料を入手しておく必要があり、その際に原価の存在を認識する必要がある。同じようなケースをあえて比較のために考えるとすれば、車や家などの注文販売などに近いイメージかもしれない（代金の支払いタイミングは異なるケースもあるだろうが）。さて、車や家の注文販売で、最初に代金を手にしたと仮定しよう。その場合、どのような行動をとるべきだろうか。取り得る行動としては次のようなものが考えられる。

- 原価をきちんと確定させるため、可能な限り早く原材料を入手する（実際には、車や家の場合、加工に時間がかかるため、その間の加工賃の高騰などはどうしようもないのだが、上述した通り、金融商品との比較のため、そこは無視できる、とする）
- 原材料が値下がりするタイミングを待つ
- 手に入れた代金で運用を行い、もうけを増やそうとする

2番目の方法は、うまくいけば得をするが、必ず値下がりするとは限らず、値上がりしてしまったら損をすることとなる。また、3番目の方法は、いわゆる運用でリスクを取った場合であるが、仮に運用でも損を出してしまい、さらに原材料が値上がりしていたらダブルパンチとなる。もちろん、2番目や3番目の方法を選んでいけないということはない。特に金融機関の場合、運用力も相応にある（と考えられている）ので、それを活用すること（運用でリスクを取ること）自体は悪いことではない。ただし、そこで増えたもうけは、あくまでも運用という世界（ビジネス）でのもうけであり、もうけを最初からあてにして原価を決めるべきではないだろう。注文販売でいえば、原材料の値下がりや、将来の運用益を見込んだりして、安く販売するようなものである。うまくいけばよいが、失敗したら極端に言えば会社は倒産し、注文した人はその商品を得られなくなってしまい、大きな迷惑がかかることとなる。やはり、商品原価の基本は、その時の市場価格で考えるべき、ということになる。

　また、金融商品の場合、その原材料、つまり将来のキャッシュフローとまったく同じものを市場で入手することができないことがある（一般的にはその方が多い）。例えば、例に挙げた定期預金でいえば、その商品は単純に3年後の101万円かと思いきや、実は解約というオプションが付随している。通常は解約すると損だからどうでもよいなどと思われがちだが、真面目に考えると、かなり複雑な商品性となっている。この詳細については、拙著（森本（2014））等をご覧いただきたい。金融オプション商品であれば、それを入手する（＝同じキャッシュフローを複製する）ことは（理論的には）可能である[※5]が、保険リスクや解約など、複製できないものも多い。そのような場合には、金融機関がそうした不確定なキャッシュフローの変動性について責任を負うことになる。その行為もリスクを取る、ということになる。そのためには資本が必要であり、という点はERM全般の流れと同様である。また、リスクを取る対価も必要であり、それはリスクマージン等と呼ばれている。リスクマージンの計測・評価は極めて難しく、欧州ソルベンシーⅡやエンベディッド・バリューの計算などでも議論になっているポイントであるが、理論上こうしたものが必要であり、それを原価に上乗せする必要がある、という点では一致をみている。やや

強引な結び付けかもしれないが、ここは一般商品でいうところの加工・製造などのプロセスに相当するといってもよいかもしれない。

3.3 市場整合的評価の重要性

　ところで、別の観点として、なぜ市場と整合的でなければいけないのか、という質問を受けることや、そうした疑問を持たれている人を見かけることがある。例えば、銀行でいえば、貸し出しの収益性評価をなぜ市場レートで行うのか、市場レートよりも低い金利で預金を集めているのだからそのレートを超えていれば（信用リスクやコストなどは勘案するにしても）よいのではないかといった考え方である。

　これについて、最近よく用いている事例が、魚定食などを提供する定食屋さんの事例である。通常、原価は当然魚の卸売価格等になる。ところが、仮にその定食屋さんが実は釣りもしていて、「自分で魚を釣ってくるので、卸売価格は関係ない」と考えたとしたらどうなるだろうか。ここでは簡便のため、魚を釣るコストなどはもろもろあるだろうが、そのコストは卸売市場で魚を買うよりも安い、としておこう。

　一見するとこれはもっともらしい議論である。ただし、いくつか問題がある。第一に、魚は必ず釣れるわけではない。釣れなかったら販売しない、ということにするのであれば問題ないが、常に提供することを想定しているのであれば問題である。また、釣った魚が必ずしも定食に向いているものばかりとは限らない。こうしたものはどう対処すべきなのだろうか。捨てるのはもったいない。

　こうした不安定な状況を解消するのが市場である。市場の歴史についてここで記すことはしないが、貨幣の発達と同様、市場の存在により安定的・効率的に必要なものが入手できることとなっている。市場を活用することで、上記の定食屋さんは魚を釣るというビジネスと定食を販売するという二つのビジネスを担っていると整理することが可能となる。魚を釣り、それを卸売市場で販売することで得られた利益は魚釣りビジネス、卸売市場で買ってきた魚を用いて定食を販売した利益は定食販売ビジネスである。自ら釣ってきて、それを定食

に活用した場合には、この二つの利益が同時に実現できた、と考えればよい。

金融機関も同様である。上記銀行の例でいえば、集めた預金は必ず適切に貸し出せるわけでもなく（この原稿執筆時点では、引き続き預貸率の低さが問題になっている）、また、預金で集めたキャッシュフローと貸出で提供するキャッシュフローは必ずしも完全にマッチしているわけではない。そこで、預金ビジネスと貸出ビジネス、それぞれが市場対比でどの程度の収益性があるかを考え、必要な部分は活用し、余剰なものや不足しているものは市場で補うということをすれば、安定的・効率的にビジネスが行えることになる。

そして、その余剰や不足をどうコントロールするか、これはまさにERMそのもの、ということになる。だからこそ、原価をきちんと考える必要があるし、それは市場と整合的であるべきであり、よって経済価値が望ましい、ということになる。

4. 会計価値と経済価値

4.1　会計上の評価との差異

さて、ここまでなぜ経済価値が望ましいのか、ということをいろいろと考えてきた。仮にこの議論に対して共感してもらったとしよう。ところが一方で、世の中で活用されている会計などは決して経済価値と整合的ではない。これはいったいどう考えればよいのだろうか。

筆者は会計の専門家ではないので、あまり詳細な内容や、歴史的な経緯などには詳しくない点はご容赦いただきたい。だが、会計上の価値評価や収益について眺めていると、いろいろと気になることが出てくる。例えば、その他有価証券や満期保有など、保有目的が変わると処理の仕方が変わるものがあったり、減損処理など、ある一定の価値以下になると帳簿価格を変更するものがあったり（逆に言えば、その水準以上であれば帳簿価格が変わらない）といった点である。また、有価証券の益出しなども、リスク管理という観点からは考えられ

230　　8 ERMと経済価値評価

ない仕組みなのだが、普通に行われている。

　一方、経済価値評価にはこうしたことは登場してこない。保有目的に関わらず、常にその時点の経済価値で評価される。当然ながら、一定程度下がったら減損ではなく、その時点での価値をそのまま活用することになる。さらには価値が上がればその時にそのまま経済価値上の収益と認識され、逆もまたしかりなので、益出しという概念も存在しない。

　なぜ両者の間にはこのようなギャップが生じてしまっているのだろうか。よく、会計の世界では、原価主義と時価主義、実現主義（現金主義）と発生主義といった用語が存在する。おおまかにいえば、経済価値は時価主義で発生主義と考えられるが、そうでない主義もある、ということだ。そもそも「主義」と表現しているので、さまざまな考え方や方針、立場があるということなのだろう。会計という観点から見た場合、経済価値評価ではない考え方、方針、立場もあり、その方がよいこともある、ということだ。

　この「会計の立場」まで考えるといつも止まってしまう。望ましい会計とは何か、ということについてどう考えればよいのだろうか。

4.2　IASBの概念フレームワーク

　そのことについてヒントを与えてくれると思われる会計上の議論の一つに、IASB（国際会計基準審議会）が公表している「財務報告に関する概念フレームワーク（以下、「概念フレームワーク」）」がある。ご存知の通り、概念フレームワークとは、財務諸表の作成および表示の基礎となる概念を示すものである※6。

　これを読むと、例えば最初に目的として、IFRSは一般目的財務報告であることから、投資家(株主や債権者)に有用な状況を提供することと書かれていて、さらには投資家が企業の「価値」を見積もるのに役立つ情報を提供する、とも記されている。そして、そのためには発生主義の方が業績を評価するためのよりよい基礎を提供するとも記されている。これだけを読むと、漠然とではあるが、経済価値評価が望ましいように読める。

さらに、「有用な財務情報の質的特性」と言われるものが存在する。読んで字のごとく、財務情報が有用であるためにはどんな特性があればよいか、ということを示しているのであるが、まず基本的な特性として、目的適合性と忠実な表現の二つを挙げている。このうち、目的適合性について考えてみる。投資家の目的にかなうとはどういうことか、目的適合性の記述部分ではなかなかうまく読み取れないのだが、先に書かれた「報告企業の価値を見積もるのに役立つ情報」を照らし合わせると、そうしたものに役立つのが目的適合的、ということなのだと考えられる。

そして、この基本的な特性を補強する質的特性として、「比較可能性」、「検証可能性」、「適時性」および「理解可能性」がある。この中で気になっているのは「比較可能性」と「理解可能性」である。概念フレームワークを読むと、当然のことが書かれているように思われる。複数の企業が提供する場合には、同様のものは同様に見え、異なるものは異なるように見えること（比較可能性）、情報を分類し、特徴付けし、明瞭かつ簡潔に表示すること（理解可能性）などである。また、理解可能性については「現象の中には、本質的に複雑で理解が容易にはならないものもある。そうした現象に関する情報を財務報告書から除外すれば、それらの財務報告書の情報は理解しやすくなるかもしれない。しかし、そうした報告は不完全となり、したがって誤解を招くものとなる可能性がある」などといった記述もあり、あくまでも目的適合的という基本的な特性を補強するものにすぎないことが強調されているように読める。

4.3　一般的な会計のイメージとのギャップ

しかしながら、現実の世界での議論では、「目的適合性」と「比較可能性」「理解可能性」が対立する概念のように受け取られていることや、目的適合性よりも比較可能性や理解可能性が重視されている傾向が多いように感じられる。やや極端な言い方をしてしまえば、「経済価値評価には見積もりがつきものだが、そこには様々な前提が入ってしまい、比較可能性や理解可能性が劣ってしまうので問題である」といった意見が聞かれるように思われる。さらに言えば「だ

からこそ、客観性のある取得価格の方が比較可能性が高い」とか「実現主義の方が理解可能性の点で勝っている」ということも聞かれる。

これは本当なのだろうか。こうした意見が、報告企業側から出るというのは多少理解できる気もする。次節で述べるように、現行会計はコントロールが可能なので、安定的に見せることが容易である一方、経済価値評価は、リスクを取った成果がリターンとして明確に表れてしまうので一見不安定に見えてしまう。経営陣として、どちらが好ましいかといえばコントロール可能な方[※7]だろう。だが、一般目的会計の「目的」である投資家（および投資家へ情報を提供するアナリスト）からも同じようなコメントが聞かれることが多いように思われる。

会計基準ではないのだが、一例として、経済価値評価との親和性が高いと言われているエンベディッド・バリュー（EV）が挙げられる。筆者などは、保険会社の価値を（もちろんさまざまな前提は置いているが）相応に評価している、利用価値の高い情報ではないか、と思っているのだが、外部からの評判（使い勝手）はあまりよくないというようなことを、保険会社・アナリスト双方から聞くことがある。詳しく説明を聞いたことがあるわけではないのだが、そこには、「EVは難しくてわからない（アナリストの方々の言い分としては、難しくて投資家にわからないので、アナリストとして説明に使いづらい）」ということらしいのだが、ここでいう分かりやすさ＝理解可能性、は上述した「現象の中には、本質的に複雑で理解が容易にはならないもの[※8]」を省いてしまっているように思えてならない。

こうした認識の差異は何によって生み出されているのだろうか。

5. パフォーマンス評価との整合性

5.1　リスクをとった成果を見る

そこをさらに考えてみるために、別の観点から論じてみたい。それがパフォー

図8-1　経済価値評価におけるリスク・リターン・資本

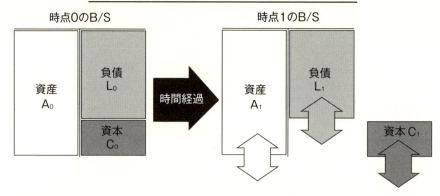

マンス評価についてである。

　経済価値評価の説明において、弊社がよく用いているイメージ図は図8-1のようなものである。

　まず、時点0にいるとしよう。そこでは資産、負債ともに経済価値で測定され、その結果として差額の資本（サープラスなどとも呼ばれる）があるということになる。ただし、資産や負債の価値は時間経過とともに変動するので、時点0では、将来時点（例えば時点1）で資産や負債の価値がどうなるかが分からない。それがリスクである。そして、時点1になった時、その成果はそのまま資産・負債の価値評価として表れ、資本の増減として認識される。その増減がまさに経済価値ベースのリターンということになる。リターンとリスクは、事後と事前の関係であり、その成果が資本に積み上げられる、という極めてわかりやすい、整合的な関係を築くことができる。

　一方、同様のことを現行会計で行おうとすると極めて難しい。価値がどう変動するかは保有区分によって異なる上に、その他有価証券の資本直入、売却した場合にはその損益が計上される、といった特殊性から、資産・負債価値の実際の変動＝損益、とはならない。その場合、事前に計測しているリスクと、事後に計測されるリターンが別物となってしまう。これではリスクを取った成果、すなわちパフォーマンス評価をすることが難しくなってしまう。

5.2 現行会計のパフォーマンス「調節」の課題

　なぜそれが許容されているのだろうか。一つには、前節でも述べた「パフォーマンスを調節する」ということの便利さに経営層が慣れてしまっているから、というのがあるように思われる。今期が赤字になりそうであっても、益出しによって穴埋めをすることによって黒字にするといったことはよく見られる光景である。それに対するマスコミの論調なども、「黒字を維持した」と好意的に受け止めているケースが多い。好意的に受け止められる以上、経営としてもそうした対策を取らざるを得ない、というふうに取ることも可能ではあるが、どうもそれで安心してしまっている経営層も見受けられるように思われる。益出しという行為が企業価値を向上させていないことは自明なのだが、なぜか結果としての損益に目を向けてしまうという風潮がある。

　また、別の理由として、経済価値評価は短期的な市場変動などに左右されてしまうことから、経営に対する評価を見誤らせてしまう、といった論調も見かけることがある。こちらは、今の会計を支持する、というよりも、経済価値評価に反対するという意見である。しかしながら、これについても、経済価値が変動するのはリスクがあるからであり、このリスクは経営が好んでとっているもの（もしくはそのビジネスをやると決めた時点で不可避なもの）であり、それを成果としてみないというのは妙に思われる。

　また、特に「短期的」というところを強調して「中長期的には問題がない（筈な）のに」ということを指摘される方もいる。特に、満期保有債券については「確定していて損はないものなのに、なぜ金利で価値変動させるのか」ということを言われることも多い。これについては、森本（2014）の中の「満期保有とリスク」というコラムでも指摘させていただいているが、満期保有していてもリスクは存在する。それは、端的に言えば「株主が要求しているリターンは、無リスク金利＋リスクを取る対価」であることに起因している。キャッシュフローを固定させることは、必ずしも投資家（株主等）の立場から見て無リスクではない、ということだ。

235

5.3 今後期待される変化

　ただし、こうした考え方も徐々に変わっていくかもしれない。最近は、生命保険会社でROEV（EVのリターン）を目標値に掲げているところも出てきており、このリターンは経済価値評価と整合的である以上、自らコントロールすることはできない。[※9] できるのはリスクの取り方、つまり事前におけるリターンの狙い方のみである。

　さらには、ORSAの実施などで、保険会社が自らリスク選好を明確にし、その成果を捕捉するためにパフォーマンス評価を行う、といった流れができつつある。2014年に金融庁から公表された「統合的リスク管理態勢ヒアリング実施とその結果概要について」によると、「必要な経済資本を経済価値ベースにより資産負債を評価した際の資本と比較しているものが大半」であったということであるから、経済価値ベースでのリスクと資本の比較までは行われるようになっている。一方、このペーパーには何度か「リスク・リターンの状況を評価」という言葉が登場するものの、ここでいうリターンが何かははっきりしない[※10]。ただし、ここも経済価値評価と整合的になってきている、とすると、徐々に状況が変わりつつあるのだろうと期待させる。

　こうした考え方が、外部関係者（株主やアナリスト）にも浸透していけば、会計上との整合性も強く求められるようになる気がする。

6. 経済価値評価の課題とその克服に向けて

6.1 割引率を例に

　ただし、経済価値評価にも課題は多い。最大の課題は特に保険負債の評価であろう。将来キャッシュフローの見積もり、割引率、保証とオプションの評価、リスクマージンなど、どの項目にも課題が存在している。特に割引率については、リーマンショック以降、さまざまな議論がなされている。ここでは、ソル

236　　8 ERMと経済価値評価

ベンシーⅡの保険負債評価における割引率の議論について確認してみよう。

ソルベンシーⅡでは、割引率のうち主に次の3つの観点について議論となっていた。

- 無リスク金利の定義
- 非流動性プレミアムについて
- 無リスク金利の外挿について

以下この3点における議論の推移を見てみよう。

6.2 無リスク金利の定義

無リスク金利の定義については、主として国債かスワップ金利か、というところが論点であった。2008年に実施されたソルベンシーⅡのQIS4（第4回定量的影響度調査）において、CEIOPS（欧州保険・企業年金監督委員会、現在のEIOPA（欧州保険・年金監督局））は一旦は国債ベースにすると公表したが、その後、欧州委員会の「指導」によりスワップベースに戻している。ただし、その後2009年に公表されたレベルⅡ文書へのCEIOPSからの勧告書では、再度無リスク金利について検討を行っており、そこでは、無リスク金利が満たすべき望ましい特性として「信用リスクがないこと」「現実性（実際に得られるレートか）」「信頼性」「高い流動性」「テクニカルなひずみがないこと」の5つを挙げている。そのうえで、ユーロについては国債が妥当という判断がなされている。にもかかわらず、QIS5ではスワップが基礎となっており、その背景は明確ではないが、政治的な議論もあった模様である。最終的には、先日公表されたレベル2文書によると、スワップ金利を基準として0.1～0.35%を信用リスク調整として差し引くことが規定されている。

6.3 非流動性プレミアムについて

この議論は、最初出た時には何をいわんとしているのかがなかなか把握しづらいものであった。一般に、公社債などで流動性プレミアムといった場合には、

流通量が少ない、需要も供給も少ないという理由で、いざ売却しようとすると適正価格よりも下がってしまう（＝売却時の利回りが上がってしまう）部分、もしくはそうした状況を見越して通常の（＝流通量が十分にあると仮定した場合の）利回りよりも高くなっている部分のことを指す。ただし、ここでの議論は、「保険負債の中には急いで流動化（支払）をしなくてよい商品（例：年金開始後のように解約ができない商品、もしくは解約ペナルティが課される商品）が含まれるので、そうした保険負債を割り引く金利としては、（例えば複製ポートフォリオなどを考えるときには流動性の低い資産で複製できる等の理由から）その非流動性を加味すべきではないか」というものである。

この話は、QIS4のレポートなどでも一部から出ていた意見ではあったが、あまり注目されていなかった、ところが、2008年後半に入ってにわかに注目を集めるようになる。その発端はリーマンショックであろう。2008年9月以降の市場の混乱を受け、市場のスプレッドが大幅に増加した。これは保険会社の価値評価、例えばエンベディッド・バリューなどに大きな影響を与えることとなった。その結果、2008年6月に公表されたばかりの市場整合的エンベディッド・バリュー原則（MCEV原則）が2009年10月に改正され、MCEV評価に際して、流動性プレミアムを反映させることとなった[11]。現実には、2008年度末時点のエンベディッド・バリューに流動性プレミアムを反映させた会社もあった（タイミング的には明らかに原則改正前である）。

一方、ソルベンシーⅡでも同様の議論が巻き起こっていたが、前述したレベルⅡ文書への勧告書（2009年公表）の中で、CEIOPSは「かなり多くのCEIOPSメンバー（2名を除く）は非流動性プレミアムの考慮に反対」と記述している。ただし、かなり様々な意見が上がったのだろう。CEIOPSは非流動性プレミアムに関するタスクフォースを立ち上げた。そのタスクフォースにはCEIOPS以外の民間メンバーなども加わっており、2010年に公表された報告書では、適用可能な商品、非流動性プレミアムの測定方法等が記述されている。

その内容はQIS5に反映された。

ところが、その後も様々な議論が噴出した模様であり、2013年に行われた長期保証（LTG）に対する評価（LTGA、定量的影響度調査と同じものだが主

に長期割引金利にフォーカスが当たったもの）において、今度は非流動性プレミアムではなく、カウンターシクリカル・プレミアムとマッチング調整という二つの概念が登場した。LTGAでの結果を踏まえ、カウンターシクリカル・プレミアムは、レベル2文書の中ではボラティリティ調整という名称となり、その決定方法も若干修正された。マッチング調整についてはかなり限定的な形での使用が認められる形となった。

6.4　無リスク金利の外挿について

　保険負債は極めて超長期にわたる。20歳で加入する終身保険であれば、最終年齢までは80年を超えることから、保険負債を評価するためのキャッシュフローもそこまで存在する。よって割引金利もその長さが必要となるが、市場では観測されないことが多い。そこで無リスク金利を何らかの形が外挿する必要がある。これについては、従来の実務でも（上記2つの点は論点にならなかったとしても）各社決める必要があるため、相応に関心のあるテーマであった。

　これについてはQIS5からスミス・ウィルソン法という手法が採用されることとなった。この手法は簡単に言えば、ある年限（流動性が確保されており適切な割引金利が得られると思われる年限）までは市場金利を用い、それ以降は、ある終局金利（長期均衡金利、UFRと記述される）に徐々に近づいていくという方法である。この手法の場合、ポイントとなるのは、どの年限まで市場金利を用いるか（最終的な流動性の高い年限、LLP）、UFRのレベル、UFRへの収束の速度（ソルベンシーⅡではLLPからフォワードレートとUFRの乖離が0.03%以内となる時点までの期間を収束期間として表現）の3つとなる。

　このうち、UFRについてはQIS5でユーロ等の主要な金利について4.2%という水準が設定された（円金利は3.2%）。これ自体は判断が難しいところだが、QIS5ではLLPが30年で収束期間を60年としていたことから、実際にその水準が影響してくるのはずいぶん先であったし、実際の超長期のスワップ金利も4%程度の水準であったことから、信用リスク調整（当時は10bp）後であっても、それほど極端な結果になることはなかった。

その後、水面下でいろいろな議論があったようだが、2013年に行われた LTGAでは、ほとんどのシナリオにおいて、LLP=20年、収束期間10年という シナリオとなっていた。この当時（2011年末基準）、20年金利は2.7%程度、20 年のフォワード金利は2.8%であり、また信用リスク調整が35bpあったので、 2.5%弱のフォワード金利が10年間で4.2%近くまで跳ね上がるというシナリオ を意味していた。一方、その当時の30年スワップ金利は、実は20年金利より も低かったので、スミス・ウィルソン法で作成された金利とは大きく乖離して しまっていた。

その後、LTGAを踏まえ、EIOPAは収束期間を40年等の長期にすることを 提言し、現状もその方向で話が進んでいるようである。

6.5 原則を認識することこそ重要

この3つの議論を見ていると、あくまでも筆者の個人的な意見だが、本当に 理論面の整合性を取るべく検討している部分と、政治的な部分、簡単に言って しまえば少しでも保険負債を割り引く金利を高くすることでサープラスを大き く見せたいという考えが混在しているように感じられる。最終的な落ち着きど ころはそれほど悪くないように思われるのだが、非流動性プレミアム（もはや そうは呼ばれていないが）の活用については本当に望ましい結論なのか、妥協 の産物なのか、今後も冷静に考えておく必要があるように思われる。

こうした状況を見るにつけ、やはり経済価値評価は無理なのではないか、人 によって思いがバラバラなので、比較可能性・理解可能性が低いのではないか、 という懸念が聞かれるのも事実である。

しかし、ここで経済価値評価は原則論である、ということを再度思い返して ほしい。なぜ原則論なのか、それは、価値評価という（リスク測定と同様）難 題に挑む以上、完璧な正解はないからではないだろうか。それでも、目的適合 的、すなわち企業価値を高めるために戦略を策定し（＝リスク選好を明確化し）、 その成果を中立に測定することを実現するためには、この評価の原則論を貫く ことが求められるはずである。そして、確かに規制や会計に導入しようと思う

240　8 ERMと経済価値評価

と、さまざまな妥協が生まれてしまうが、少なくとも企業内で活用する限りにおいては、この原則に対してより忠実な表現を試みることもできるはずだ。

　もちろん、それでも常に課題は存在するし、限界や弱点も存在する。それらを常に意識し、より適切な測定方法はないか、何か見落としていないかを組織全体で確認し、議論したうえで、必要があれば次の計画時には修正を加えていく、というPDCAサイクルのAに相当するステップを、経済価値評価にも、リスク測定にも、パフォーマンス評価にも適用することで、より洗練され、高度化され、企業（リスク）文化の醸成された組織になっていくと考えられる。

　本章のまとめにしては、矛盾するような言い方かもしれないが、経済価値評価にしても、リスクにしても、リスク調整後収益指標にしても、課題や弱点、限界のある指標を用いている、ということを意識しながら活用しているということ自体が、経済価値評価を、そしてERMをより深く理解している組織である、と言えるのではないだろうか。

※1　第一回の金融庁資料に、すでに中期的な課題として「保険負債の時価評価を前提」といった記載がなされていた。

※2　当該ペーパーにも「IAIS（保険監督者国際機構）は、資産、負債及びリスク・エクスポージャーを、現時点における経済価値によって評価することこそが、保険会社の財務状況を適正かつ信頼可能な情報により提供できる唯一の手法であるとしている」といった記載がなされている。

※3　ここでは単純化して説明している。後述するように、定期預金には「解約」というオプションが内在しているので、実際に販売した商品はそれほど簡単なものではない。

※4　ここでは交通費等は省略して考えている。また、多くの商品は原材料のみならず、加工・保存といった様々なコストが生じることになるが、金融商品にはそうしたものは不要であることから、対比を分かりやすくするために一般商品でも省略している。

※5　もちろん、売買するプレーヤーがいるか、といった現実的な制約は存在するが、少なくとも理論価格などであれば導出可能であることが多い。

※6　なお、現時点で、この概念フレームワークは旧バージョンである「財務諸表の作成及び表示に関するフレームワーク（いわゆる「フレームワーク」）」の改訂版として見直しが進められている最中であり、2015年に最終化される予定であることから、ここでは2010年3月のバージョン、および2013年に出たディスカッションペーパー「財務報告に関する概念フレームワークの見直し」を参照している。

※7　もちろん、これも次節で述べるが、これは決して望ましいことではない。本来はリスクを取る、という決断が経営であり、リターンは結果である。その結果がコントロールできてしまうというのは通常はありえないことである。

※8　さらには、概念フレームワークの中に「時には、十分な情報を持った勤勉な利用者であっても、複雑な経済現象に関する情報を理解するために助言者の支援を求める必要のある場合もある」と記されている。

※9　一部の会社では、このROEV目標の中に「経済前提の実績との差異」を入れない、という考え方が

241

用いられているが、個人的には市場リスクを保険会社のリスク選好の一部として取りに行っている以上、その成果であるリターンにも経済前提による変動を加えるべきだと考える。

※10　「収益とリスクの対比」、「リスク調整後収益指標」、「取ったリスク量に見合ったリターン」、「当該資本等に見合ったリスク・リターン」といった表現があることから、経済価値ベースでのリターンを想定している、と取れなくもないが、明示的なリターンの定義は記述されていない。

※11　その理由をCFO Forumは「流動性プレミアムの存在は、幅広い学術論文や学術団体が証明しているように明らか」としているが、そうであればなぜたった16か月前に作成・公表されたMCEV原則に入れなかったのか、などと勘繰ってしまう。わずか16か月でそれほど多くの証明がなされ、一般的に認知されたとは思えないのだが。

【参考文献】
西田真二『ALM手法の新展開』日本経済新聞社、1995年
森本祐司『ゼロからわかる金融リスク管理』金融財政事情研究会、2014年
森本祐司（編著）『【全体最適】の保険ALM』金融財政事情研究会、2012年

242　　　8 ERMと経済価値評価

9

格付会社における
ERM評価

本章では、格付会社が保険会社の信用力を分析する際に、各社のERMをどのように評価し、信用力に織り込んでいるかについて、スタンダード＆プアーズ・レーティング・サービシズ（以下、S&P）の評価手法を例に説明する。また、同社による日本の保険会社・グループのERM評価の状況、および欧米の保険会社・グループとの比較についても触れる。

なお、本章で言及する保険会社の格付手法やERM評価手法については、格付規準として、S&Pのウェブサイトにて公表しているので、参照いただきたい（タイトルとウェブサイトは本章の最後のページに掲載）。

1. S&PにおけるERM評価の進展

1.1　ERM評価規準の導入

保険会社が抱えるリスクやリスク管理体制の評価は、保険会社の信用力分析の中核の1つである。リスク管理において高い能力を示す保険会社は、強固なリスク管理プロセスが組織全体に浸透し、経営上の意思決定の基盤となっており、最適なリスク・リワードの枠組みの範囲で取ったリスクからの利益を最大化することが可能であるとS&Pでは考えている。

保険会社のリスク管理プロセスに対する評価は、従来より信用力分析に織り込まれていたが、上記の考え方に基づいて、S&Pでは2005年10月に、格付けを決定する際の評価項目の1つとしてERMを再分類した。以降、ERMの評価規準を何度か見直し、改訂を重ねることで規準を精緻化するとともに透明性を図ってきている。

1.2　金融危機以降の改訂

2008年秋に発生したグローバル金融危機を通じて、銀行だけでなく保険会社においてもリスク管理の弱点が浮き彫りになった。リスク管理の失敗につい

ては様々な原因が考えられるが、リスク管理プロセスの設計が不完全で本来の目的を果たせなかったケースもあれば、設計は優れていたものの適切に実行する体制が整っていなかったケースもある。また、リスク選好の枠組みの弱点が露呈した——リスクあるいはリスクの上限を十分に理解しておらず、リスク選好度とリスク許容範囲を適切に反映したリスク上限を設定できていなかった——保険会社もあった。こうした考察を踏まえ、S&Pでは2009年12月に、ERMプロセスの評価を検討する際には、同プロセスや枠組みの有効性が確認できる裏付け書類（エビデンス）をより重視することを明確にした。そして2010年3月には、保険会社のリスク選好度の枠組みの評価手法を精緻化した。

さらに、格付規準の透明性と具体性を高めるため、2013年5月に保険会社の格付規準を改訂した。ERMは、改訂格付規準に基づく分析プロセスにおいても引き続き、保険会社の格付けを決定する上での評価要素の1つとして位置付けられている。

2. 保険会社の格付規準

2.1 保険会社の格付け分析（信用力評価）プロセス

S&Pでは2013年5月に、保険会社の格付規準を改訂し、従来の信用リスク・信用力分析の基本的な視点を維持しながら、1）格付規準の透明性と具体性を高めること、2）グローバルに一貫した、明確な規準の枠組みを用いることで、地域やセクターを越えた比較可能性を高めること、そして、3）格付けはフォワード・ルッキング（将来の見通しを織り込んだもの）であることをより明確にすること、の3点における向上を図った。

改訂格付規準における格付け分析の手順は、以下の通りである（図9-1）。最初に、分析の柱となる「アンカー値」を導出する。アンカー値は、事業リスクプロフィール（保険会社のカントリーリスク評価（IICRA）と事業競争力で構成される）と財務リスクプロフィール（自己資本と収益性、リスクポジション、

245

図9-1　保険会社の格付け決定の枠組み

保険事業会社の長期格付けを決定するあたり、S&Pは8つの格付け要因を評価し、総合的な分析による調節を加えたあと、ソブリンリスクを評価する。最後に、格付け対象の保険会社がグループまたは政府から特別支援が提供される可能性を評価する。

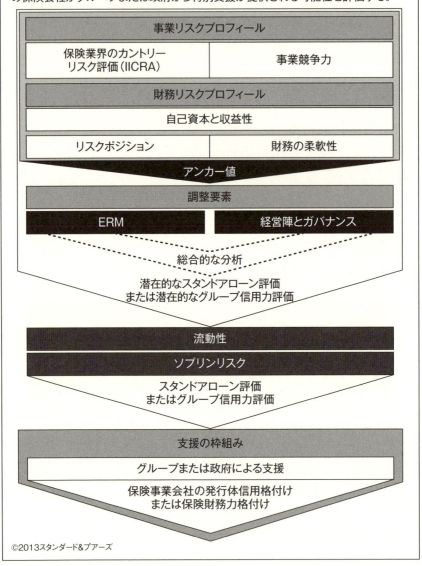

©2013スタンダード&プアーズ

財務の柔軟性で構成される）の各評価の組み合わせにより決定する。ERM評価は、このアンカー値に対する調整要素として、各社の信用力評価にプラスにもマイナスにも影響を及ぼすが、単独で適用するのではなく、経営陣・ガバナンスの評価、という別の評価項目との組み合わせで得られた調整スコアを用いる。この調整を加えた後、流動性リスクやソブリンリスクによる制約を加味し、各社のスタンドアローン（単体）評価やグループ信用力評価を決定する。そして最後に、その保険会社に対して、グループや政府の支援（または制約）があれば、これを反映して、公表格付けが決定される。

2.2　格付け分析プロセスにおけるERM評価の位置付け

前述の通り、ERM評価は、経営陣・ガバナンス評価と組み合わせた調整要素として、保険会社の格付け分析プロセスに組み込まれている。ERMプログラム・プロセスと経営陣・ガバナンス体制のどちらも、保険会社の経営全般に関わることであり、事業と財務に関する各評価項目の積み上げから成るアンカー値に対して同要素を加味するべき、との考えに基づいている。

経営陣・ガバナンス評価は、2012年11月に公表した格付規準に則って、1) 経営戦略の策定と遂行、2) リスク管理・財務管理、3) 組織運営能力、4) ガバナンス、をそれぞれ分析し、4段階の総合評価を行っている。このうち、2) リスク管理・財務管理は、主に財務リスク管理のことを指しており、ERM評価規準では網羅していない部分を補完している。また、ERMの評価規準は、リスクを計測・管理するためのプロセスと実施手法からなるERMプログラムの強さを評価することに重きを置くのに対して、経営陣・ガバナンスの評価規準は、経営陣が企業に重要な戦略上のリスクと業務運営上のリスクを管理する能力を定性的に評価することに重点を置いており、両者は相互に関連している。

なお、アンカー値に調整スコアを加味する際には、ERMの重要度も考慮する。ここで言うERMの重要度とは、信用力評価におけるERMの重要性である。保険会社が短期的に自己資本や収益性を大きく毀損しかねない複雑なリスク、あるいは、不確実性が非常に高く、通常は長期的な性質を持つ複雑なリスクに

247

さらされている場合、その分析におけるERMの重要度は「高い」とみなされる。例えば、巨大自然災害、ロングテールの賠償責任・労災保険種目の支払備金の変動性、金融市場の変動性といったリスクに対するエクスポージャーが大きい保険会社が該当する。逆に、これらのタイプのリスクに対して大きなエクスポージャーがない保険会社や、リスクに照らして潤沢な余剰自己資本を常に保持している保険会社の場合、ERMの重要度は「低い」と判断される。

ERM評価と経営陣・ガバナンス評価から成る調整スコアは、アンカー値に対して支援要因にも制約要因にもなりうるが、アンカー値が一定水準（「a＋」）に達している場合は、調整スコアが最高位であってもアンカー値が上限となる。ERMと経営陣・ガバナンスで高い評価を受けている保険会社は、高度なERMの枠組みや経営陣の強いコミットメントによる経営実績をすでに積み重ねており、その結果が、アンカー値を決定する際の事業リスクプロフィールや財務リスクプロフィールに、優れた業績や高い収益力、強固な自己資本などの形ですでに反映されているためである。厳格なERMや強い経営陣・ガバナンス体制を有する場合には、保険会社の信用力を支えるポジティブ要素として評価を反映する一方、その強みを過大評価しないための調整も行われている。

3. ERMの評価規準

3.1 ERMの評価の枠組み

保険会社のERMに対する評価は、S&Pの格付け分析の一要素であることはすでに述べた。ERM評価では、その保険会社が、最適なリスク・リワードの枠組みの範囲内に損失を効果的に抑えられるよう、体系的で一貫性のある戦略的な方法で、全社的なリスク管理を実践しているかどうかをみている。

ERMの分析は、各社のリスクプロフィールに合わせて調整されるが、1) リスク管理に対する企業文化、2) リスクコントロール、3) エマージングリスク管理、4) リスクモデル、5) 戦略的リスク管理——の5項目に重点を置いて実施し、

図9-2　S&PのERM評価の枠組み

保険会社のERMプログラムはリスクを計測・管理するためのプロセスと実施手法からなるプログラムである。S&PのERM評価では保険会社のERMプログラムの強さを評価する。格付けの分析項目としてのERM評価は保険会社が一貫してリスクを特定、計測し、選択したリスク許容範囲に管理する能力を評価しようとするものである。

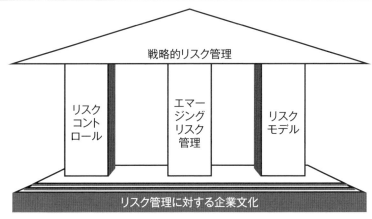

(出典)スタンダード&プアーズ

各項目の評価結果の組み合わせから5段階のERM評価を決定する（図9-2）。

3.2　ERM評価の決定

　保険会社のERMは、前述の5つの評価項目の組み合わせにより、信用力を支える度合いの高い順から、1)「非常に厳格（very strong）」、2)「厳格（strong）」、3)「適切かつリスクコントロールが厳格（adequate with strong risk controls）」、4)「適切（adequate）」、5)「弱い（weak）」——の5段階で評価される。このERM評価は、5つの評価項目をそれぞれ、「ポジティブ(positive)」「中位（neutral）」「ネガティブ（negative）」のいずれかのスコアで評価し、その結果をもとに導き出す。各評価の具体的なガイドラインについては、図9-3を参照されたい。5つの評価項目のうち、リスク管理に対する企業文化とリスクコントロールが基本項目となっている。高いERM評価になるにつれて、戦

略的なリスク管理や他の項目のスコアが問われるようになる。

　最上位の「非常に厳格」という評価を受けるためには、5つの評価項目のすべてが「ポジティブ」であることと、当該保険会社が採用している経済資本モデルがS&Pの評価規準の下で「良好」を上回る評価を得ていることが必要となる。この経済資本モデル評価は、S&PがERM評価の1つとして実施しているが、ベースとなるERM評価が少なくとも「厳格」であり、信頼できる内部の経済資本モデルを有し、それを意思決定に活用し、十分な情報提供が可能な保険会社・グループを対象としている。

図9-3　ERM評価（スコア）の定義

非常に厳格 （very strong）	評価項目のスコアがすべて「ポジティブ」で、かつ、経済資本モデル（ECM）がS&Pの評価規準に基づいて「良好（good）」または「優れている（superior）」と評価されている。
厳格 （strong）	リスク管理に対する企業文化、リスクコントロール、戦略的リスク管理のスコアがすべて「ポジティブ」であるとともに、他の2項目のうち1つあるいは両方が「中位」で、かつスコアが「ネガティブ」の項目がない。
適切かつ **リスクコントロールが厳格** （adequate with strong risk controls）	リスクコントロールのスコアが「ポジティブ」であるとともに、戦略的リスク管理のスコアが「中位」で、かつスコアが「ネガティブ」の項目がない。
適切 （adequate）	リスクコントロール、リスク管理に対する企業文化の2項目のスコアが「中位」あるいは「ポジティブ」である。全体として「適切かつリスクコントロールが厳格」の要件を満たしていない。
弱い （weak）	リスクコントロール、リスク管理に対する企業文化の2項目のいずれかまたは両方のスコアが「ネガティブ」。

（出典）スタンダード＆プアーズ

なお、ERM評価においては、ERMプログラムやプロセスの裏付けとなる証拠書類（エビデンス）を重視しており、5つの評価項目はそれぞれに、「ポジティブ」または「ネガティブ」のスコアに見合う十分な証拠がなければ、「中位」のスコアが付与される。また、保険会社の格付け分析そのものはフォワード・ルッキングな視点で行うが、ERM評価に関しては、保険会社のERMプログラムの強さやプロセスの実効性がエビデンスや実績で裏付けられていることを重視している。

3.3 5つの評価項目の分析

次にERM評価を構成する5つの評価項目それぞれの分析の視点について触れたい。概要は図9-4の通りである。

リスク管理に対する企業文化　リスク管理に対する企業文化の項目の分析では、保険会社の事業活動や経営上の意思決定のすべての主要な局面におけるリスクおよびERMの重要性に注目する。リスク管理に対する企業文化は、ERMの枠組みのすべての局面を包含しており、分析に際しては、保険会社のリスクに対する企業哲学、特に、①リスクの統治とERMの組織体制（以下、ERMガバナンス構造）、②リスク選好度の枠組み、③リスクに関する伝達および報告、④リスク指標の報酬体系への組み込み（以下、インセンティブ報酬制度）――などに焦点を当てる。また、リスク管理に対する企業文化がERM評価における他の評価項目にどう反映されるかについての考察を通じて、リスク管理が全社的にどの程度幅広く理解され、関与されているかについても評価する。

① ERMガバナンス構造

効果的なERMの枠組みには、ERMガバナンス構造が明確に定義され、高い独立性をもつ形で正式に整備されていることが不可欠である。リスク管理に対する企業文化が醸成されている保険会社は、明確に定義された独立性の高いガバナンス構造が、効果的なリスク管理を全社的に支えているという特徴を持

(出典)スタンダード&プアーズ

つ。そうしたガバナンス構造には通常、a) 取締役会による指導・モニタリング、b) 優れた上級管理職に率いられたERM専門機能と、事業部門レベルのリスク管理機能、c) 役割や責任、指揮系統に関する明確な定義——などが存在する。こうしたERM専門機能が、設置してから数年経過し、社内の関心度が高く、相当な権限を有する、という実績が見られれば、プラス要因となる。リスク管理に対する企業文化で「ポジティブ」のスコアを取得する保険会社は通常、効果的なリスク委員会システムが、全社レベルと事業部門レベルの両方に設置されており、その日常業務の遂行をかなりの数の人材が支えている。こうした保険会社は、リスクの相関と分散を考慮に入れつつ、リスクを全社的な観点から統合・管理するための全社レベルの機能も備えている。

一方、リスク管理に対する企業文化のスコアが「中位」の保険会社は、ERMガバナンス構造がそれほど包括的ではない、または実践の歴史がまだ浅い。主要なエクスポージャーの管理が、主に保険会社の各事業部門に依存しており、リスクに関する考え方やモニタリングが全社的ではない場合も、「中位」のスコアが付与され得る。経営陣がERMの重要性を理解しておらず、ERMのプロセスへの積極的な関与が不十分であることが示されれば、その保険会社のスコアは「ネガティブ」となる。主要なリスクが、組織全体のことを除外して、完全に各事業部門だけで管理されている場合も、スコアが「ネガティブ」となり得る。

② リスク選好度の枠組み

事業の規模や複雑性には関係なく、すべての保険会社は、リスクエクスポージャーと損失を、自らが選択したリスク許容範囲内に抑えるために、何らかの機能を備える必要がある。この項目では、保険会社のリスク選好度の定義と社内への伝達、それを踏まえたリスクプロフィールの理解、リスク上限との整合性などを分析する。保険会社のリスク選好度が非保守的とみなされた場合、当該保険会社が選択したリスク許容範囲内でリスクを管理するためには、ERMの枠組みの厳格さが不可欠とS&Pは考えるが、リスク選好度が保守的か非保守的かについては、経営陣・ガバナンス評価において分析する。

リスク管理に対する企業文化のスコアが「ポジティブ」の場合、その保険会社は通常、自社のリスク選好度を踏まえたリスクプロフィールの完全な理解、明確に定義されたリスク選好度の枠組み、選択したリスク許容範囲とリスク上限の枠内にエクスポージャーを抑えてきた実績などを有する。そのようなリスク選好度の枠組みは通常、取締役会による積極的な関与や、経営上層部や事業部門からの強い支持があり、かつ組織の戦略的な目標や経営資源、価値提案とも整合していることを意味する。

リスク選好度の定義と伝達がそれほど明確ではなかったり、あるいはそれらが主要なリスクエクスポージャーに及んでいない場合、スコアは「中位」となる。係る保険会社は総じて、主要なエクスポージャーについてはリスク上限を

253

設定しているものの、そのリスク上限が単純化されたものであったり、全社的なリスク許容範囲と直接的に関連付けられていなかったりする。自社のリスクプロフィールを明確に理解していることを実証できない場合は、スコアは「ネガティブ」となる。リスク選好度が不明確であるか一貫していない、あるいは堅固なリスク・リワード指標による裏付けがなく、主要なエクスポージャーのいくつかにリスク上限を設定していない、またはリスク上限があっても過大なリスクテークを許していることなどが考えられる。

③ リスクについての報告と伝達

　リスク管理に対する企業文化が確立している保険会社は、リスクエクスポージャーとERMの実践に関する伝達が、社内的にも対外的にも広範で明確である。リスクエクスポージャーの主要分野のすべてを網羅する包括的かつ頻繁なリスク報告をウェブサイトで実施し、リスクの伝達と情報共有に関して長年培ってきた文化を有する。また、「ポジティブ」のスコアを支える要因として、上記以外に、S&Pとのミーティングのなかで、たとえば経営陣が過去の失敗から学んだ教訓や現時点で改善すべき分野に関する議論も受け入れるなど、高い透明性に対する保険会社の強いコミットメントが示されることも挙げられよう。

　逆に、リスク管理の実務に関する社内伝達や社外開示が非常に限定的である、リスク報告書が頻繁に更新されていない、主要なリスクエクスポージャーやリスク管理情報の開示を怠った前歴がある、といった状況の場合は、「ネガティブ」と評価される可能性がある。

④ インセンティブ報酬制度

　保険会社のインセンティブ報酬制度の内容が、長期的な戦略的目標と整合するかどうかを分析する。報酬制度の尺度として用いる指標が、過度なリスクテークを促すものではなく、長期的な目標を奨励するものになっていることは、リスク管理に対する企業文化に対して「ポジティブ」のスコアを付与するための重要な一要素である。同制度がリスク・リワードのトレード・オフ分析に基づ

いて管理職に報いる内容であり、かつ保険会社の戦略的な目標や目的に合致していることを裏付ける証拠があれば、リスク管理に対する企業文化のスコアを「ポジティブ」とすることを支える要素となる。

　報酬制度が堅固なリスク・リワード指標に基づかず、中長期的な収益性目標を主に用いて管理職に報いる内容になっていない場合でも、短期的なリスクテークを促すものでなければ、リスク管理に対する企業文化のスコアは「中位」とみなされる。一方、報酬制度が短期的な収益性や取引高と紐付いているような場合は、「ネガティブ」と評価される。

リスクコントロール　リスクコントロールについては、信用リスクやカウンターパーティリスク、金利リスク、市場（株式・不動産・為替）リスク、保険リスク（支払備金リスクを含む）、オペレーショナルリスクなどの一般的なリスク分野について、主要なリスクエクスポージャーの管理に採用しているプロセスと手順を分析する。この分析で重視するリスクは、保険会社の事業内容とリスクプロフィールに左右される。たとえば市場リスクは、変額年金を多く取り扱う米国の保険会社や、有配当の生命保険を多く取り扱う英国の保険会社の分析では重視する項目になるが、負債が短期債務のみで、運用ポートフォリオにおけるリスク資産が限定的な損害保険会社の場合は、さほど重要な要素にはならない。リスクコントロールの分析はまた、前述の一般的なリスク分野以外の領域、たとえば買収による事業拡大戦略をとっている保険会社であれば企業の買収・合併（M&A）などのリスクも検討の対象になることがある。

　リスクコントロールの評価では、まず、その保険会社にとって重大なリスク分野それぞれに、「ポジティブ」「中位」「ネガティブ」のいずれかで評価し、その組み合わせをもとに、総合評価として「ポジティブ」「中位」「ネガティブ」のスコアを付与する。個別評価を組み合わせる際には、総合的なリスクプロフィールにおける相対的な重要度に応じて、加重調整を行う。その保険会社にとっての重大なリスク分野に対する個別評価の大半が「ポジティブ」である、かつ「ネガティブ」のスコアを付与された個別評価が皆無であれば、総合評価は「ポジティブ」が付与される。

保険会社の主要リスクそれぞれに対するリスクコントロールを評価するため、リスクコントロールのプロセスにおけるさまざま事項——リスクの特定、リスクの測定、モニタリング、リスクの上限および基準、リスクを上限の枠内に抑えるためのリスク管理手順、こうしたリスク・コントロール・プログラムの実行とその結果や有効性など——を分析する。本評価手法は、リスク上限の順守を徹底するためのプロセスや、自社または業界内での経験から学び、これを反映させる方法も考慮に入れる。リスクコントロールにおけるこうした事項の質、包括性、有効性を組み合わせたものが、その保険会社が抱える主要なリスクに対するリスクコントロールの評価となる。

保険会社が一貫して、リスクエクスポージャーを特定し、測定し、モニタリングを実施し、そして管理するための効果的なリスク・コントロール・プログラムを整備しており、財務運営が厳しい局面でも、あらかじめ設定したリスク許容範囲内にリスクエクスポージャーを効果的に抑えてきた実績を示すことができる場合、リスクコントロールのスコアは「ポジティブ」となる。そのようなプログラムは一般的に、①個々のリスクに対応したリスク管理体系が整備されている、②あらゆる源泉からのリスクエクスポージャーを包括的に特定している、③複数の適切なリスク指標を用いて頻繁にリスクモニタリングやリスク報告を実施している、④リスク上限について正式で明確に周知されるシステムが整っている、⑤エクスポージャーをリスク上限の枠内に早期に抑えるための複数のリスク軽減策が用いられている——といった要素を備えている。こうした保険会社は、リスク上限を順守するために明確に定義された方針に従っており、リスク上限の超過にも迅速に対応できる。また、プログラムの有効性の見直しや、最新の動向や過去の経験から学んだ教訓に基づくプログラムの改善に継続的に取り組んでいる。

保険会社がリスクを特定、測定、モニタリング、管理するためのリスク・コントロール・プログラムを構築しており、その内容がおおむね効果的であるものの、スコアが「ポジティブ」の保険会社に比べると、包括性あるいは有効性の面でやや劣る場合は、「中位」のスコアが付与される。リスク・コントロール・プログラムが導入からまだ日が浅い場合、一貫した有効性を示す実績が確認で

きるまではスコアを「中位」にとどめるのが一般的である。リスクに対するエクスポージャーが限定的であり、そのエクスポージャーに見合う比較的単純なコントロールプログラムを用いている場合もスコアは「中位」となる。

　一方、スコアが「ネガティブ」となるのは、特定のリスクが保険会社にとって重大なエクスポージャーとなっており、その会社のリスクコントロールのプロセスに重大な欠陥がある場合に限られる。たとえば、①リスク許容範囲を超える損失が発生した前歴がある、②あらゆる源泉からのリスクエクスポージャーを特定する一貫したプロセスが欠如している、③リスクモニタリングが非公式で頻度も低く、その報告が単純化されたリスク指標に依拠している、④リスク上限が正式に決定されず、かつ十分に周知されていない、⑤設定したリスク上限を、正当な理由がなく、あるいはタイムリーな措置が講じられずに、長期間にわたって超えた実績がある──。また、市場動向の先行きへの思惑から、意図的に極端なリスクポジションを取っている保険会社に対しても、「ネガティブ」のスコアが付与される。

　S&Pが個別のリスクコントロールに評価スコアを付与するにあたり、リスクコントロールのプロセスのさまざまな側面──リスクの特定、リスクの測定とモニタリング、リスクの基準・上限と上限の順守、リスク管理、リスクに関する学習など──をそれぞれどのように評価するか、また、前述の一般的かつ主要なリスク分野それぞれについての評価事例は、S&Pが公表しているERM評価規準（2013年8月27日付「格付け規準｜保険会社｜一般：ERM（エンタープライズ・リスク・マネジメント）の評価手法」）をご覧いただきたい。

エマージングリスク管理　エマージングリスク管理の評価では、現時点では保険会社の信用力を脅かすほどではないが、将来的には脅威となりうるリスクに保険会社がどのように対処しているかを分析する。加えて、そうしたエマージングリスクの顕在化に対する、保険会社の準備の度合いも評価する。エマージングリスクは、規制、物理的環境、マクロ経済環境、医学の進歩といった分野に由来する可能性がある。効果的なエマージングリスク管理は、そうしたリスクの発生に保険会社が不意を突かれることがないよう、早期警戒システムの機

能を果たす。

　保険会社がエマージングリスクを一貫して特定、評価、モニタリングし、特定したリスクを必要に応じて軽減するプロセスを首尾よく確立している証拠が示されていれば、エマージングリスク管理に対するスコアは「ポジティブ」となる。このスコアが「ポジティブ」の保険会社は通常、既存および新たなリスク緩和計画や危機管理計画を考慮に入れたうえで、自社の評判、流動性、全般的な財務状態に及ぼしうる影響を試算するためのシナリオ分析を実行している。

　エマージングリスクを予知し、その重大性を想定するためのプロセスを保険会社が構築している場合でも、それがエマージングリスクの特定に限定されており、リスクの測定や軽減のための措置が講じられていなければ、スコアは「中位」となる。また、エマージングリスク管理のプロセスが、正式にも非公式にも構築されていない保険会社や、過去にエマージングリスクを特定できずに多額の損失を出した経験があり、その経験から教訓を得たという十分な証拠が示されない場合、その保険会社に対するスコアは「ネガティブ」となる。

リスクモデル　リスクモデルは、ERMの堅固な枠組みに不可欠な要素である。リスクモデルは、リスクエクスポージャーの測定、リスクの相関および分散に関するテスト、リスク軽減戦略の妥当性の検証、特定のリスクプロフィールに対する必要資本の定量化に至るまで、幅広く活用されている。リスクモデルに対する評価では、特有のリスク（たとえば信用リスク、市場リスク、保険リスク、オペレーショナルリスクなど）やリスク横断的なエンタープライズリスクに関するリスクモデルだけではなく、保険商品の価格設定、価格評価、予測などの日常的な業務運営で用いられるその他のモデルも対象となる。入手可能な場合には、相関と分散を考慮に入れたうえで、全社的なリスクエクスポージャーを測定する経済資本モデルも分析に織り込む。

　リスクモデルの分析は、保険会社のリスクモデルの頑健性、一貫性、完全性の評価に重点を置き、該当する場合は、経済資本モデルの構築と活用、モデルのガバナンス・検証のプロセスの評価も含まれる。また、リスクモデルの評価は、

①用いられているリスクモデルの包括性と質、②採用されているリスク指標、手法、データおよび想定、③当該モデルへのリスク緩和措置の組み入れ、④モデルを支えるインフラ、⑤モデルの結果がどのように活用されているか、⑥モデルの限界がリスク管理担当者と経営上層部に十分に伝達され、かつ理解されているか――などを反映する。

　リスクモデルが、保険会社の重大なリスクエクスポージャーと、各リスクの間の相関を取り込んだものになっていれば、同スコアは「ポジティブ」となる。そうしたモデルは、その妥当性が幅広く検証され、かつ厳格なモデルガバナンスに基づいている。通常は、リスクの測定に包括的な指標を採用しており、包括的な確率解析と決定論的なストレスシナリオ分析の両方を実行できる。また保険会社がモデルのリスクを完全に理解し、可能な限り思慮深い判断によってそれを補っている。「ポジティブ」のスコアの特徴を示すエビデンスには、保険会社がモデルの結果をリスク管理の意思決定に幅広く用いていることも含まれる。たとえば、リスク軽減戦略を比較・検証するため、リスクエクスポージャーをあらかじめ決められたリスク許容範囲内に確実に抑えるために、リスクモデルが活用されている。

　経済資本モデルは、保険会社のリスクプロフィールに関する全社的かつ経済ベースの有益な見識を提供するという点で、あらゆるリスクモデルの機能を本質的に強化するものである。ただし、経済資本モデルが存在し、活用されていることが、リスクモデルのスコアを「ポジティブ」とするための前提条件になるわけではない。

　重大なリスクに関して効果的なモデルが整備されているものの、そのリスクモデルの包括性と頑健性が、スコアが「ポジティブ」の保険会社に比べてやや劣る場合や、モデルの結果が、リスク管理の意思決定のガイドラインとして幅広く活用されていない場合には、スコアは「中位」となる。一方、以下のいずれかが当てはまる場合、リスクモデルは通常、「ネガティブ」と評価される。

- リスクモデルは、その完全性や精度が保険会社の主要リスクのエクスポージャーとエンタープライズ・リスク・プロフィールを正確に反映するのに十分ではない。

- 使用されている手法と想定の正当性、あるいはモデルの検証の頑強性やデータの入手プロセスに疑問の余地がある。
- リスクモデルの使用目的が、規制要件を満たすことに限定されている。
- 感応度テストやストレステストの実施が限定的であったり、モデルの結果を経営上の意思決定にほとんど活用していないか、活用が限定的であったりする。

戦略的リスク管理　戦略的リスク管理は、保険会社がリスク調整後利益率の最適化を促進するために用いるプロセスであり、その出発点は、①必要とされるリスク資本、②異なる保険商品、保険種目、リスク要因の間での明確に定義された資本配分プロセス——に関する見解である。戦略的リスク管理の分析では、リスク調整後利益率の最適化と、それを達成するための戦略的な選択肢を、平等な条件で検証し優先順位を付けるためのプログラムを評価する。本分析は、保険会社がリスク選好度に見合う経済リスク・リワード指標を用いて、戦略的な決断を下した状況の証拠や、規制や会計上の検討項目を含む他の問題とどのようにバランスを取ったか——などに基づく。本分析では、戦略的な決定の選択とそれによる結果だけでなく、それ以上に重要な要素として、保険会社が選択した戦略の裏付けとなるリスク・リワードの論理的根拠も重視する。

　主な分析分野——戦略立案、商品の価格設定・価格改定、戦略的な資産配分、再保険戦略および正味保有リスクプロフィール、リスクを伴う新たな戦略的構想（企業のM&Aや新規市場参入を含む）、自己資本または経済資本の拡充計画、リスク調整後利益率の最適化——の大半で、一貫して効果的なリスク・リワード分析を実施している場合、当該保険会社の戦略的リスク管理のスコアは「ポジティブ」となる。「ポジティブ」のスコアは、保険会社が戦略的リスク管理プログラムの実践に成功していることが、具体的に示された場合に限って付与される。その例として、リスク調整後利益率が同業他社を上回っている場合や、M&Aの実績が好調で、一貫してリスク調整後ベースの利益の増加につながっている場合などが挙げられる。

　主要な分野のいくつかにおいて、何らかのリスク・リワード分析を行ってお

り、残された分野についても段階的に分析を行う予定があれば、スコアは「中位」となる。ただし、その保険会社の用いるリスク調整後利益率の最適化アプローチは、スコアが「ポジティブ」の保険会社に比べて、より単純化された資本指標に依拠している。また、保険会社が経済資本モデルを構築し、モデルの結果を戦略的リスク管理プロセスに活用しているものの、その経済資本モデルの利用実績と信頼性が限定的である場合も、スコアが「中位」となりうる。

前述の主な分析分野のいずれかで、リスク・リワードの最適化手法を用いていないために、保険会社の資本管理がベーシックなものにとどまっている場合や、保険会社の資本管理プログラムが外的要素（たとえば規制上の資本要件など）の視点だけを前提にしている場合は、スコアは「ネガティブ」となる。

3.4 経済資本モデルの評価規準

3.2で述べたように、S&Pでは、ERM評価が少なくとも「厳格」であり、複雑なリスクを抱え、信頼できる内部の経済資本モデルを有し、それを意思決定に活用し、十分な情報提供が可能な保険会社・グループを対象に、経済資本モデルの評価を実施している。経済資本モデルの評価は、その他のリスクモデルの評価とともに、S&PのERM分析における5つの評価要素の一つであるが、同モデルの評価によって、保険会社・グループのリスクプロフィールに固有のリスクと相互依存性を経営陣がどのように定量化するかに関する追加的な情報がもたらされ、その結果、保険会社の資本需要に関する状況がよりよく映し出される、とS&Pでは考えている。したがって、S&Pでは経済資本モデルの分析を保険会社のERM評価に反映するだけでなく、同分析から導き出した「M係数」と称する信頼係数を用いて、S&Pの自己資本モデルが示す保険会社の目標自己資本を調整する。

261

4. S&Pによる本邦保険会社のERM評価

4.1　ERM評価の分布状況、海外保険グループとの比較

　S&Pでは2015年3月現在、日本の26保険グループ（36社）に格付けを付与している。格付け分析におけるERM評価は、基本的にグループ単位で実施している。信用力分析の対象が、すべての子会社を含めた、包括的な組織であるためである。S&Pでは、グループに属する保険事業子会社を、当該グループにおける重要性に応じて5段階に分類しており、上位2区分に属する子会社には、グループに対するERM評価と同じスコアを付与している。一方、下位3区分に属する子会社については、ERM評価も子会社単体ベースで実施している。例えば、アクサ生命保険は、仏・アクサグループにおける位置付けが最上位の「中核」であることから、同社に対するERM評価としてアクサグループに対するERM評価をそのまま適用している。

　表9-1は、日本、アジア太平洋、欧州・中東・アフリカ、北米・バミューダの保険会社・グループのERM評価の分布状況である。S&Pが地域ごとに公表しているリポートからの抜粋であるため、集計時点が地域ごとに異なっている点にご留意いただきたい。各地域を比較すると、アジア太平洋の保険会社・グループはERMで欧州や北米に後れを取っている。オーストラリアのようにERMの枠組みの構築・整備が進んでいる国も一部あるものの、アジア太平洋地域全体では欧米よりもERM構築が遅れている。日本の保険会社・グループのERM評価は、「非常に厳格」と「厳格」だけで19%と高い割合を占めている。しかし、その多くは外資系保険グループの日本現地法人である。これら外資系保険グループの多くは、事業分野・地域の多角化・多様化が進んでいるグローバルな保険グループであり、複雑なリスクを抱えている。それだけに、ERMの枠組みの整備・強化も他社より先んじて進展してきたと考えられる。また欧州の保険グループの場合は、欧州ソルベンシーⅡの導入が早くから検討されてきたことも背景にある。こうした保険グループの日本子会社は、親会社グルー

262　　9 格付会社におけるERM評価

表9-1 　ERM評価の分布

ERM評価スコア	日本*	アジア太平洋 （日本を含む）	欧州・中東・ アフリカ	北米・ バミューダ
非常に厳格（Very Strong）	3.8%	0.0%	3.6%	2.1%
厳格（Strong）	15.4%	10.6%	9.6%	16.4%
適切かつリスクコントロールが厳格 （Adequate with strong risk controls）	19.2%	15.3%	19.3%	12.3%
適切（Adequate）	61.5%	71.8%	63.8%	67.1%
弱い（Weak）	0.0%	2.4%	3.6%	2.1%

スタンダード＆プアーズの公表リポートにおける開示内容に基づく。
日本：2015年3月末、アジア太平洋：2013年6月末、欧州・中東・アフリカ：2013年10月18日、北米・バミューダ：
2013年12月末時点のデータ
＊日本の保険会社のERM評価の分布には、欧米の大手保険グループの「中核」または「戦略的に非常に重要な」
位置づけを有する保険会社のERM評価を含む。通常、こうした子会社にはグループのERM評価がそのまま適用
されている。
（出典）スタンダード＆プアーズ

プの先進的なERMの枠組みを取り込むことでERM体制の強化が図られている。外資系保険グループ以外でERM評価が「厳格」の先は、2015年3月現在、東京海上グループのみであり「適切」が過半を占める。

4.2 　株価変動性との関係

ERM評価が高い保険会社は、最適なリスク・リワードの枠組みの範囲内に潜在的な損失を効果的に抑えられるよう、体系的で一貫性のある戦略的な方法でリスク管理を実践している。したがって、ネガティブサプライズとなるような想定外の規模の損失を出す可能性は相対的に低いとS&Pでは考えている。これを定量的に示すのは難しいが、一般的に業績動向に反応しやすい株価を指標として、ERM評価との関係性をみてみると、図9-5のように、ERM評価の高い保険グループのほうが株価変動率が低いという傾向がみられる。この調査は、日本の保険会社・グループと、北米・バミューダ地域の保険会社・グループのなかで、S&PがERM評価を実施していて、かつ株式を上場している先が対象であることから、標本数が限られる点に留意する必要がある。

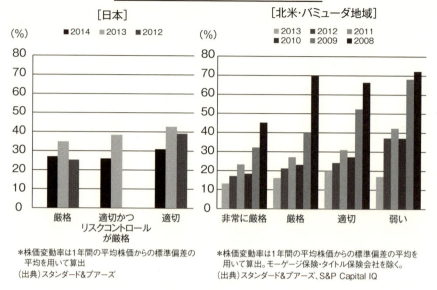

図9-5　ERM評価と株価の変動性の関係

4.3　日本の保険会社のERM評価の状況

　最後に、日本の保険会社のERM評価の現状について、S&Pの視点からいくつか述べたい。前述の通り、多くの保険会社・グループのERM評価は「適切」にとどまっているが、全体としてERMに対する取り組みが進んでおり、特に最近1-2年で大手保険グループを中心にポジティブな進展がみられる。

　例として、中期経営計画の柱の1つにERMの推進や高度化を掲げる保険会社・グループが増えてきたことが挙げられる。リスク報告書のように詳細な形での対外的な情報伝達がなされている例はまだ少ないものの、ERM推進を経営上の重要課題として位置付け、経営陣が対外的にコミットしている先が増えていることはポジティブな動向だとS&Pでは考えている。

　また、リスク選好とリスク許容度に関する方針を定めて明文化した保険会社・グループが増加しており、リスク選好の枠組みの範囲内に損失を効果的に抑える取り組みだけでなく、同範囲内での利益拡大を目指す指標を取り込む保険会

社も複数あるなど、ERMプログラムの整備が進んできている。

　一方で、経営上の意識決定への活用、事業計画への反映、という観点では、リスク選好度と整合するリスク・リワード指標に基づいた戦略的な意思決定を実践した、という十分な実績を積んでいるケースはまだ限られている。また、定期的に広くエマージングリスクを洗い出し、評価、モニタリングし、特定したリスクを必要に応じて軽減するプロセスを確立している証拠を示す保険会社もまだ多くはない。海外保険事業に進出する、あるいはその意欲を見せる保険会社・グループが増えているが、こうした会社においては、抱えるリスクが複雑化していくことから、リスク測定・管理の一貫性や、非モデルリスクの特定・コントロールが重要な課題となる。

　日本の保険会社・グループのERMは、近年の監督当局によるERM重視の姿勢や、グローバルな規制環境の変化を追い風に、または促される形で、その枠組みの構築・整備が進んできた。大手保険会社・グループでは、それに加えて、低金利環境の長期化や自然災害リスクの高まりといった環境変化、利益成長に向けた事業・財務戦略、抱えるリスクの特性を考慮した自発的な取り組みなども、ERM体制の拡充を促す要因になっているとS&Pはみている。このようにERM体制の整備が進展しており、さらにこの流れが続くとみられる状況をS&Pはポジティブに捉えている。一方で、十分な実績期間を経ていない会社もあることから、リスク選好度の枠組みと整合する形でリスクコントロールや戦略的リスク管理プログラムが的確に運営されるかどうかに引き続き注目する。

【関連格付けリポート】

S&Pの格付け規準は、いずれも下記サイトにて公表している。

http://www.standardandpoors.co.jp

- 2013年5月7日　付「Criteria｜Insurance｜General：Enterprise Risk Management」（和訳版：2013年8月27日付「格付け規準｜保険会社｜一般：ERM（エンタープライズ・リスク・マネジメント）の評価手法」）
- 2013年5月7日　付「Criteria｜Insurance｜General：Insurers: Rating

Methodology」（和訳版：2013年7月24日付「格付け規準｜保険会社｜一般：保険会社の格付け手法」）

- 2011年1月24日　付「Criteria ｜ Insurance ｜ General: A New Level Of Enterprise Risk Management Analysis: Methodology For Assessing Insurers' Economic Capital Models」（英文のみ）

終章

ERMの意義とチャレンジ

「わたしの目的は、自分の理性を正しく導くために従うべき万人向けの方法を
ここで教えることではなく、どのように自分の理性を導こうと努力したかを見
せるだけなのである。」（デカルト著、谷川多佳子訳『方法序説』岩波文庫、p.11）

　本書を編纂しようとした至った意図は、「はじめに」で触れたように、「万人
向けの方法を教える」ERMの教科書を提供することではなく、最前線で活躍
する実務家に対して生きた情報を提供することであった。また、保険のERM
を選んだひとつの理由は、保険事業の構造から、ALM、IRM（Integrated
Risk Management）およびERMの相違が明確になり、ERMを構築する道筋
を示すのに好都合な産業であると判断したことである。本書の狙いは、保険会
社が、どのようにERMを経営戦略として導こうと努力したかを示すことによ
り、その道筋を読者と共有することなので、事業構造を異にする企業であって
も、ここから多くのものを学びとっていただけるのではないかと思う。

　幸いなことに、本書は、様々な立場からERMに携わる気鋭の論客にご執筆
いただくことを快諾していただいた。またこれらの皆様と折に触れて議論する
場を設けさせていただき、そこで新たな論点が生まれるなど編者として産みの
喜びを味わうことが出来たことを、大変感謝申し上げる。

　本書の全体をふりかえってみよう。保険会社のERMアプローチは、規制面
からの要請もあり、より高度化され、精密化されてきている。ERMは、保険
会社にとって経営の中心的な部分となっている。だが、もしERMを緻密化す
ることが是である、といった自己完結的なものに進んでしまうと、再び元の
サイロ的なアプローチの中に埋もれ込んでしまうかもしれない。第1章では、
ERMの導入に陥りやすい問題点を明らかにしている。

　ここでは、フランシスコ・ベーコンの人間にとって避けがたいとされる四つ
の偏見、つまり「種族のイドラ」「洞窟のイドラ」「市場のイドラ」および「劇
場のイドラ」が示唆的かもしれない。

　例えばストレスシナリオやシステミックリスクは、事前には「想定しにくい」
リスクの組み合わせや展開から起こりうる。それにもかかわらず、「ERM」フ
レームワーク自体の「精緻化」のみに注視していると、いつのまにか、会社全
体が統合的にサイロ的なアプローチの中に埋もれ込んでしまう危険性がある。

これは、閉ざされた空間の中にいるために、ある環境において身につけたものの見方から逃れられないという「洞窟のイドラ」といえる。あるいは、ストレスシナリオも含め、他社や市場とほぼ同じことをし続ける。こうした展開は、もしかしたらERMで陥りやすい呪縛のようなものなのかもしれない。これは、「市場のイドラ」あるいは「劇場のイドラ」といえる。本書では、各種のイドラによる偏見を脱して、賢明な経営戦略とリスク管理を行おうとすることこそがERMであると考えている。

　第2章では、グローバル的な歴史的展開の中で欧米の保険会社がどのような対応をしているのかということを明らかにしている。ここでは、第1章における保険ERMの記述と大きな矛盾がないことが分かる。具体的には、本文を参照していただきたいが、ベーコンによる「劇場のイドラ」を脱する参考になるのではなかろうか。

　わが国の保険行政におけるERMを説明するのが第3章である。ここでは、なぜERMが、保険行政で重視されているのか、また行政として保険ERMに期待するものは何か、ということが明らかにされる。この章は、「洞窟のイドラ」にとらわれることによって、形だけの取り組みに終わらないために、保険会社が何をなすのかを考えるきっかけとなるものである。

　第4章、第5章および第6章は、個別保険会社が、保険ERMをどのようにして導入し、経営戦略の一環として定着しようとしているかという道筋を示している。その道筋を簡単に示せば、経営として何を守り、何を捨てるかという戦略的判断の下に、コアリスクとノンコアリスクを区別し、その上で、計量化できるリスクを統合管理し、ストレステストを活用することによって、収益とリスクと資本のバランスのとれた意思決定を行うことである。ここから学びうることは、この道筋をたどるためには、個別企業の特性や事業モデルの特徴に適合的な独自の手法や工夫が必要であることであり、かつダイナミックな市場の変化やビジネスモデルの変容に応じて、保険ERMを進化させていくことである。ここにおいても、自社のERMを客観的に点検して「種族のイドラ」から脱すること、および卑近な出来事や短期的な市場的動向に左右されて「市場のイドラ」に陥ることのないように注意することが大切である。

269

なお、第6章は、保険とデリバティブ、いいかえれば大数の法則と数理ファイナンスによるハイブリッド商品と保険ERMの関係が、真摯な実務的な問題意識から検討されている。保険会社の提供する商品の複雑さは、給付内容の面ばかりでなく、商品構造の側にも強く現れている。本章を読むと、保険商品に潜むリスクを十分に認識することが、ERMにとってきわめて重要なことであることが再認識される。

　これらの章から、ERMとはなんとチャレンジングなアプローチであるかと、改めて認識せずにはいられない。いくらERMを組織的にサポートしようとしても、人間の組織は精密ロボットではない。また、事業リスクの分散化と成長のためには、事業の海外展開も重要な選択肢となりうるが、組織が大きくなれば新たなリスクも事業体の中に包摂されていく。人材の制約は絶えず続く。また、自社のビジネスモデルよりも早く業界が変化してゆく、あるいは金融業界全体がグローバルで大きく変化してゆくときでも、自社にとって、どのビジネスとリスクの選択が最も必要になるかが明確でなければならない。

　そのためにはトップマネジメントの中にERMアプローチがしっかりとビルトインされ、それが有効に機能する必要がある。「ERMは経営そのものである」といわれるのは、このような考えによる。長期的な企業の方向に責任をもつトップマジメントにとって、ストレスシナリオは、そうしたプロセスを支える上でも、核心的な部分でもある。ストレスシナリオやストレステストは担当部署の実務家だけで出来るものではない。経営レベルの意思決定者が、自ら専門的知見を持って構成し、判断できるレベルにあることが求められる。

　ところで、経営者の心中においては、自社の破綻シナリオなどは、本来、「ありえない」あるいは「あってはいけない」ことである。しかしながら、出発点は、「そういう『シナリオ』もごくわずかの確率でありうる」といった認識の仕方であり、実務担当者での想定を求めることから始まる。そこで、ストレスシナリオの分析に基づいた経営対応には、より専門的で、本業以外の総合的な知見が必要となる。そのためには自社内で経営レベルを含め、専門的な分析を行う体制を構築するとともに、外部の専門的な助言や本業以外の総合的な判断を適切に取り入れていくことが必要である。第7章は、ストレスシナリオとストレ

ステストについて、詳細な実務的な紹介が行われている。記述の焦点は生命保険業に絞っているが、多業種・他産業についても参考になるものと思われる。

第8章は、ERMを考える上での基本的な考え方である、経済価値評価について、担当者の経験に即して語られている。つねにフォワードルッキングな考えが重視される実務家は、ともすると少し前の話を忘れがちである。ものごとには順序があるので、時系列的展開にはそれなりの論理や法則を見出すことが出来る。本章は、現在では当たり前のように考えている経済価値評価というものが、無条件で自明なものであるのかと考えることにより、今後の動向を考えるための基礎を提供してくれるものと考えている。

本書の結びである第9章は、格付け会社においてERM評価の基準がなんであるのかを明らかにする。ERMは規制当局から強制されたものではなく、個社がそれぞれの特性を生かして構築するものであるが、その際に、企業価値を創造するものでなくてはならない。格付け会社の評価は、企業価値の創造という点が基本であるばかりでなく、保険ERMが実質的に機能しているという事実が、格付けに際して高評価に結び付くことが企業価値の向上に結び付くことであることが明らかになる、

最後に、われわれが考えるERMの位置づけについて言及して結びとしたい。図表〈保険・リスクマネジメント〉（272頁）は、本書を構想する以前から考えていたが、本書のように優れた実務書を編集した後も有効であると思われる。

保険とリスクに関して4つの研究領域がある。横軸に「自由競争・不完備市場」と「予定調和・完備市場」を、縦軸に「保険・リスクマネジメント」と「金融・ファイナンス」を置いて区分したものである。4つの研究領域とは、「アクチュアリーの世界」、「金融工学」、「保険とリスクマネジメント」、および「コーポレートファイナンスにおける損失金融」である。

この図にもとづいて、ALMとERMの関係を明らかにしたい。ALMは、経済価値評価した保険資産と保険負債の変動は、それぞれの残存期間が一致していれば、金利の変動にかかわらず無視しうるものである。ALMの直接的な効果は、資本調達コストの節約である。ALMのもうひとつの目的は、利子変動による財務的リスクを回避することによって、ERMの意思決定をより明確に

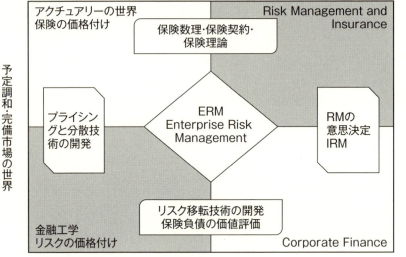

(出典)米山高生『リスクと保険の基礎理論』同文館出版、2012年、299頁の図を一部修正。

することである。なお保険負債を市場整合的に評価するためには、保険数理的な技術や保険契約的な知識を必要とする。そのためこの図でいえば、「保険数理・保険契約・保険理論」に属するものといえる。

　IRMとERMは、実務的にはとくに区別されて使われているわけではないようであるが、前者は「統合リスクマネジメント」、後者は「全社的リスクマネジメント」や「エンタープライズ・リスクマネジメント」と訳し分けられていることが多い。IRMは、資産および負債に含まれる、純粋リスク、市場リスクおよび信用リスクをすべて洗い出し、リスクを計量化することによって、企業として望ましいリスクプロファイルにしようとする考え方である。この背景には、企業にとって大きな損失が生じた際にコーポレートファイナンスの理論を前提にすると、どのようにしたら企業価値の最大化を図ることができるかという関心がある。このように考えると、計量化できるリスクを統合してマネジメントするという意味で、図の右側の「RMの意思決定・IRM」に属するものと考えられる。さらに、この考え方は、ロスコントロール（期待損失コストの

削減）を中心とした従来のリスクマネジメントから脱して、価格リスクや信用リスクを含んで、統合的にリスクのマネジメントを行おうという考え方と理解することができる。

　あえて極論すれば、IRMが、リスクを「マネジメント」するということに重きをおくのに対して、ERMは、リスクを「戦略」に位置づける考え方ということができる。ERMでは、IRMが対応する財務的な影響を与えるリスクだけでなく、危機管理や危機対策を含めた、総合的なリスクマネジメントの知識が必要となる。オペレーショナル・リスクや、巨大災害などの分散しにくいリスクなどを考慮し、それらに対応した内部統制の仕組みを作り上げることと結びついている。しかも、リスクと収益と資本の関連を重視しながら、リスクをとって企業価値を高めるという意味で、企業意思決定に深く関わるものである。図においては、すべての領域にまたがるものとして、ERMを位置づけているのである。

　本書の各章の記述は、それぞれの所属する組織を代表するものではなく、それぞれの執筆者の個人的責任のもとに書かれたものである。また、文体や表記については、それぞれの個性を尊重したため、若干の揺らぎは残っていることもお断りしておきたい。

　本書が、保険ERMの紹介をとおして、多業種・他産業のERMにとって有益な知見を提供することを確信するとともに、末筆となるが、執筆協力していただいた気鋭の実務家の皆様に対して、編者として深く感謝申し上げる次第である。

2015年1月末日

編者　米山高生・酒井重人

事項索引

英字

ALM	22,29,220
Bancassurance	150
BCP	200
CDS	48,182
CEIOPS	237
CEO	30
CERA	20
CFO	138
CGFS	180
Combined Code	43
Control Self Assessment	103
COSO	19
COSO-1	43
CRO	49
CRO フォーラム	63
CSA	103
Economic Scenario Generator	133
Economic Solvency Ratio	131
EIOPA	237
ERM －統合フレームワーク	20
ERM の人財育成	100
ESG	133
ESR	131
EV	233
FSAP	73
FSAP Japan 報告書	73
FSB	43,49
G-SIBs	48
G-SIIs	50,182
GMAB	155
GMDB	154
GMLB	155
IAIS	19,48,72,182

IASB	231
ICP	19,48,72
ICP 16	73,187
IFRS	142
IT システム関連リスク	127
Key Performance Indicator	26
Key Risk Indicator	26
KPI	26
KRI	26
Lapse リスク	197
LLP	239
LTG	238
LTGA	238
macroprudential surveillance	184
MCEV 原則	238
microprudential supervision	184
ORSA	48,50,73,79,182
PDCA	84,193
RAROC	60
resolvability analysis	210
Return on Risk	128
ROE	128
RORAC	60
SCAP	181
SOX 法	43
UFR	239

あ

アジア通貨危機	42
アンカー値	245
インセンティブ	254
ウォーカー報告書	49
営業停止命令	203
影響度計測	208
エマージングリスク	60,119,144,257

275

事項索引

エンベディッド・バリュー ……………… 33,233
欧州保険・企業年金監督委員会 ……… 237
欧州保険・年金監督局 ………………… 237
オペレーショナルリスク …………… 43,132

か

解約急増リスク………………………… 197
カウンターシクリカル・プレミアム……… 239
カウンターパーティーリスク………… 132,168
為替リスク……………………………… 42
感応度分析……………………………… 184
企業改革法……………………………… 43
巨大自然災害リスク…………………… 199
銀行チャネル…………………………… 22
金融安定理事会………………………… 43
金融安定理事会………………………… 49
金融工学………………………………… 272
金融モニタリングレポート …………… 70
金利リスク…………………………… 42,195
グループの経営企画部門……………… 138
クレジット・デフォルト・スワップ……… 182
グローバル金融システム委員会……… 180
グローバルなシステム上重要な銀行… 48
グローバルなシステム上重要な保険会社… 50
経済価値評価…………………………… 220
コアプリンシプル……………………… 19
国際会計基準審議会…………………… 231
護送船団行政…………………………… 17
コントロール・セルフ・アセスメント……… 103

さ

サーベンス・オクスリー法 …………… 43
再建フェーズ…………………………… 211
最低死亡給付保証……………………… 154
最低生存給付保証……………………… 155
最低保証………………………………… 18
最低保証リスク………………………… 156
再保険…………………………………… 165
再保険計画……………………………… 213
財務リスクプロフィール……………… 245
サイロ…………………………………… 170

サイロ的アプローチ …………………… 42
事業継続性……………………………… 200
事業リスクプロフィール……………… 245
資産運用………………………………… 127
資産運用リスク………………………… 85
資産負債総合管理……………………… 220
市場環境のモニタリング……………… 118
市場整合的エンベディッド・バリュー原則…238
市場整合的評価………………………… 229
システミックリスク …………………… 42
システムリスク………………………… 85
シナリオ分析…………………………… 184
資本計画………………………………… 214
資本の十分性検証……………………… 130
資本リスク調整後利益率……………… 60
事務リスク…………………………… 85,127
終局金利………………………………… 239
商品・販売計画………………………… 214
ステークホルダー……………………… 128
ストレステスト……………………… 114,134
ストレステスト・シナリオ …………… 63,64
最低年金原資保証……………………… 155
全社的リスクマネジメント…………… 5,20
ソルベンシー・マージン……………… 84
ソルベンシー・マージン比率………… 76
ソルベンシーⅡ………………………… 50

た

大数の法則……………………………… 22
ダイナミックなヘッジ………………… 167
ダッシュボード………………………… 143
地域統括機能…………………………… 120
チーフ・リスク・オフィサー………… 49
長期均衡金利…………………………… 239
長期保証………………………………… 238
通常フェーズ…………………………… 211
定量的影響度調査……………………… 238
テールリスク………………………… 141,178
統合リスク管理………………………… 130
統合的リスク管理態勢……………… 48,68
統合リスク管理………………………… 23

276

統合規範······43
ドッド＝フランク法······49
トリガー······211

は

バーゼル2.5······43
バーゼルI······43
バーゼルII······43
バーゼルIII······43
破綻処理······74
破綻フェーズ······211
バックテスト······118
バンカシュランス······150
標準責任準備金······155
分離可能性分析······210
米国トレッドウェイ委員会支援組織委員会······19
ベガリスク······166
ヘッジ······163
ヘッジコスト······166
変額年金商品······18
北米CRO協議会······51,52
保険監督者国際機構······19,48,72,182
保険基本原則······19,48,50,72,187
保険行政······17
保険契約の国際会計基準······142
保険検査マニュアル······20
保険検査マニュアル改定······69
保険引受······127
保険引受リスク······85
ボラティリティコントロール······166
ボラティリティ調整······239

ま

マクロプルーデンス・サーベイランス······184
マッチング調整······239
ミクロプルーデンス監督······184
無リスク金利······237
モデルリスク······62
モニタリング・フェーズ······211
モンテカルロ······171

ら

リーマンショック······43
リスク・カテゴリー······117
リスク・ガバナンス······18
リスク・ファクター······117
リスクアペタイト······52,56,90,189
リスク移転······153
リスクガバナンス······51
リスクキャパシティー······28,56,189
リスク経営······21,29
リスク限度······56
リスク尺度······29
リスク選好······24
リスク調整後資本利益率······60
リスクとソルベンシーの自己評価······73
リスクトレランス······56
リスクプロファイル······21,25,52,144
リスク文化······21,24,30
リスクベースプライシング······141
リスクポートフォリオ······140
リスクマップ······26
リスクモデル······258
リスク量······116,131
リスクレジスター······26
リストラクチャリング計画······213
流動性計画······213
流動性プレミアム······237
流動性リスク······85
レピュテーションリスク······127
ロシア危機······42

277

〔執筆者紹介〕

吉村　雅明（よしむら・まさあき）　第1章担当

ミリマン、日本における代表。京都大学理学部（数学）卒業、米国ボストン大学経営学修士課程修了。住友生命保険相互会社入社。主計部、国際業務部、国際投資部、企画調査部、リスク管理統括部、さらに、保険計理人、ニューヨーク駐在員事務所長等として収益管理、リスク管理を含む経営管理業務を歴任。2012年4月ミリマン入社、2013年1月より現職。日本アクチュアリー会では、保険相互会社の株式会社化に伴う数理事項に関する報告書や社員補償割当てに関する実務基準の作成、事務局長を歴任、現在は理事およびERM委員会およびERM資格委員会の委員長を務める。国際アクチュアリー会（IAA）ではプロフェッショナリズム委員会の副議長を務め、現在は世界各地域を代表するエグゼクティブ・コミッティ・メンバー8名の一人。国際会計基準審議会（IASB）保険ワーキング委員も歴任。アクチュアリーの国際ERM資格であるCERA（Chartered Enterprise Risk Actuary）を認定するCGA（CERA Global Association）ボードメンバー。日本アクチュアリー会正会員。

河野　年洋（かわの・としひろ）　第2章担当

ソニーライフ・エイゴン生命保険株式会社、保険計理人。東京大学理学部卒業、同年日本生命保険相互会社入社。損害保険会社、再保険会社を経て2009年から現職。この間、2003年から2013年まで日本アクチュアリー会保険監督部会部会長、2010年から2012年まで国際アクチュアリー会（IAA）保険監督委員会委員長を務めた。日本アクチュアリー会正会員。日本保険・年金リスク学会理事。著作等：『A Global Framework for Insurer Solvency Assessment』（共同研究、International Actuarial Association, 2004年）、『ソルベンシー規制の国際的動向とEUソルベンシーⅡ』（リスクと保険 Volume1, 2005年）、『欧州の先進的な保険リスク管理システムに関する研究会報告書』（共同研究、金融庁金融研究研修センター、2008年）、『IAISによる国際的保険グループの監督枠組み（コムフレーム）』（生命保険経営、2012年）。

植村　信保（うえむら・のぶやす）　第3章担当

キャピタスコンサルティング株式会社、マネージングディレクター。東京大学文学部西洋史学科卒業、早稲田大学大学院アジア太平洋研究科博士課程後期修了（学術博士）。安田火災海上保険（現・損保ジャパン日本興亜）、格付投資情報センター（R&I）、金融庁を経て、2012年11月にキャピタスコンサルティングに参加。保険会社を中心にERM・リスク管理態勢構築のアドバイス等に従事している。R&Iでは格付アナリストとして生損保を中心に金融機関の経営分析を10年以上担当。金融庁では統合リスク管理専門官として監督局保険課および検査局にてリスク管理の高度化促進やソルベンシー規制見直しの検討、モニタリングなどに従事。主な著書として『経営なき破綻、平成生保危機の真実』（日本経済新聞出版社）、『生保のビジネスモデルが変わる』（東洋経済新報社）等。

畑中　秀夫（はたなか・ひでお）　第4章担当

第一生命保険株式会社、執行役員。東京大学教育学部卒業、ペンシルベニア大学経営大学院修士号取得。第一生命保険相互会社入社後、企画第一部課長、2002年調査部課長、2008年調査部長。2010年4月同社の株式会社化・上場を経て、第一生命保険株式会社 調査部長。2012年同社リスク管理統括部長、2013年4月より現職。

玉村　勝彦（たまむら・まさひこ）　第5章担当

東京海上ホールディングス株式会社執行役員、東京海上日動火災保険株式会社執行役員。慶應義塾大学経済学部卒業後、東京海上火災保険株式会社（現東京海上日動火災保険株式会社）入社。東京海上日動あんしん生命保険株式会社企画部部長、同社経理財務部長を経て、10年6月より東京海上日動火災保険株式会社リスク管理部長（同社経営企画部部長、東京海上ホールディングス株式会社リスク管理部長、東京海上日動フィナンシャル生命保険株式会社取締役等を兼務）。2013年6月より現職。主な著書に『現代日本の損害保険産業』（共著、NTT出版）、『損害保険の知識』（日本経済新聞出版社）等。

島村　浩太郎（しまむら・こうたろう）　第6章担当

明治安田生命保険相互会社収益管理部主計Gグループマネジャー。東京工業大学卒業後明治生命保険（現・明治安田生命保険）入社。2005年企画部総合資本管理政策Gグループマネジャー、2011年商品部商品開発推進Gグループマネジャーを経て、2013年より現職。日本アクチュアリー会正会員。

祖父江　康宏（そぶえ・やすひろ）　第7章担当

有限責任監査法人トーマツ アドバイザリー事業本部リスク管理戦略センター所属。一橋大学経済学部卒業後、みずほ証券株式会社入社。金融市場調査部等で主に債券市場調査業務に従事。2008年から2010年まで株式会社かんぽ生命保険に出向し、資産運用業務に従事。2012年有限責任監査法人トーマツ入社。2014年から現職。公益社団法人日本証券アナリスト協会検定会員。著作に『金融マンのためのこれ1冊でわかる―デリバティブ・証券化商品入門』（みずほ証券マーケット研究会著、東洋経済新報社、2008年、執筆参加）。

中山　貴司（なかやま・たかし）　第7章担当

AIGジャパン・ホールディングス株式会社 ストラテジック・ファイナンス・オフィス　シニアマネージャー。筑波大学大学院物理学研究科修了（理学修士）。米国カリフォルニア大学バークレー校Haasビジネススクール金融工学修士。CFA協会認定証券アナリスト。2000年、日本銀行入行後、Ｊ Ｐモルガン証券株式会社、ユービーエス・エイ・ジー（銀行）、有限責任監査法人トーマツを経て2015年より現職。この間、金融市場調査、各種プライシングやリスク計測モデルの開発、金融商品の組成、証券化商品全般の分析やトレーディング、統合リスク管理やリスク・ガバナンスに関するアドバイザリー業務等を手掛けた。現在は、グループ横断的な資本管理、事業計画の策定、ガバナンスの構築や運用に従事。主な著作は、『これからのストレステスト』きんざい（共著）、「ゼロ金利政策下における金利の期間構造モデル」日本銀行（共著）、「ファイナンス組織が推進する企業価値の創造」会計情報（共著）等。

森本　祐司（もりもと・ゆうじ）　第8章担当

キャピタスコンサルティング株式会社　代表取締役。東京海上火災保険（現東京海上日動火災保険）にて資産配分、ALM、リスク管理等の業務に従事。1998年には日本銀行金融研究所において研究員として金融工学関連の研究を行う。その後複数の外資系投資銀行にて、リスク管理、ALMに関するアドバイス提供を行い、2007年1月にキャピタスコンサルティングを共同設立。　東京大学大学院数理科学研究科非常勤講師、東京工業大学大学院イノベーションマネジメント研究科客員教授等も務める。　東京大学理学部数学科卒業、マサチューセッツ工科大学MBA。日本アクチュアリー会準会員、日本証券アナリスト協会検定会員。日本保険・年金リスク学会理事。国際アクチュアリー会ASTIN委員。東京リスクマネジャー懇談会共同代表。

田中　玲奈（たなか・れいな）　第9章担当

スタンダード＆プアーズ・レーティング・ジャパン株式会社（S&P）、金融・事業法人及び公的部門格付部 金融・公的部門グループ　主席アナリスト。東京大学文学部社会学科卒業、早稲田大学大学院にてファイナンス修士号を取得。三井海上火災保険（現三井住友海上火災保険）にて再保険、インベスター・リレーションズ、資産運用等の業務に従事。2007年9月S&P入社、2014年より現職。

〔編著者紹介〕

米山　高生（よねやま・たかう）

一橋大学大学院商学研究科教授。信州大学卒、一橋大学大学院経済学研究科単位取得修了。京都産業大学経営学部専任講師、助教授、教授を経て、2000年から現職。研究分野は、保険とリスクマネジメントに関する実証研究、および保険経営の歴史的研究。金融庁「ソルベンシーマージン算出等に関する研究会」座長、金融庁「保険の基本問題に関するWG」メンバーの他、法制審議会保険法部会、総務省独立行政法人評価委員会、文部科学省教科書図書検定調査審議会等の審議員を歴任。2012年から13年までAsia-Pacific Risk and Insurance Association（APRIA）会長、2014年から日本価値創造ERM学会副会長。学内では、学生担当副学長補佐、保健センター長、学生相談室長を経て、現在、一橋大学消費生活協同組合理事長。全国大学生協共済生活協同組合連合会理事。主な著作として、『戦後生命保険システムの変革』同文舘、『物語で読み解くリスクと保険入門』日本経済新聞出版社、『リスクと保険の基礎理論』同文舘。『保険法解説:生命保険・傷害疾病定額保険』（共編）有斐閣。主な翻訳として、ハリントン＝ニーハウス著、米山＝箸方監訳『保険とリスクマネジメント』東洋経済出版社、ドハーティ著、森平＝米山監訳『統合リスクマネジメント』中央経済社。

酒井　重人（さかい・あつひと）

グッゲンハイム パートナーズ株式会社　代表取締役社長。東京大学経済学部卒業後、東京銀行入行、資本市場、アドバイザリー業務等。1990年クレディ・スイス入社、金融機関担当、投資助言、信託業務等。その後スイス再保険会社入社、スイス・リー・キャピタルマーケッツ証券会社在日代表・取締役東京支店長等を務める。さらに、ソシエテジェネラル証券会社東京支店副社長として金融機関担当、2014年よりグッゲンハイム パートナーズ在日代表、シニアマネージングディレクターに就任を経て現職に至る。日本保険・年金リスク学会副会長、日本アクチュアリー会ERM委員会アドバイザー、日本価値創造ERM学会評議員、日本FP学会会員、経済同友会会員、経済産業省リスクファイナンス研究会委員(2005 - 06年)。ジャパン・リスク・フォーラム幹事代表。主な著作として、酒井＝岡崎共著「保険・金融業界におけるストレステストとストレスシナリオ-その現状と課題」損害保険研究。「大規模自然災害とERM」『現代の財務経営第5巻』甲斐＝榊原編著、第6章、中央経済社。　「資本政策とリスクマネジメントへの統合的アプローチ-最新手法の理論的展開とその事例の分析—」アクチュアリージャーナル、『企業のリスクマネジメント』共著　慶應義塾大学出版会、等。シカゴ大学MBA。日本保険仲立人協会・保険仲立人資格、CFP®。

保険ERM戦略
リスク分散への挑戦

初版年月日	2015年5月25日
編者	米山高生・酒井重人
著者	吉村雅明・河野年洋・植村信保・畑中秀夫・玉村勝彦
	島村浩太郎・祖父江康宏・中山貴司・森本祐司・田中玲奈
発行所	㈱保険毎日新聞社
	〒101-0032　東京都千代田区岩本町１－４－７
	TEL03-3865-1401㈹／FAX03-3865-1431
	URL http://www.homai.co.jp
発行人	真鍋幸充
編集	内田弘毅
デザイン	中尾 剛
印刷・製本	有限会社アズ

ISBN　978-4-89293-260-1　C3033

© Takau YONEYAMA / Atsuhito SAKAI

/ Masaaki YOSHIMURA / Toshihiro KAWANO / Nobuyasu UEMURA

/ Hideo HATANAKA / Masahiko TAMAMURA / Kotaro SHIMAMURA

/ Yasuhiro SOBUE / Takashi NAKAYAMA / Yuji MORIMOTO

/ Reina TANAKA (2015)

Printed in Japan

本書の内容を無断で転記、転載することを禁じます。
乱丁・落丁はお取り替えいたします。